Entwurf und Verarbeitung relationaler Datenbanken

Eine durchgängige und praxisorientierte Vorgehensweise

von

Prof. Dr. Nikolai Preiß

Berufsakademie Stuttgart

R. Oldenbourg Verlag München Wien

Bibliografische Information der Deutschen Nationalbibliothek

Die Deutsche Nationalbibliothek verzeichnet diese Publikation in der Deutschen Nationalbibliografie; detaillierte bibliografische Daten sind im Internet über <http://dnb.d-nb.de> abrufbar.

Rosenheimer Straße 145, D-81671 München
Telefon: (089) 45051-0
oldenbourg.de

Lektorat: Wirtschafts- und Sozialwissenschaften, wiso@oldenbourg.de
Herstellung: Anna Grosser
Satz: DTP-Vorlagen des Autors
Coverentwurf: Kochan & Partner, München
Cover-Illustration: Hyde & Hyde, München
Gedruckt auf säure- und chlorfreiem Papier
Druck: Grafik + Druck, München
Bindung: Thomas Buchbinderei GmbH, Augsburg

ISBN 978-3-486-58369-4

Inhalt

Inhalt

Vorwort

Relationale Datenbanken haben sich in den vergangenen 30 Jahren zu einem fundamentalen Bestandteil betrieblicher Informationssysteme entwickelt. Sie sind dementsprechend weit verbreitet und leisten in vielen Bereichen zuverlässige Dienste. Komfortable grafische Oberflächen erlauben EDV-Laien und Datenbankadministratoren eine einfache Verwaltung der gespeicherten Daten. Allerdings ist es alles andere als trivial, eine relationale Datenbank so zu strukturieren, dass sich bei deren Verarbeitung keine Datenunstimmigkeiten ergeben. Dies gilt insbesondere dann, wenn die Datenbank mehrere hundert Datenfelder und mehrere Millionen Datensätze umfasst.

Glücklicherweise kennt man heute geeignete Methoden, mit denen man sowohl kleine als auch große Datenstände optimal strukturieren und verwalten kann. Mit den entsprechenden Kenntnissen ist es möglich, ausgehend von der fachlichen Datenanalyse über den relationalen Datenbankentwurf nahtlos zur Implementierung einer optimalen Datenbankarchitektur zu gelangen. Eine solche Vorgehensweise und die zugehörigen Methoden sind das zentrale Thema des vorliegenden Lehrbuchs. Anhand vieler Beispiele wird in umfassender und praxisorientierter Weise gezeigt, wie relationale Datenbanken idealerweise entworfen werden sollten und wie die Daten in einer relationalen Datenbank verarbeitet werden können.

Entsprechend der Vorgehensweise gliedert sich das Buch in drei große Blöcke. Nach einer kurzen allgemeinen Einführung in die Welt der relationalen Datenbanken wird in einem ersten großen Block zunächst gezeigt, wie die Zusammenhänge der fachlichen Datenwelt in einem Entity-Relationship-Datenmodell aufbereitet werden können. Im zweiten Block wird dann das relationale Datenmodell vorgestellt und das Entity-Relationship-Datenmodell in ein relationales Datenmodell überführt. Dabei wird auch die Normalisierung von Relationen behandelt. Schließlich geht es im dritten und letzten Teil um die Datenbanksprache SQL, mit der Relationen definiert, manipuliert (Datensätze einfügen, ändern, löschen) und insbesondere abgefragt werden können.

Das vorliegende Buch ist gedacht als Basis für eine Grundlagenvorlesung über den Entwurf und die Verarbeitung relationaler Datenbanken.[1] Es eignet sich aber auch für ein Selbststudium oder als Nachschlagewerk für den Datenbankspezialisten, der in der Praxis relationale Datenbanken entwickelt und verarbeitet. Die vorgestellten Methoden und Sprachkonstrukte werden umfassend anhand vieler praktischer Beispiele veranschaulicht und können in zahl-

---

[1] Die zugehörigen Vorlesungsfolien sind beim Autor erhältlich (preiss@ba-stuttgart.de).

reichen Übungsaufgaben getestet werden, wobei sich eine größere Übungsaufgabe durch alle Kapitel zieht.

Im Gegensatz zu den meisten Lehrbüchern im Datenbankbereich behandelt das vorliegende Buch nicht das gesamte Spektrum aller aktuellen Datenbankthemen, sondern konzentriert sich auf die zentrale und grundlegende Fragestellung, wie relationale Datenbanken entworfen und verarbeitet werden. Insofern handelt es sich also nicht um ein klassisches Lehrbuch, sondern vielmehr um ein kompaktes Lehr- und Arbeitsbuch, das dem Leser anhand vieler Beispiele detailliert und anschaulich zentrale Datenbankthemen vermittelt.

Das Buch ist entstanden aus den Erkenntnissen und Erfahrungen, die sich über viele Jahre im Umgang mit Datenbanken - sowohl im akademischen Bereich als auch in der Praxis - ergeben haben. Für die Durchsicht der Formulierungen und die damit verbundenen Diskussionen, die zu zahlreichen wertvollen Klarstellungen und Ergänzungen geführt haben, möchte ich mich bei Prof. Dr. Andreas Oberweis (Universität Karlsruhe), Prof. Dr. Manfred Sander und Prof. Dr. Jürgen Schwille (beide Berufsakademie Stuttgart) bedanken.

Wenn Sie als Leser eine Anregung haben, wie man das vorliegende Buch weiter verbessern kann, würde ich mich über einen entsprechenden Hinweis freuen. Eine diesbezügliche E-Mail adressieren Sie bitte an preiss@ba-stuttgart.de.

Stuttgart, im Februar 2007

Abbildungsverzeichnis

1 Einführung

1.1 Datenbanken und Datenbankentwurf

In vielen Bereichen unseres Alltags wird heute mit **Datenbanken** gearbeitet. Beim Einkaufen im Supermarkt, beim Geldabheben am Geldautomaten, bei der Behandlung im Krankenhaus, bei der Reisebuchung im Reisebüro oder auch bei Auktionen im Internet, überall sind Computerprogramme im Einsatz, deren Basis eine Datenbank bildet.

Eine Datenbank besteht im Allgemeinen aus einer Sammlung von **strukturierten Datensätzen**, deren Anzahl nahezu beliebig groß werden kann. Dabei enthält jeder Datensatz spezielle Informationen über ein bestimmtes Objekt, bspw. über einen bestimmten *Artikel* eines Herstellers oder über einen bestimmten *Kunden* eines Unternehmens. Zur Verwaltung dieser Informationen werden standardmäßig **Tabellen** verwendet, wobei für jeden Objekttyp eine eigene Tabelle angelegt wird (s. Beispiel 1.1). Es ist zu beachten, dass eine solche Tabelle immer zwei Arten von Informationen enthält:

- Struktur (Datenfelder, auch Attribute genannt, als Spalten) und
- Inhalt (Datensätze als Zeilen).

Beispiel 1.1

In einer Datenbank sollen die Daten über die Artikel und die Kunden eines Unternehmens verwaltet werden. Dazu werden die beiden Tabellen *Artikel* und *Kunde* eingesetzt, die entsprechend den jeweils relevanten Informationen strukturiert sind (s. Abb. 1.1).

Artikel		
Artikel-Nr	*Bezeichnung*	*Preis*
4711	Schreibtisch	99,99
0815	Wasserbett	555,55
1234	Liegestuhl	22,22

Kunde		
Kunden-Nr	*Name*	*Anschrift*
JB-007	James Bond	Palastweg 7, 00707 Buckingham
ME-100	Max Einstein	Ideengasse 1, 12121 Entenhausen
JF- 987	Jutta Feldbusch	Hauptstr. 6, 60606 Witzigheim

Abb. 1.1 Datenbank mit zwei Tabellen

Die Verwaltung einer Datenbank erfolgt durch eine spezielle Software, das **Datenbankmanagementsystem** (DBMS). Dieses DBMS bietet

- Funktionen zum Anlegen, Ändern und Löschen der Tabellenstrukturen,
- Funktionen zum Einfügen, Ändern und Löschen von Datensätzen in Tabellen,
- Funktionen zum Abfragen von Datensätzen in Tabellen.

Das DBMS bildet zusammen mit der Datenbank (dem eigentlichen Datenspeicher) das Datenbanksystem. Da der Fachbegriff für die Tabelle **Relation** lautet, spricht man von einem **relationalen Datenbanksystem** (rDBS).

Relationale Datenbanksysteme stellen die Standard-Technologie im Datenbankbereich dar und sind in fast allen Unternehmen zu finden. Am häufigsten anzutreffen sind Oracle vom gleichnamigen Hersteller, DB2 von IBM und der Microsoft SQL Server, zunehmend aber auch MySQL aus dem Open Source-Bereich[2]. Der hohe Verbreitungsgrad erklärt sich mit einer ganzen Reihe erheblicher **Vorteile**, die ein rDBS bietet:

- zentrale Datenverwaltung mit unterschiedlichen Benutzersichten,
- koordinierter Mehrbenutzerbetrieb,
- hohe Verfügbarkeit und Absturzsicherheit (durch Wiederherstellungsmechanismen für den Fehlerfall),
- schnelles Zugriffsverhalten, auch bei großen Datenbanken (Millionen von Datensätzen),
- Zugriffsschutz,
- einfache, umfassende und standardisierte Datenbanksprache SQL[3] (angelehnt an die englische Sprache),
- Unabhängigkeit von technischen Aspekten wie Speicherstrukturen, Zugriffsstrukturen, usw.,
- graphische Oberfläche für interaktive Benutzer und Aufrufmöglichkeiten für Programmierer (Programmierschnittstellen).

Bevor aber ein rDBS die genannten Vorteile ausspielen kann, muss im Vorfeld zunächst einmal geklärt werden, welche **Struktur** eine Datenbank haben sollte. Dabei geht es darum, welche Tabellen für den späteren Einsatzbereich benötigt werden, welche Strukturen diese Tabellen haben müssen und wie diese Tabellen zusammenhängen. Diese Fragestellungen betreffen die Architektur einer Datenbank und sind nicht so einfach zu beantworten. Sie erfordern nämlich ein spezielles methodisches Vorgehen, das die geeigneten Tabellen im Rahmen eines so genannten **Datenbankentwurfs** ermittelt.

Oberstes Gebot bei einem Datenbankentwurf sollte sein, dass die Verwaltung der Daten an zentraler Stelle organisiert wird, unabhängig von speziellen Anwendungen erfolgt und auf **redundanzfreie** bzw. redundanzarme (mit kontrollierter Redundanz[4] realisierte) Datenbestände zielt. Dadurch erhält man nicht nur einen Überblick über die gesamte Datenwelt, sondern es wird auch eines der großen Probleme bei der Verarbeitung von Datenbanken vermieden, nämlich die durch Mehrfachspeicherung entstehenden **Datenunstimmigkeiten** (s. Beispiel 1.2).

---

2 Die Web-Seiten dieser Datenbanksysteme sind bei den Internet-Links am Ende des Buches zu finden.

3 SQL steht für **S**tructured **Q**uery **L**anguage.

4 Unter Redundanz versteht man die Mehrfachspeicherung von Daten. Die Mehrfachspeicherung kann bei verteilten Datenbanken sehr sinnvoll sein. Dieser Aspekt wird hier aber nicht behandelt.

Beispiel 1.2

In einem Unternehmen werden die Kundendaten unabhängig voneinander in zwei unterschiedlichen Datenbanken verwaltet. Dabei hat die Abteilung Marketing einen Kundendatensatz gemäß Abb. 1.2 oben. Die Abteilung Vertrieb hat denselben Kunden im Datenbestand, allerdings mit einem Kundendatensatz gemäß Abb. 1.2 unten.

Kunde		
Name	*Straße*	*Ort*
Reiner Mayer	Waldweg 8	45454 Piepenstadt

Kunde		
Name	*Wohnort*	*Beruf*
Rainer Maier	Bahnhofstr. 5, 12121 Glückshausen	Wirtschaftsinformatiker

Abb. 1.2 Kundendatensatz in zwei unterschiedlichen Datenbanken

Bei getrennter Datenhaltung bleibt normalerweise unentdeckt, dass es sich um denselben Kunden handelt. Es bleibt auch ungeklärt, wie die richtige Schreibweise für den Namen lautet und wie die unterschiedlichen Adressen zu interpretieren sind (Umzug? Zweitwohnsitz?). Nicht zuletzt wäre auch eine einheitlich Struktur für die Kundendatensätze hilfreich (bspw. für die Suche).

Alle genannten Probleme können dadurch vermieden werden, dass die Daten zentral und ohne Redundanzen gemäß Abb. 1.3 verwaltet werden (mit eindeutigem Namen und zwei Wohnsitzen).

Kunde		
Name	*Anschrift*	*Beruf*
Rainer Mayer	Bahnhofstr. 5, 12121 Glückshausen Waldweg 8, 45454 Piepenstadt	Wirtschaftsinformatiker

Abb. 1.3 Kundendatensatz in zentraler Datenbank

Das zentrale Problem beim Datenbankentwurf ist die Klärung der Frage, wie man zu einer **optimalen Datenbankstruktur** kommt. Das Beispiel 1.3 veranschaulicht dies an einem einfachen Fall.

Beispiel 1.3

Ein Online-Shop möchte die Bestellungen seiner Kunden in einer Datenbank verwalten und überlegt, in welcher Form die Datensätze abzulegen sind. Dabei geht es um die Datenfelder *Bestell-Nr, Bestell-Datum, Kunden-Nr, Kunden-Name, Anschrift, Artikel-Nr, Artikel-Name, Preis* und *Bestell-Menge*.

Die DV-Spezialisten des Online-Shops haben zunächst die Idee, die Bestellinformationen als Ergänzung in einem *Kunde-Datensatz* abzulegen (s. Abb. 1.4). Bei diesem Lösungsvorschlag fallen aber sofort einige Nachteile auf:

- Die Artikeldaten können nur gespeichert werden, wenn eine Bestellung vorliegt.
- Bei jeder Bestellung werden sämtliche Artikeldaten gespeichert, was zu vielen Mehrfachspeicherungen führt, verbunden mit einem entsprechend hohen Aufwand bei Änderungen (bspw. bei Artikel-Name).

Die *Kunde*-orientierte Datenstruktur ist also keine gute Lösung.

Kunde									
K-Nr	*K-Name*	*Anschrift*	*Bestellung*						
			B-Nr	*B-Datum*	*Art-Nr*	*Art-Name*	*Preis*	*Menge*
007	Bond	Buckingham	1001	1.1.2006	4711	Stuhl	29,90	4
			1002	2.1.2006	4712	Tisch	49,90	1
008	Bean	Oxford	999	1.1.2006	4711	Stuhl	29,90	1
009	Miller	Stanford						

Abb. 1.4 Kunde-orientierte Strukturierung der Bestellungsdaten

Ein weiterer denkbarer Lösungsvorschlag wäre ein *Artikel*-orientierter Datensatz (Bestellinformationen als Ergänzung in einem *Artikel-Datensatz* – s. Abb. 1.5). Dieser Ansatz bereitet aber dieselben Probleme wie der *Kunde*-orientierte Datensatz. Die *Artikel*-orientierte Datenstruktur ist also auch keine gute Lösung.

Artikel								
Art-Nr	*Art-Name*	*Preis*	*Bestellung*					
			B-Nr	*B-Datum*	*K-Nr*	*K-Name*	*Anschrift*	*Menge*
4711	Stuhl	29,90	999	1.1.2006	008	Bean	Oxford	1
			1001	1.1.2006	007	Bond	Buckingham	4
4712	Tisch	49,90	1002	2.1.2006	007	Bond	Buckingham	1
4713	Schrank	99,90						

Abb. 1.5 Artikel-orientierte Strukturierung der Bestellungsdaten

Als dritte Alternative bleibt noch der Ansatz, die Bestellinformationen in einem **Bestellung**-orientierten Datensatz abzulegen (s. Abb. 1.6). Leider weist aber auch diese Struktur die bekannten Nachteile auf, sogar in verstärktem Maße:

- Die Daten über Kunden und Artikel können nur gespeichert werden, wenn diese an Bestellungen beteiligt sind.
- Bei jeder Bestellung werden sämtliche Kundendaten und sämtliche Artikeldaten gespeichert, mit den bekannten Redundanzproblemen.

Bestellung								
B-Nr	*B-Datum*	*K-Nr*	*K-Name*	*Anschrift*	*Art-Nr*	*Art-Name*	*Preis*	*Menge*
999	1.1.2006	008	Bean	Oxford	4711	Stuhl	29,90	1
1001	1.1.2006	007	Bond	Buckingham	4711	Stuhl	29,90	4
1002	2.1.2006	007	Bond	Buckingham	4712	Tisch	49,90	1

Abb. 1.6 Bestellung-orientierte Strukturierung der Bestellungsdaten

Mit einer einzigen Datensatzart bzw. Tabelle kommt man also im vorliegenden Fall nicht zu einer guten Datenbankstruktur. Eine gute Datenbankstruktur findet man nur dann, wenn die Datenfelder auf mehrere Datensatzarten bzw. Tabellen verteilt werden, wie dies die Abb. 1.7 zeigt. Dabei ist zu beachten, dass die Verbindungen zwischen den Tabellen über die gleichnamigen Spalten hergestellt werden (bspw. zwischen *Bestellung* und *Artikel* über *Art-Nr*).

Kunde		
K-Nr	*K-Name*	*Anschrift*
007	Bond	Buckingham
008	Bean	Oxford
009	Miller	Stanford

Artikel		
Art-Nr	*Art-Name*	*Preis*
4711	Stuhl	29,90
4712	Tisch	49,90
4713	Schrank	99,90

Bestellung				
B-Nr	*B-Datum*	*K-Nr*	*Art-Nr*	*Menge*
999	1.1.2006	008	4711	1
1001	1.1.2006	007	4711	4
1002	2.1.2006	007	4712	1

Abb. 1.7 Optimale Datenbankstruktur für die Bestellungsdaten

Daten über Kunden und Artikel können nun gespeichert werden, ohne dass diese an einer Bestellung beteiligt sind. Ferner ist bspw. der Artikel-Name oder die Anschrift an lediglich einer Stelle gespeichert, wodurch eine Datenänderung einfach durchzuführen ist.

Mit schlecht strukturierten Datenbanken lassen sich keine guten Informationssysteme realisieren. Gut strukturierte Datenbanken sind eine unabdingbare Voraussetzung für eine gut funktionierende Informationsverarbeitung. Daher ist ein zentrales Anliegen des vorliegenden Buches, ein Verfahren aufzuzeigen, wie man zu **guten Datenbankstrukturen** kommt (s. Kapitel 2 und 3).

1.2 Arbeiten mit relationalen Datenbanken

Der Entwurf und die Verarbeitung relationaler Datenbanken erfolgt heute nach einem bestimmten Prinzip, das sich in den vergangenen 40 Jahren Schritt für Schritt entwickelt hat.

Die ersten Datenbanksysteme, die Mitte der Sechziger-Jahre auf den Markt kamen, waren satzorientiert und noch nicht relational organisiert. Es gab zunächst hierarchische Datenbanksysteme (bspw. IMS von IBM) und kurz darauf netzwerkorientierte Datenbanksysteme (bspw. IDS von General Electric). Erst 1970 erschien der grundlegende Artikel von E. F. Codd (s. [Cod70]), damals Mitarbeiter bei IBM, über die Basiskonzepte mengenorientierter relationaler Datenbanken. Es dauerte dann aber noch einige Zeit, bis Ende der Siebziger-Jahre mit System R von der IBM das erste relationale Datenbanksystem verfügbar war. Dieses Datenbanksystem gilt als Vorläufer heutiger **relationaler Datenbanksysteme** wie DB2 und Oracle und lieferte insbesondere auch die Vorlage für die Entwicklung der heutigen Datenbanksprache **SQL**.

Mitte der Siebziger-Jahre erschienen zwei weitere Artikel, die das Arbeiten mit relationalen Datenbanken wesentlich beeinflussten. Zum einen erschien 1976 der grundlegende Artikel von P. Chen (s. [Che76]) über die Basiskonzepte der **Entity-Relationship-Datenmodellierung** (ERDM) und zum anderen erschien 1975 von der ANSI/SPARC-Standardisierungsgruppe ein Vorschlag über die **3-Ebenen-Architektur** eines Datenbanksystems (s. [AS75]).

Mit der ERDM wurde eine Methode vorgestellt, mit der die Zusammenhänge der Datenwelt unabhängig von DV-technischen Aspekten beschrieben werden konnten. Diese Methode hat sich in den letzten drei Jahrzehnten in der Praxis sehr bewährt und stellt heute in Verbindung mit der relationalen Datenmodellierung die Standard-Methode für den **Datenbankentwurf** dar. Dabei ist zu beobachten, dass in jüngster Zeit die ERDM in einigen Punkten der Modellierungssprache **UML**[5] angeglichen wurde, die sich seit der Jahrtausendwende immer mehr zum Standard für die Systemmodellierung entwickelt.

Ebenso wie die ERDM hat sich auch der Architekturvorschlag der ANSI/SPARC-Gruppe zu einem Standard entwickelt. Alle großen relationalen Datenbanksysteme funktionieren heute im Prinzip nach dieser **3-Ebenen-Architektur** (s. Abb. 1.8), die im Folgenden als grober Überblick vorgestellt wird:

- Das zentrale Element der Architektur bildet die **konzeptionelle Ebene**, auf welcher mittels ER-Datenmodellierung und relationaler Datenmodellierung die Struktur der relationalen Datenbank ermittelt wird. Das DV-unabhängige Arbeitsergebnis (ER-Datenmodell) nennt man konzeptionelles Schema, das DV-abhängige Arbeitsergebnis (relationales Datenmodell) heißt logisches Schema.

  Schemainformationen stellen Strukturbeschreibungen dar, die auch Metadaten heißen und in einer eigenen systeminternen Datenbank, dem sogenannten Systemkatalog (Data Dictionary), verwaltet werden (im Hintergrund, unbemerkt vom Benutzer).

  Da der Datenbankentwurf auf der konzeptionellen Ebene stattfindet, steht diese Ebene im Mittelpunkt der Betrachtungen und wird daher im vorliegenden Buch ausführlich behandelt (s. Kapitel 2 und 3).

---

5 UML steht für **U**nified **M**odeling **L**anguage; für eine Einführung s. www.uml.org

- Oberhalb der konzeptionellen Ebene befindet sich die **Benutzerebene** (externe Ebene), auf der jeder Anwender bzw. jedes Anwendungsprogramm seine speziellen Sichten auf die Daten erhält. Dabei werden die Benutzersichten aus dem relationalen Datenmodell der mittleren Ebene abgeleitet. Die Sichten für einen bestimmten Anwender bzw. für ein bestimmtes Anwendungsprogramm werden in einem externen Schema zusammengefasst.

  Auf die Benutzersichten wird zwar in Kapitel 4 noch näher eingegangen, die externe E-bene stellt aber kein zentrales Thema für das vorliegende Buch dar.

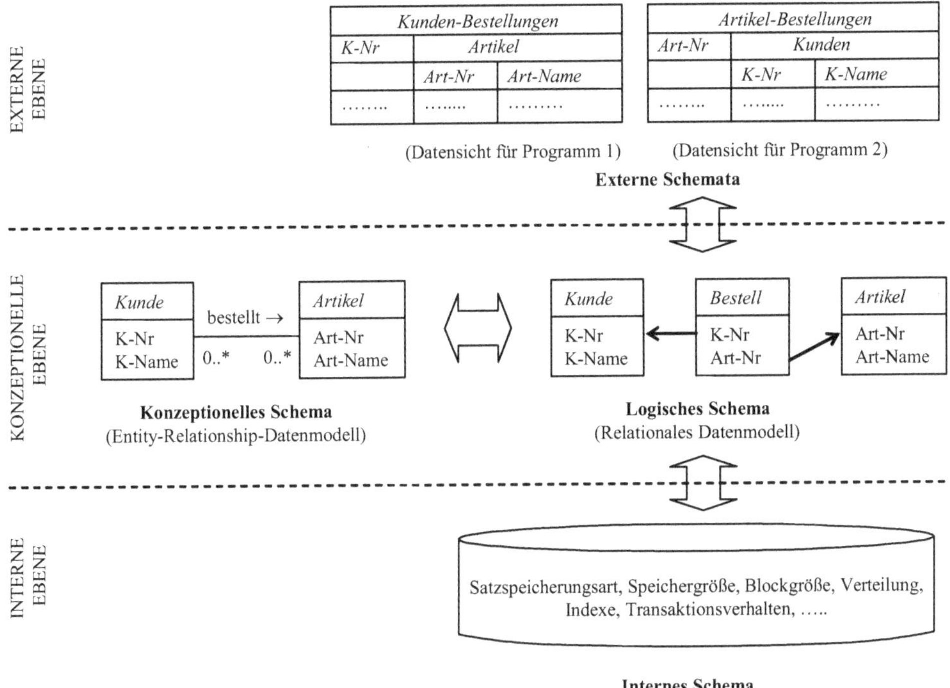

Abb. 1.8 3-Ebenen-Architektur eines Datenbanksystems in Anlehnung an ANSI/SPARC

- Unterhalb der konzeptionellen Ebene befindet sich die **interne Ebene**, auf der geregelt wird, wie die Datensätze physisch auf der Festplatte zu organisieren sind. Die Vereinba-rungen werden in einem internen Schema festgehalten, das einen direkten Bezug zum re-lationalen Datenmodell besitzt. Dieses meist DBS-spezifische interne Schema wird hier aber nur der Vollständigkeit halber erwähnt und im Folgenden nicht näher betrachtet (mit Ausnahme der Indexe[6] – s. Kapitel 4.1.4).

---

[6] Ein Index stellt eine Art Stichwortverzeichnis für die Datensätze einer Relation dar und ermöglicht einen geziel-ten und damit schnellen Zugriff auf die Datensätze.

Der große Vorteil der 3-Ebenen-Architektur besteht darin, dass in vielen Fällen das interne Schema und das logische Schema geändert werden können (bspw. *Index löschen* oder *neues Datenfeld hinzufügen*), ohne dass dies Auswirkungen auf die Benutzersichten hat. Man spricht dann von **physischer** bzw. **logischer Datenunabhängigkeit**, was bedeutet, dass die Anwenderprogramme bei Änderungen am internen oder logischen Schema nicht angepasst werden müssen. Dies erhöht deutlich die Flexibilität beim Umgang mit Datenbanken und bietet große Einsparungspotentiale für die Wartungsphase und für das Reengineering[7] (im Vergleich zu monolithischen (nicht modular aufgebauten) Software-Systemen).

Der Entwurf und die Verarbeitung relationaler Datenbanken gestaltet sich gemäß der 3-Ebenen-Architektur nun wie folgt:

- **Fachliche Analyse und fachlicher Entwurf**:
  Zunächst werden aus fachlicher Sicht (ohne DV-Aspekte) die Anforderungen an die Datenbank formuliert, d.h. die Datenfelder, die in der Datenbank verwaltet werden sollen, werden gesammelt und entsprechend ihrer Zusammengehörigkeit in einem Entity-Relationship-Datenmodell geordnet (s. Kapitel 2).

- **DV-technischer Entwurf**:
  Das ER-Datenmodell wird dann in ein relationales Datenmodell überführt (s. Kapitel 3), welches aus Performance-Gesichtspunkten heraus anschließend noch modifiziert werden kann (bspw. durch die Zusammenlegung von Tabellen).

- Codierung:

  - **Datendefinition**:
    Die fertigen Tabellen des relationalen Datenmodells werden in einem dritten Schritt mit der Datenbanksprache SQL definiert (s. Kapitel 4.1). Danach können mit SQL auf der externen Ebene die gewünschten Benutzersichten über die zuvor vereinbarten Basistabellen definiert werden (s. Kapitel 4.1.4). Hinsichtlich des internen Schemas können mit SQL lediglich einige wenige Angaben gemacht werden. Meist sind dies Index-Vereinbarungen (s. Kapitel 4.1.4).

  - **Datenmanipulation**:
    Im letzten Schritt erfolgt nun das eigentliche Arbeiten mit der Datenbank, also das Einfügen, Ändern, Löschen und Abfragen der Daten (s. Kapitel 4.2 und 4.3). Dies kann entweder über die Benutzersichten erfolgen oder in freier Form über die interaktive Benutzerschnittstelle des Datenbanksystems.

  Hinweis: In der Praxis werden für die Datendefinition und die Datenmanipulation oft so genannte GUI-Werkzeuge eingesetzt, die den jeweiligen SQL-Code vor dem Benutzer verbergen und statt dessen mittels einer grafischen Oberfläche interaktiv mit dem System Definitionen und Manipulationen ermöglichen.

SQL hat sich in den letzten 25 bis 30 Jahren zu einer sehr **umfassenden Datenbanksprache** entwickelt. Für die eingangs erwähnten datenbankbasierten Informationssysteme, die große

---

7 Unter Reengineering versteht man im Software-Bereich die Neu- oder Umstrukturierung bestehender Systeme.

Bestände relativ einfach strukturierter Daten verwalten (überwiegend einfache Fakten mit Zahlen und Zeichenketten), genügt im Prinzip ein Sprachkern, der als SQL-Standard schon seit 1992 verfügbar ist. Mittlerweile wurde SQL für die unterschiedlichsten Non-Standard-Bereiche erweitert wie etwa Data Warehouse-Anwendungen, Multimedia-, geografische, objektrelationale oder XML-Datenbanken. Zudem bieten Datenbanksysteme wie DB2 und Oracle mit SQL PL bzw. PL/SQL die Datenbanksprache SQL als eigenständige Programmiersprache an (s. Kapitel 5).

1.3 Vom Entwurf zur Verarbeitung relationaler Datenbanken

Relationale Datenbanksysteme sind weit verbreitet und werden im Rahmen der Informationsverarbeitung in den Unternehmen auch intensiv genutzt. Leider wird aber in der Praxis oft der methodisch saubere Datenbankentwurf vernachlässigt, was teilweise aus Zeitmangel geschieht, teilweise wird aber auch ganz einfach die Wichtigkeit eines guten Datenbankentwurfs unterschätzt. Oft resultieren dann in diesen Fällen nicht optimal strukturierte und unzureichend dokumentierte Datenbanken, wodurch die Verarbeitung, Wartung und Weiterentwicklung der Datenbanken unnötig erschwert wird (bspw. durch Redundanzen).

Die folgenden Kapitel zeigen, wie man diese Nachteile vermeiden kann. Dem Entwickler, Architekt und Benutzer relationaler Datenbanken wird ein **Leitfaden** an die Hand gegeben, der eine durchgängige und praxisorientierte Vorgehensweise aufzeigt,

- wie man über die ER-Datenmodellierung und den anschließenden relationalen Datenbankentwurf zu gut strukturierten und gut dokumentierten Datenbanken kommt und
- wie man diese relationalen Datenbanken anschließend mit der Datenbanksprache SQL anlegen und verarbeiten kann.

Das Kapitel 2 beginnt zunächst einmal mit der **fachlichen Datenanalyse** (teilweise wird dies auch als fachlicher Datenentwurf bezeichnet), in der die Datenwelt ohne die Berücksichtigung von DV-Aspekten untersucht und in einem Datenmodell dargestellt wird. Dabei werden die relevanten Datenobjekte identifiziert, deren Bestandteile (Eigenschaften) und Restriktionen (Integritätsbedingungen) ermittelt und die Beziehungen zwischen den Datenobjekten aufgezeigt. Als Standard-Methode für die Modellierung der Datenwelt kommt die **Entity-Relationship-Datenmodellierung** zum Einsatz, deren Strukturierungselemente in einer **UML**-nahen Notation vorgestellt werden. Es kommen aber auch die klassischen Darstellungsformen der ERDM zur Sprache, die das Kapitel 2 abrunden.

Das Kapitel 3 beschäftigt sich mit dem **DV-technischen Datenbankentwurf** und ist dazu in drei Unterkapitel gegliedert. Zunächst wird aufgezeigt, wie die Datenobjekte und deren Bestandteile, Restriktionen und Beziehungen mit Hilfe von Tabellen in einem **relationalen Datenmodell** dargestellt werden können. Anschließend wird beschrieben, wie ein ER-Datenmodell in ein solches relationales Datenmodell überführt werden kann, um zu den gewünschten Datenbank-Tabellen zu kommen. Sollten sich in diesen Tabellen noch Strukturierungsfehler befinden, was sich im Allgemeinen durch unerwünschte Nebeneffekte beim Einfügen, Ändern und Löschen von Datensätzen (diese werden als Anomalien bezeichnet) bemerkbar macht, können diese durch eine Überprüfung sogenannter Normalformen ermittelt werden. Die entsprechende Technik zeigt der dritte Teil des Kapitels 3.

Durch die ER-Datenmodellierung mit anschließender relationaler Datenmodellierung werden die Tabellen optimal strukturiert und gleichzeitig klar und verständlich dokumentiert. Die resultierenden Tabellen können nun mit Hilfe der standardisierten Datenbanksprache SQL angelegt werden. Die dazu erforderlichen **SQL**-Anweisungen sind in Kapitel 4 zu finden, das im Anschluss an die **Datendefinition** auch noch die **Datenmanipulation** behandelt, also das Einfügen, Ändern und Löschen von relationalen Datensätzen, und insbesondere die vielfältigen Möglichkeiten der **Datenabfrage** mit SQL.

Die einzelnen Konzepte werden anhand vieler **praktischer Beispiele** vorgestellt und erläutert, formale Beschreibungen wurden auf ein Minimum reduziert. Hinsichtlich der theoretischen Grundlagen sei der interessierte Leser auf die einschlägige Datenbank-Literatur verwiesen (s. Lehrbücher im Literaturverzeichnis).

Die folgenden Kapitel enthalten auch einige **Übungsaufgaben**. Darunter befindet sich insbesondere ein größeres Anwendungsbeispiel, das sich durch alle Kapitel zieht und Gelegenheit bietet, die vorgestellten Konzepte (ERDM, RDM, SQL-Definition/-Manipulation/-Abfrage) am „lebenden" Objekt zu üben.

2 Entity-Relationship-Datenmodellierung

Der erste Schritt beim Aufbau einer Datenbank besteht immer darin, dass zunächst einmal Informationen darüber gesammelt werden, welche Daten in der Datenbank zu verwalten sind. Die gesammelten Informationen müssen dann in einem zweiten Schritt geeignet strukturiert werden, d.h. die zu verwaltenden Daten sind entsprechend ihrer Zusammengehörigkeit zu ordnen. Eines der großen Ziele dabei ist, eine möglichst einfache und redundanzfreie Darstellung zu finden.

Für die strukturierte Darstellung eines bestimmten Ausschnitts der realen Datenwelt wird standardmäßig die Methode der **Entity-Relationship-Datenmodellierung** (ERDM) verwendet. Dabei wird der betreffende Ausschnitt der Datenwelt mit Hilfe von Entitätstypen (Informationsobjekt-Typen) und deren Beziehungen untereinander (Relationship-Typen) dargestellt. Als Ergebnis entsteht ein **ER-Datenmodell**, das die fachlichen Zusammenhänge der Datenwelt ohne spezielle DV-Aspekte in einem einfach strukturierten und redundanzfreien **ER-Diagramm** veranschaulicht.

Die Entity-Relationship-Datenmodellierung ist ursprünglich als eigenständige Modellierungsmethode entstanden[8]. Heute wird sie als eine spezielle Form der Klassenmodellierung betrachtet, einer Teildisziplin der umfassenden Standard-Modellierungssprache UML. Die folgenden Ausführungen stellen daher das ER-Diagramm in Anlehnung an das Klassen-Diagramm aus dem Bereich der objektorientierten Modellierung dar.

2.1 Entitätstyp

Die allermeisten Daten einer Datenbank stellen Ausprägungen für bestimmte anwendungsspezifische Entitätstypen dar. Der Entitätstyp gilt daher als grundlegendes Strukturierungselement der ERDM-Methode. Für die Beschreibung eines Entitätstyps werden weitere **Strukturierungselemente** benötigt, nämlich

- Attribut,
- Wertebereich,

---

[8] Die Grundlagen der ERDM wurden 1976 in einem Artikel von Peter Chen veröffentlicht (s. [Che76]).

- Primärschlüssel,
- Weak-Entitätstyp und
- Integritätsbedingung.

Diese Strukturierungselemente werden im Folgenden nacheinander vorgestellt. Der mit der Modellierungssprache UML vertraute Leser wird feststellen, dass es sich beim Entitätstyp im Wesentlichen um das Konzept der Entity-Klasse aus der UML-Klassenmodellierung handelt.

2.1.1 Strukturierungselement Entitätstyp

Ein Entitätstyp ist eine strukturierte Beschreibung von gleichartigen **Informationsobjekten**, also von Objekten, über die gleichartige Informationen verwaltet werden sollen. Dabei gilt, dass ein einzelnes Informationsobjekt der realen Welt normalerweise einem bestimmten Entitätstyp zugeordnet wird. Es kann aber auch vorkommen, dass ein Informationsobjekt verschiedenen Entitätstypen zugeordnet werden kann (s. Beispiel 2.1).

Bei den Informationsobjekten spricht man häufig auch von **Entitäten** oder **Instanzen**, während die Entitätstypen oft als **Entity-Klassen** bezeichnet werden. Die grafische Darstellung eines Entitätstyps erfolgt in Form eines Rechtecks mit Angabe eines Bezeichners für den Entitätstyp (s. Abb. 2.1).

Beispiel 2.1

In einer Datenbank sollen Informationen über alle Angestellten und über alle Kunden eines Unternehmens verwaltet werden. Für die Datenbank ist also ein Entitätstyp *Angestellter* und ein Entitätstyp *Kunde* zu modellieren. Das entsprechende ER-Diagramm zeigt die Abb. 2.1.

Abb. 2.1 ER-Diagramm mit Entitätstypen

Bei diesem Datenmodell kann man sich leicht vorstellen, dass es Personen geben kann, die sowohl als Angestellter als auch als Kunde eines Unternehmens auftreten.

2.1.2 Attribut

Die strukturierte Beschreibung eines Entitätstyps erfolgt mittels einer Auflistung von **Eigenschaften** dieses Typs. Die Eigenschaften werden Attribute genannt und können entweder **atomar** (einzelnes Attribut) oder aus anderen Attributen **zusammengesetzt** (strukturiert) sein. Es werden nur Attribute geführt, die Basisinformationen enthalten. Attribute, die aus anderen Attributen abgeleitet werden können, sind nicht erlaubt.

Attribute dienen letztendlich zur Unterscheidung von Entitätstypen, d.h. unterschiedliche Entitätstypen weisen (zumindest teilweise) unterschiedliche Attribute auf (s. Beispiel 2.2).

Beispiel 2.2

Um die Daten der Angestellten verwalten zu können, seien für den Entitätstyp *Angestellter* aus Beispiel 2.1 die folgenden Attribute relevant:
Personalnummer, Name, Geschlecht, Gehalt und *Sprachen.*
Dabei stellt Geschlecht ein nicht weiter unterteilbares Attribut dar (atomar), während sich der Name aus *Vorname* und *Nachname* zusammensetzen soll.
Falls alle Angestellten in jedem Jahr eine zehnprozentige Gratifikation zum Gehalt erhalten, wird kein Attribut *Gratifikation* geführt, da der entsprechende Betrag aus dem Attribut Gehalt berechnet werden kann.

Um die Daten der Kunden verwalten zu können, seien für den Entitätstyp *Kunde* die folgenden Attribute relevant:
Kundennummer, Name (bestehend aus *Anrede, Vor-* und *Nachname*) und *Adresse* (bestehend aus *Straße, PLZ, Ort*).

Das entsprechende ER-Diagramm mit den beiden Entitätstypen und deren Attributen zeigt die Abb. 2.2.

Angestellter
Personalnummer
Name
Vorname
Nachname
Geschlecht
Gehalt
Sprachen

Kunde
Kundennummer
Name
Anrede
Vorname
Nachname
Adresse
Straße
PLZ
Ort

Abb. 2.2 ER-Diagramm mit Entitätstypen und deren Attributen

2.1.3 Wertebereich

Ein atomares Attribut kann einen bestimmten Wert annehmen. Die Menge der möglichen Werte nennt man Wertebereich. Dabei gibt es Standard-Wertebereiche wie

- **Zahl** (bei Bedarf mit einer bestimmten Stelligkeit angebbar),
- **Zeichen** für Zeichenkette (bei Bedarf mit einer bestimmten Stelligkeit angebbar),
- **Datum** (in der Form JJJJ.MM.TT),
- **Zeit** (in der Form HH:MM:SS) und
- **Wahrheit** für Wahrheitswert ('wahr' oder 'falsch').

Der Wertebereich kann aber auch durch explizite **Aufzählung** der erlaubten Werte festgelegt werden oder durch die Angabe einer **Unter-** und **Obergrenze**.

Manche Attribute können mehrere Werte gleichzeitig annehmen (z.B. das Attribut Sprachen in Beispiel 2.3). Solche Attribute heißen **mehrwertig**.

Die Ausprägungen für die Informationsobjekte eines Entitätstyps werden entweder als einzelne Datensätze (Werte jeweils in der Reihenfolge der Attribute des Entitätstyps) oder gruppenweise in Form einer Tabelle angegeben (s. Beispiel 2.3).

Beispiel 2.3

Bei dem Entitätstyp *Angestellter* aus Beispiel 2.2 seien die Wertebereiche für die Attribute wie folgt definiert:

- Personalnummer als Zeichenkette mit der Länge 13,
- Vor- und Nachname jeweils als Zeichenkette mit der Länge 20,
- Geschlecht als Wert aus {männlich | weiblich},
- Gehalt als 8-stellige Zahl mit (max.) 6 Vorkomma- und 2 Nachkomma-Stellen,
- das Attribut Sprachen kann mehrere Ausprägungen aus der Wertemenge {deutsch, englisch, spanisch} besitzen.

Der Entitätstyp bzw. einzelne Entitäten werden dann grafisch wie in Abb. 2.3 dargestellt (Entitätstyp links oben, einzelne Entität rechts oben, mehrere Entitäten in Tabellenform unten).

Angestellter	
Personalnummer:	ZEICHEN (13)
Name:	
Vorname:	ZEICHEN (20)
Nachname:	ZEICHEN (20)
Geschlecht:	{männlich | weiblich}
Gehalt:	ZAHL (8,2)
Sprachen:	{deutsch, englisch, spanisch}

Angestellter	
Personalnummer =	MZ-22-03-1947
Name =	
Vorname =	Max
Nachname =	Zweistein
Geschlecht =	männlich
Gehalt =	123.456,78
Sprachen =	deutsch, englisch

Angestellter					
Personalnummer	*Name (Vorname, Nachname)*		*Geschlecht*	*Gehalt*	*Sprachen*
MZ-22-03-1947	Max	Zweistein	männlich	123.456,78	deutsch englisch
BF-30-08-1958	Bettina	Fröhlich	weiblich	111.222,33	spanisch
JF-01-01-1966	Jutta	Feldbusch	weiblich	176.543,21	deutsch
....	......	....	....	....	....

Abb. 2.3 Grafische Darstellung für Entitätstyp und für Informationsobjekte (Entitäten)

2.1.4 Primärschlüssel

Alle Informationsobjekte eines Entitätstyps müssen eindeutig **identifizierbar** sein. Daher muss jeder Entitätstyp ein Attribut (oder eine Attributkombination) besitzen, über dessen

Wert jedes Informationsobjekt des Entitätstyps eindeutig identifiziert werden kann. Dieses Attribut (bzw. diese Attributkombination) heißt Primärschlüssel, welcher folglich für jedes Informationsobjekt einen fixen eindeutigen Wert besitzt.

Jede **minimale** Attributkombination, die diese identifizierende Eigenschaft besitzt, heißt **Schlüsselkandidat**. Minimal ist eine Attributkombination dann, wenn die identifizierende Eigenschaft verloren geht, sobald eines der Attribute weggelassen wird. Es ist anzumerken, dass es bei einem Entitätstyp mehrere solche Schlüsselkandidaten geben kann. In diesem Fall ist dann aus der Menge der Schlüsselkandidaten einer als Primärschlüssel auszuwählen.

Zur Kennzeichnung des Primärschlüssels werden im ER-Diagramm die beteiligten Attribute unterstrichen (s. Beispiel 2.4).

Beispiel 2.4

Bei dem Entitätstyp *Angestellter* aus Beispiel 2.3 ist nur die Personalnummer eindeutig identifizierend. Bei allen anderen Attributen bzw. Attributkombinationen können bei zwei Informationsobjekten gleiche Werte auftreten. Deshalb wird die Personalnummer als Primärschlüssel ausgewählt und im ER-Diagramm entsprechend unterstrichen (s. Abb. 2.4).

Angestellter	
Personalnummer:	ZEICHEN (13)
Name:	
Vorname:	ZEICHEN (20)
Nachname:	ZEICHEN (20)
Geschlecht:	{männlich | weiblich}
Gehalt:	ZAHL (8,2)
Sprachen:	{deutsch, englisch, spanisch}

Abb. 2.4 Entitätstyp mit Primärschlüssel

Hinweis: Bei der ER-Datenmodellierung ist der Primärschlüssel ein zentrales Strukturierungselement. Dies ist bei der Klassenmodellierung mit UML nicht der Fall. Dort kann zwar auch ein Primärschlüssel ausgewiesen werden, dieser spielt aber keine führende Rolle bei der Identifikation von Informationsobjekten. Die Identifikation erfolgt in UML mittels eines künstlichen systeminternen Attributs als so genannter Objekt-Identifier.

2.1.5 Weak-Entitätstyp

Es kann vorkommen, dass für eine Datenverwaltung Entitätstypen benötigt werden, die von anderen Entitätstypen abhängig sind und **keinen eigenen Primärschlüssel** besitzen. Weil solche Entitätstypen nur zusammen mit anderen Entitätstypen dargestellt werden können, nennt man sie **weak**, was auch in der grafischen Darstellung als Ergänzung des Bezeichners zum Ausdruck gebracht wird (s. Beispiel 2.5).

Die Zugehörigkeit eines Weak-Entitätstyps zu einem anderen Entitätstyp wird durch einen speziellen Beziehungstyp modelliert, der in Kapitel 2.2 behandelt wird.

Beispiel 2.5

Für die Angestellten aus Beispiel 2.4 sollen auch die Kinder verwaltet werden, allerdings in einem eigenen Datenbereich. Dazu wird der Entitätstyp *Angestellter* mit einem abhängigen Entitätstyp *Kind* ergänzt, über den die Kinder mit *Vorname, Geburtsdatum* und *Geschlecht* verwaltet werden können. Der entsprechende Weak-Entitätstyp *Kind* ist in Abb. 2.5 dargestellt.

Angestellter	
Personalnummer:	ZEICHEN (13)
Name:	
Vorname:	ZEICHEN (20)
Nachname:	ZEICHEN (20)
Geschlecht:	{männlich | weiblich}
Gehalt:	ZAHL (8,2)
Sprachen:	{deutsch, englisch, spanisch}

weak Kind	
Vorname:	ZEICHEN (20)
Geburtsdatum:	DATUM
Geschlecht:	{männlich | weiblich}

Abb. 2.5 ER-Diagramm mit einem Weak-Entitätstyp

2.1.6 Integritätsbedingungen

Mit der Definition von Wertebereichen und Primärschlüsseln legt man Bedingungen fest, deren Einhaltung den **ordnungsgemäßen Zustand**, d.h. die Integrität einer Datenbank garantieren. Solche Bedingungen nennt man deshalb Integritätsbedingungen. Neben der Festlegung von Wertebereich und Primärschlüssel gibt es noch weitere (Integritäts-)Bedingungen, die man zur Beschreibung der Attribute angeben kann (s. Beispiel 2.6):

- Schlüsselkandidaten werden durch den Zusatz „**EINDEUTIG**" gekennzeichnet. Besteht der Schlüsselkandidat nur aus einem Attribut, so erfolgt die Angabe direkt beim Attribut. Soll eine Attributkombination als eindeutig gekennzeichnet werden, so wird dies am Ende der Attributliste mit „EINDEUTIG (<Attributkombination>)" vermerkt.
- Bei den Attributen kann eine „**[min..max]**"-Angabe über die Mindest- bzw. Höchstzahl der möglichen Ausprägungen für ein Attribut gemacht werden, wobei das Symbol „*" für „mehrere" steht. Erfolgt keine [min..max]-Angabe, so impliziert dies den Standard-Wert „[0..1]".

  [0..1] steht für: das Attribut hat keine oder höchstens eine Ausprägung
  [1..1] steht für: das Attribut hat immer genau eine Ausprägung
  [1..*] steht für: das Attribut hat mindestens eine Ausprägung, kann aber auch mehrere Ausprägungen haben

Bei den Teil-Attributen eines strukturierten Attributs gilt die [min..max]-Angabe des Teil-Attributs in Kombination mit der [min..max]-Angabe des strukturierten Attributs. Bspw. bedeutet eine [1..1]-Angabe beim Teil-Attribut in Verbindung mit einer [0..1]-Angabe beim strukturierten Attribut, dass beim betreffenden Datensatz das Teil-Attribut angegeben werden muss, aber nur dann, wenn eine Ausprägung für das strukturierte Attribut angegeben wird (ist im vorliegenden Fall optional).

- Attribute können durch die Angabe „**STANDARD = <Wert>**“ standardmäßig mit dem angegebenen Wert belegt werden.
- Es lassen sich mit „**CHECK (<Bedingung>)**“ bestimmte (Un-)Gleichheitsbedingungen formulieren, die erfüllt sein müssen. Dies kann entweder bei einem speziellen Attribut oder auch allgemein am Ende der Attributliste erfolgen (am Ende, falls die Bedingung mehrere Attribute enthält).

Beispiel 2.6

Für den Entitätstyp *Angestellter* aus Beispiel 2.4 gelten neben den Wertebereichen und dem Primärschlüssel noch die folgenden Integritätsbedingungen:

- Personalnummer: EINDEUTIG und mit genau einem Wert belegt,
- Name: mit genau einem Wert belegt,
- wobei Vorname und Nachname jeweils mit genau einem Wert belegt,
- Geschlecht: mit genau einem Wert belegt,
- Gehalt: > 2.000,00 und < 250.000,00 und mit genau einem Wert belegt,
- Sprachen: mehrwertig und STANDARD = deutsch.

Diese Integritätsbedingungen werden wie in Abb. 2.6 gezeigt dargestellt.

Angestellter		
Personalnummer:	ZEICHEN (13) EINDEUTIG	[1..1]
Name:		[1..1]
Vorname:	ZEICHEN (20)	[1..1]
Nachname:	ZEICHEN (20)	[1..1]
Geschlecht:	{männlich | weiblich}	[1..1]
Gehalt:	ZAHL (8,2) CHECK ((> 2.000,00) UND (< 250.000,00))	[1..1]
Sprachen:	{deutsch, englisch, spanisch} STANDARD = deutsch	[1..*]

Abb. 2.6 Entitätstyp mit Integritätsbedingungen

2.1.7 Übungsaufgabe 1

Modellieren Sie einen Entitätstyp für die folgende Datenverwaltung:

In einem Unternehmen soll eine Datenbank eingerichtet werden, in der die Projektdaten zu verwalten sind. Zu diesen Projektdaten gehört der Projektname, den jedes Projekt hat und der auf 30 Zeichen begrenzt ist. Ferner hat jedes Projekt eine eindeutige fünfstellige alphanumerische Projektnummer. Jedes Projekt hat entweder einen oder mehrere Projektleiter, wobei immer nur einer der eigentliche Projektleiter ist und die anderen als Teilprojektleiter fungieren. Für die Projektleiter soll der Vorname und der Nachname (jeweils 20 Zeichen), die Abteilung (30 Zeichen), in der er arbeitet, und eine Rolle zur Unterscheidung von Projektleiter ('PL') und Teilprojektleiter ('TPL') geführt werden. Die Standard-Belegung für die Rolle ist 'PL'. Es ist zu beachten, dass es Projektleiter gibt, die keiner Abteilung zugeordnet sind.

In der Anfangsphase eines Projekts wird auch ein Budget und die Dauer festgelegt. Aus Gründen der Risikominimierung sollen keine Projekte mit einem Budget über 5 Millionen Euro durchgeführt werden. Der Betrag für das Budget wird meist erst 4 bis 8 Wochen nach Projektstart beziffert. Die Dauer soll mit dem Start- und dem Ende-Termin verwaltet werden, wobei der Start-Termin gleich zu Beginn eingetragen werden muss. Der Ende-Termin folgt erst später, dabei muss aber gesichert werden, dass der Ende-Termin nach dem Start-Termin liegt. Schließlich soll für jedes Projekt festgehalten werden, ob es sich um ein strategisches Projekt handelt oder nicht. Diese Entscheidung wird meist zu Beginn eines Projekts getroffen und dann in Form von ja/nein (Wahrheitswert) festgehalten.

2.2 Beziehungstyp

Es gibt nur ganz wenige Entitätstypen, die nur für sich stehen und keine Verbindung zur Außenwelt haben. Entitätstypen haben normalerweise **Verbindungen** zu anderen Entitätstypen. Diese Verbindungen zwischen den Entitätstypen nennt man Beziehungstypen. Das zweite grundlegende Strukturierungselement bei der ERDM-Methode ist also der Beziehungstyp, für dessen Beschreibung ebenfalls weitere **Strukturierungselemente** benötigt werden, nämlich

- Grad,
- Beziehungstypen: Assoziation, Abhängigkeit, Aggregation, Vererbung,
- Beziehungsentitätstyp,
- Multiplizität,
- Rolle,
- Attribut,
- Fremdschlüssel und
- Primärschlüssel.

Diese Strukturierungselemente werden im Folgenden wieder der Reihe nach erläutert. Der mit der Modellierungssprache UML vertraute Leser wird feststellen, dass der Beziehungstyp der Entity-Relationship-Datenmodellierung im Wesentlichen dem Beziehungstyp der UML-Klassenmodellierung entspricht.

2.2.1 Allgemeiner Beziehungstyp: Assoziation

Ein allgemeiner Beziehungstyp wird Assoziation genannt und stellt eine strukturierte Beschreibung einer Beziehung zwischen bestimmten Entitätstypen dar. Die Anzahl der an einem Beziehungstyp beteiligten Entitätstypen nennt man den **Grad** des Beziehungstyps. In den meisten Fällen handelt es sich um **binäre** Beziehungstypen (Grad = 2), zu denen auch der rekursive Beziehungstyp gehört (Beziehung von einem Entitätstyp zu sich selbst). Es gibt aber auch Beziehungstypen mit einem höheren Grad. Diese werden jedoch erst in Kapitel 2.2.8 behandelt.

Neben den beteiligten Entitätstypen muss man zur Beschreibung eines Beziehungstyps noch einen Bezeichner angeben. Im Gegensatz zu den Entitätstypen, bei denen Substantive verwendet werden, kommen bei Beziehungstypen **Verben als Bezeichner** zum Einsatz, damit das ER-Diagramm in Form von natürlichsprachlichen Sätzen gelesen werden kann (s. Beispiel 2.7 und Beispiel 2.8).

In einem ER-Diagramm werden die Beziehungstypen durch Verbindungslinien zwischen den Entitätstypen gekennzeichnet. Bei den Verbindungslinien werden die Bezeichner vermerkt, die noch mit einem Pfeil für die Leserichtung ergänzt werden. Bei einem Grad > 2 werden die Verbindungslinien zentral in einer Raute gesammelt, die den Bezeichner des Beziehungstyps erhält und im Uhrzeigersinn zu lesen ist (s. Abb. 2.7).

Beispiel 2.7

Wenn in einer Datenbank Angaben darüber verwaltet werden sollen, welcher Angestellte in welcher Abteilung arbeitet, modelliert man zwischen den Entitätstypen *Angestellter* und *Abteilung* den binären Beziehungstyp *arbeitet in.*

Falls verwaltet werden soll, welcher Kunde welchen Artikel in welchem Kaufhaus kauft, ist zwischen den Entitätstypen *Kunde, Artikel* und *Kaufhaus* ein Beziehungstyp *kauft...bei* mit einem Grad 3 zu modellieren.

Die Abb. 2.7 zeigt die beiden Beziehungstypen in Form eines ER-Diagramms.

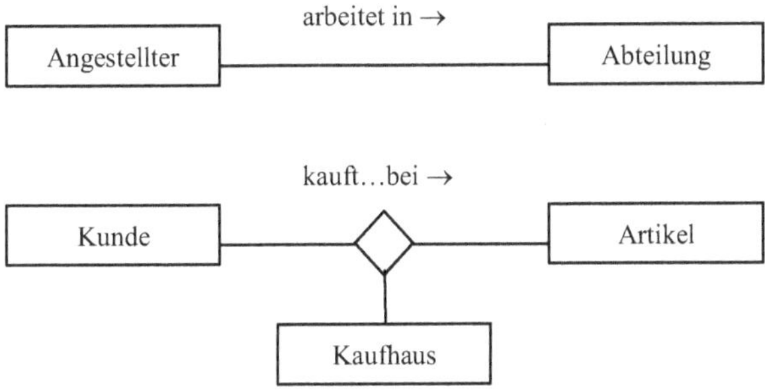

Abb. 2.7 Beziehungstypen vom Grad 2 und 3

Analog zu den einzelnen Informationsobjekten eines Entitätstyps gibt es zu einem Beziehungstyp konkrete einzelne Beziehungen (Instanzen). Die einzelnen Beziehungen verbinden die einzelnen Informationsobjekte der am Beziehungstyp beteiligten Entitätstypen (s. Beispiel 2.8).

Beispiel 2.8

Für die beiden Beziehungstypen aus Beispiel 2.7 kann es die folgenden konkreten Einzelbeziehungen geben:
- Der Angestellte Max Zweistein arbeitet in der Abteilung Organisation.
- Die Kundin Jutta Feldbusch kauft einen Computer im Media-Markt Stuttgart.

2.2.2 Spezielle Beziehungstypen: Abhängigkeit, Aggregation, Generalisierung

Der allgemeine Beziehungstyp kann vom Datenmodellierer für die unterschiedlichsten Verbindungsarten zwischen den Entitätstypen eingesetzt werden. Darüber hinaus gibt es bei der Entity-Relationship-Datenmodellierung für bestimmte Spezialfälle noch einige spezielle Beziehungstypen, die eine **fest vorgegebene Bedeutung** haben und deshalb auch keinen Bezeichner benötigen. Diese speziellen Beziehungstypen heißen
- Abhängigkeit,
- Aggregation,
- Generalisierung.

Abhängigkeit

Zwischen einem Weak-Entitätstyp und dem Entitätstyp, zu dem der Weak-Entitätstyp gehört, gibt es einen **Abhängigkeitsbeziehungstyp**, weil die Existenz eines Informationsobjekts des Weak-Entitätstyps von der Existenz eines Informationsobjekts des zugehörigen Entitätstyps abhängt.

Im ER-Diagramm wird dieser spezielle Beziehungstyp durch einen gestrichelten Pfeil vom Weak-Entitätstyp zum zugehörigen Entitätstyp dargestellt (s. Beispiel 2.9).

Beispiel 2.9

Im Beispiel 2.5 sind die Daten der Kinder untrennbar mit den Daten der Angestellten verbunden. Somit besteht zwischen dem Weak-Entitätstyp *Kind* und dem Entitätstyp *Angestellter* ein Abhängigkeitsbeziehungstyp, der in einem ER-Diagramm wie in Abb. 2.8 dargestellt wird.

Abb. 2.8 ER-Diagramm mit Abhängigkeitsbeziehungstyp

Aggregation

Eine weitere spezielle Art von Beziehungstyp ist die Verbindung zwischen einem Ganzen und dessen Bestandteilen. Man spricht dabei von einem **„ist Teil von"-Beziehungstyp** oder von einer Aggregation. Wird bei der Aggregation ein Entitätstyp (Komponente) als Teil eines anderen Entitätstyps (Ganzes oder Aggregat) ausgewiesen, sind zwei Fälle zu unterscheiden:

- **normale** Aggregation: Ein konkretes Komponente-Informationsobjekt kann zu keinem, einem oder zu mehreren konkreten Ganzes-Informationsobjekten gehören.
- **starke** Aggregation: Jedes konkrete Komponente-Informationsobjekt gehört zu genau einem konkreten Ganzes-Informationsobjekt. Die Teile existieren also nur in Verbindung mit dem Ganzen. (Diese Art der Aggregation wird auch als **Komposition** bezeichnet.)

Im ER-Diagramm wird eine Aggregation durch eine Raute beim Aggregat-Entitätstyp dargestellt. Bei einer starken Aggregation wird die Raute gefüllt, bei einer normalen Aggregation bleibt die Raute leer. Die Komponenten-Beziehungstypen können entweder einzeln dargestellt oder über eine gemeinsame Raute zusammengeführt werden (s. Beispiel 2.10).

Beispiel 2.10

Bei einem Autohersteller sollen die verschiedenen Kraftfahrzeugmodelle in einer Datenbank verwaltet werden. Für jedes Modell gibt es Daten zum Fahrwerk, zur Karosserie und zu den Sonderausstattungen. Jedes Fahrwerk und jede Karosserie gehören exklusiv zu einem ganz speziellen Kraftfahrzeugmodell. Viele Sonderausstattungen gibt es in mehreren Modellen, es gibt aber auch Sonderausstattungen, die in die derzeitigen Modellreihen nicht eingebaut werden.

Diese Datenwelt wird über die drei Entitätstypen *Fahrwerk, Karosserie* und *Sonderausstattung* modelliert, die zusammen den Entitätstyp *Kraftfahrzeug* bilden. Abb. 2.9 zeigt das entsprechende ER-Diagramm.

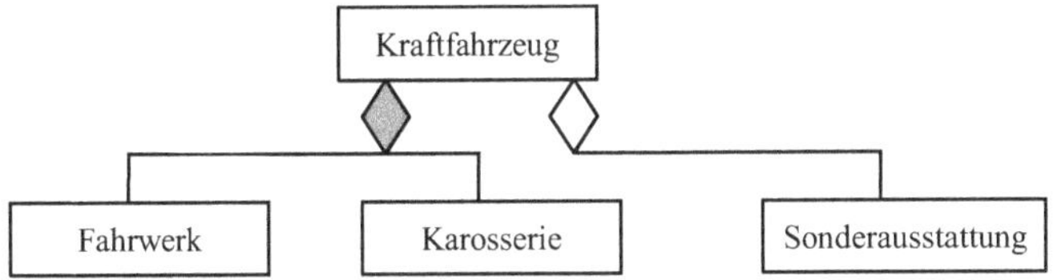

Abb. 2.9 Aggregationen von Teilen zu einem Ganzen

Generalisierung

Ein dritter und sehr wichtiger spezieller Beziehungstyp ist die Generalisierung, durch die bestimmte Entitätstypen zu einem allgemeineren Entitätstyp zusammengefasst werden können (s. Abb. 2.10 und Abb. 2.11). Man nennt diesen Beziehungstyp auch **„ist ein"-Beziehungstyp** (engl.: „is-a").

Bei der Generalisierung kommt das Konzept der **Vererbung** zum Einsatz. Dabei werden alle Attribute und Beziehungstypen eines Eltern-Entitätstyps an einen Kind-Entitätstyp vererbt und sind dann dort automatisch enthalten. Die gemeinsamen Attribute und Beziehungstypen werden aber nur einmal modelliert, nämlich beim vererbenden Eltern-Entitätstyp (dort gibt es auch den gemeinsamen Primärschlüssel), und von dort aus an die Kind-Entitätstypen vererbt.

Den Eltern-Entitätstyp bezeichnet man auch als **Super-Entitätstyp** und den Kind-Entitätstyp als **Sub-Entitätstyp**. Im ER-Diagramm wird die Generalisierung durch einen Pfeil vom Sub-Entitätstyp zum Super-Entitätstyp zum Ausdruck gebracht. Gibt es mehrere Sub-Typen zu einem Super-Typ, so können deren Pfeile zusammengeführt werden (s. Beispiel 2.11).

Beispiel 2.11

In einer Datenbank sind die Informationsobjekte der Entitätstypen *Angestellter, Kunde* und *Bankverbindung* zu verwalten. Die Angestellten werden durch Angestelltennummer, Name, Adresse, Geschlecht, Gehalt und Abteilung beschrieben. Für die Kunden gibt es die Attribute Kundennummer, Name, Adresse und Geschlecht. Die Bankverbindung besteht aus Kontonummer, BLZ und Institutsname. Sowohl Angestellter als auch Kunde haben einen Beziehungstyp *hat als Konto* zu Bankverbindung.

Da ein ER-Datenmodell möglichst einfach strukturiert und frei von Redundanzen sein sollte, werden *Angestellter* und *Kunde* nicht unabhängig voneinander modelliert. Diese beiden Entitätstypen besitzen nämlich drei gleiche Attribute (Name, Adresse, Geschlecht) und auch den gleichen Beziehungstyp (hat als Konto) zu Bankverbindung. Diese Merkmale, die die beiden Entitätstypen gemeinsam aufweisen, werden in einem neuen gemeinsamen Super-Entitätstyp *Person* zusammengefasst und von dort aus vererbt. Dabei ist zu beachten, dass bei Person ein neuer gemeinsamer Primärschlüssel eingeführt werden muss. Das entsprechende ER-Diagramm zeigt Abb. 2.10.

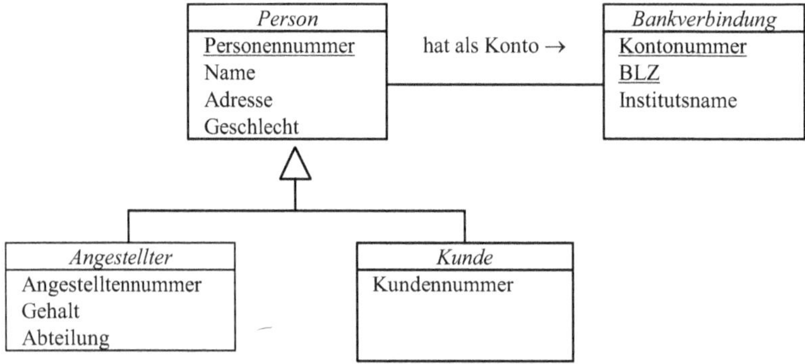

Abb. 2.10 ER-Diagramm mit Generalisierung

Der Entitätstyp *Angestellter* hat nun die Attribute Personennummer (als Primärschlüssel), Name, Adresse, Geschlecht, Angestelltennummer, Gehalt, Abteilung und eine Beziehung zu *Bankverbindung*. Der Entitätstyp *Kunde* hat die Attribute Personennummer (als Primärschlüssel), Name, Adresse, Geschlecht, Kundennummer und eine Beziehung zu *Bankverbindung*.

Ist bei der Generalisierung die umgekehrte Leserichtung gemeint, spricht man von **Spezialisierung**. Diese Spezialisierung ist immer dann erforderlich, wenn bei einem Entitätstyp für einen Teil der zugehörigen Informationsobjekte spezielle Attribute und/oder Beziehungstypen gelten (s. Beispiel 2.12).

Beispiel 2.12

Die *Mitarbeiter* an einer Hochschule sollen mit Personalnummer, Name, Adresse und Gehalt verwaltet werden. Speziell für die *Verwaltungsangestellten* sind noch die Attribute Tätigkeit und Sozialversicherungsnummer zu führen. Bei den *Professoren* hingegen soll eine Zuordnung zu den von ihnen angebotenen *Vorlesungen* (mit Vorlesungsnummer und Titel) erfolgen.

Für eine solche Datenbank ist eine Aufteilung der Mitarbeiter in bestimmte Mitarbeitergruppen erforderlich, die über entsprechende Spezialisierungen erreicht wird. Dies zeigt das ER-Diagramm in Abb. 2.11.

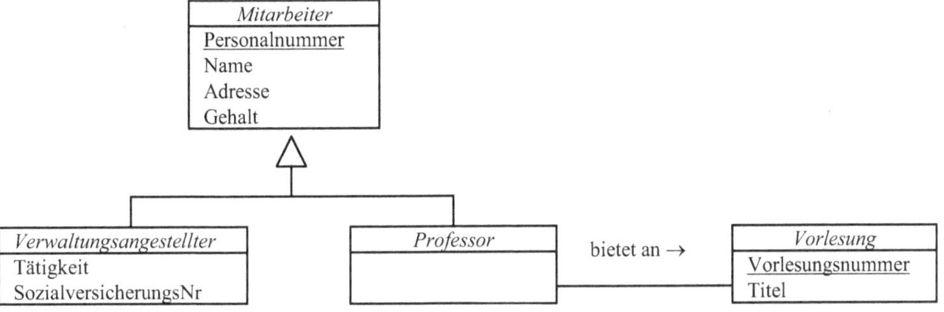

Abb. 2.11 Sub-Entitätstypen mit speziellen Attributen und Beziehungstypen

2.2.3 Beziehungsentitätstyp

Normalerweise sind an einem Beziehungstyp immer Entitätstypen beteiligt. Es gibt allerdings auch Fälle, bei denen ein Beziehungstyp nicht auf einen Entitätstyp zielt, sondern auf einen anderen Beziehungstyp (s. Beispiel 2.13).

Beispiel 2.13

Für den „*kauft...bei*"-Beziehungstyp aus Abb. 2.7 ist zu beachten, dass es bei bestimmten Käufen zu Reklamationen kommen kann. Die *Reklamation* wird dabei in einem eigenen Entitätstyp mit Reklamationsnummer, Datum, Problemtext und Maßnahme verwaltet.

Um die Reklamation dem betreffenden Kauf zuzuordnen, kann nun nicht einfach eine Verbindung vom Entitätstyp *Reklamation* zu einem der drei am Kauf beteiligten Entitätstypen *Kunde, Artikel* oder *Kaufhaus* gezogen werden. Die Zuordnung bezieht sich nämlich nicht auf einen einzelnen Entitätstyp, sondern auf die Kombination aus allen drei am Kauf beteiligten Entitätstypen. Genau diese Kombination bildet der Beziehungstyp *kauft...bei.* Daher muss der Entitätstyp *Reklamation* über einen Beziehungstyp *behandelt Problem bei* mit dem Beziehungstyp *kauft...bei* verbunden werden.

Da Beziehungstypen so definiert sind, dass damit nur Zusammenhänge zwischen Entitätstypen modelliert werden können, wird für den Fall aus Beispiel 2.13 ein zusätzliches Strukturierungselement benötigt, das die **Interpretation eines Beziehungstyps als Entitätstyp** erlaubt. Ein solches Strukturierungselement stellt der Beziehungsentitätstyp dar, der einfach als (Hilfs-)Entitätstyp dem betreffenden Beziehungstyp zugeordnet wird. Über den Beziehungsentitätstyp können dann die Verbindungen zu anderen Entitätstypen modelliert werden (s. Beispiel 2.14).

Im ER-Diagramm erfolgt die Zuordnung eines Beziehungsentitätstyps zu seinem Beziehungstyp über eine gestrichelte Linie.

Beispiel 2.14

Um die Datenwelt aus Beispiel 2.13 korrekt darzustellen, muss dem Beziehungstyp *kauft...bei* ein Beziehungsentitätstyp Kauf zugeordnet werden. Anschließend kann der Beziehungstyp *behandelt Problem bei* ganz normal zwischen den Entitätstypen *Reklamation* und *Kauf* modelliert werden (s. Abb. 2.12).

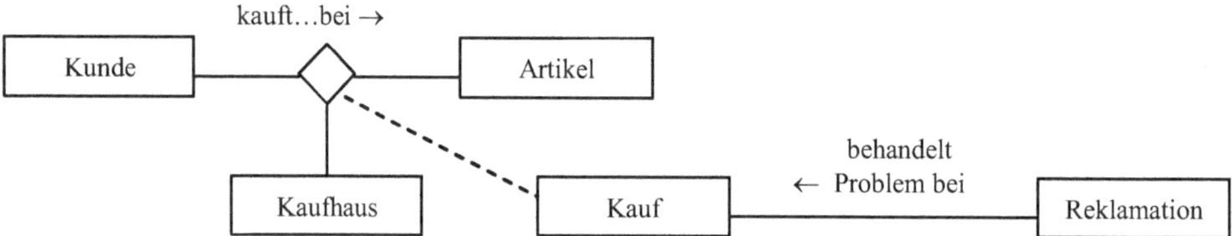

Abb. 2.12 ER-Diagramm mit Beziehungsentitätstyp

2.2.4 Multiplizität

Wenn zwei Entitätstypen miteinander in Beziehung stehen, ist eine ganz entscheidende Frage die, wie viele konkrete Beziehungen ein Informationsobjekt des einen Typs mit den Informationsobjekten des anderen Typs haben kann bzw. haben muss. Diese Angabe nennt man Multiplizität. Teilweise werden synonym auch die Begriffe **Kardinalität** oder **Komplexität** verwendet.

Bei einem Beziehungstyp gibt es für jeden beteiligten Entitätstyp eine Multiplizitätsangabe. Jede Multiplizitätsangabe erfolgt in Form eines Wertepaares. Dieses **Wertepaar** drückt in Form einer **Unter**- und **Obergrenze** aus, wie viele konkrete Beziehungen ein Informationsobjekt des Entitätstyps beim vorliegenden Beziehungstyp mindestens und höchstens haben kann. Die möglichen Ausprägungen für diese Wertepaare sind aus der Tab. 2.1 ersichtlich, wobei das Zeichen „*" für „mehrere" steht.

Tab. 2.1 *Multiplizitätsangaben im ER-Datenmodell*

Anzahl der konkreten Beziehungen	*Schreibweise*	*Abkürzung*
keine oder eine Beziehung	0..1	
genau eine Beziehung	1..1	1
keine oder mehrere Beziehungen	0..*	*
eine oder mehrere Beziehungen	1..*	
(spezielle Anzahl)	(Bsp.:) 3..3	3
(spezieller Bereich)	(Bsp.:) 2, 4..8	

Im ER-Diagramm wird die Multiplizität für einen Entitätstyp beim gegenüberliegenden Entitätstyp vermerkt (s. Beispiel 2.15).

Beispiel 2.15

In der Abb. 2.7 gibt es zwischen *Angestellter* und *Abteilung* einen Beziehungstyp *arbeitet in*. Dabei soll gelten:

- Jeder Angestellte arbeitet in genau einer Abteilung.
  Jeder Angestellte steht also mit mindestens einer Abteilung (Untergrenze) und mit höchstens einer Abteilung (Obergrenze) in Beziehung.
- In jeder Abteilung arbeitet mindestens ein Mitarbeiter.
  Jede Abteilung steht also mit mindestens einem Angestellten (Untergrenze) und mit höchstens mehreren Angestellten (Obergrenze) in Beziehung.

Diese Multiplizitäten werden wie in Abb. 2.13 modelliert.

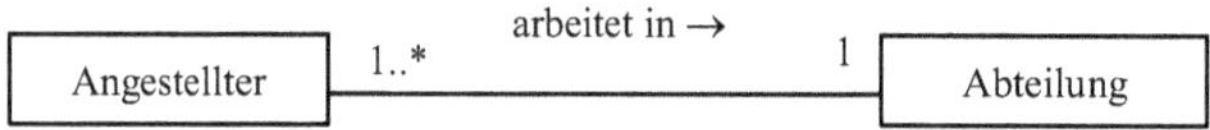

Abb. 2.13 ER-Diagramm mit Multiplizitäten

Multiplizitäten für den Abhängigkeitsbeziehungstyp

Ein Weak-Entitätstyp kann als Teil des Entitätstyps angesehen werden, von dem der Weak-Entitätstyp abhängig ist. Dabei hat jedes konkrete Informationsobjekt des Weak-Entitätstyps mindestens eine Abhängigkeit zu einem konkreten Informationsobjekt des normalen Entitätstyps. Durch diese Abhängigkeit ist die Untergrenze der Multiplizität auf der Seite des normalen Entitätstyps also immer mindestens „1" (s. Beispiel 2.16). Darüber hinaus gibt es aber beim Abhängigkeitsbeziehungstyp keine Besonderheiten.

Beispiel 2.16

In Beispiel 2.9 werden die Kinder der Angestellten in einem Weak-Entitätstyp *Kind* verwaltet. Bei diesem Anwendungsfall lauten die Multiplizitäten für den Abhängigkeitsbeziehungstyp wie folgt:

- Jedes Kind gehört mindestens zu einem Angestellten (Elternteil). Wenn beide Elternteile angestellt sind, werden deren Kinder jeweils zwei Angestellten zugeordnet. Daher lautet die Multiplizität für den Entitätstyp *Kind* „1..2".
- Da ein Angestellter mehrere Kinder haben kann, nur eines oder auch gar keines, lautet die Multiplizität für den Entitätstyp *Angestellter* „0..*".

Diese Multiplizitäten werden im ER-Diagramm entsprechend Abb. 2.14 jeweils auf der gegenüberliegenden Seite modelliert.

Abb. 2.14 Abhängigkeitsbeziehungstyp mit Multiplizitäten

Multiplizitäten für die Aggregation

Eine **normale** Aggregation wird ohne Besonderheiten mit Multiplizitäten versehen. Lediglich bei der **starken** Aggregation gibt es die Besonderheit, dass die Multiplizität bei dem Ganzes-Entitätstyp immer „1" lautet (s. Beispiel 2.17). Dies liegt daran, dass es die betreffenden Teile nur in Verbindung mit einem bestimmten Ganzen gibt.

Beispiel 2.17

In Beispiel 2.10 besitzt jedes Kraftfahrzeugmodell ein spezielles Fahrwerk und eine spezielle Karosserie, wobei Fahrwerk und Karosserie in der Datenbank immer nur in Verbindung mit einem bestimmten Kraftfahrzeugmodell verwaltet werden. Bei diesen beiden starken Aggregationen lauten daher die Multiplizitäten auf beiden Seiten „1".

Bei den Sonderausstattungen ist es so, dass die meisten Modelle mehrere Sonderausstattungen wie Klimaanlage und Routenplaner bieten, das kleinste Modell allerdings ganz ohne Sonderausstattung auskommt. Schließlich ist noch anzumerken, dass das neu entwickelte Anti-Crash-System als brandneue Sonderausstattung zwar bereits verfügbar ist, aber derzeit noch in kein Modell eingebaut wird. Bei dieser normalen Aggregation lautet also die Multiplizität auf beiden Seiten „0..*".

Die Abb. 2.15 zeigt das entsprechende ER-Diagramm.

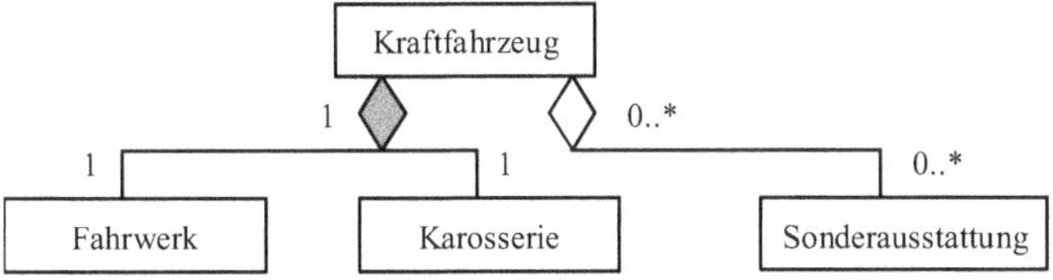

Abb. 2.15 Aggregationen mit Multiplizitäten

Multiplizitäten für die Generalisierung

Die Multiplizitäten sind bei einer Generalisierung/Spezialisierung **immer gleich**:

- beim Super-Entitätstyp steht immer „**1..1**" und
- beim Sub-Entitätstyp steht immer „**0..1**".

Da die Multiplizitäten immer gleich sind, erübrigt sich deren Angabe im ER-Diagramm.

Es gibt allerdings noch eine andere Fragestellung, die bei einer Generalisierung/Spezialisierung geklärt werden muss: die **Aufteilung** der Informationsobjekte vom Super-Entitätstyp auf die zugehörigen Sub-Entitätstypen. Dabei gibt es die folgenden Fälle:

- Falls die Informationsobjekte des Super-Entitätstyps alle als Instanz bei mindestens einem Sub-Entitätstyp auftreten, nennt man die Generalisierung/Spezialisierung **total**.
- Falls die Informationsobjekte des Super-Entitätstyps nicht alle als Instanz bei mindestens einem Sub-Entitätstyp auftreten, nennt man die Generalisierung/Spezialisierung **partiell**.
- Falls die Informationsobjekte des Super-Entitätstyps bei höchstens einem Sub-Entitätstyp als Instanz auftreten, nennt man die Generalisierung/Spezialisierung **disjunkt**.
- Falls die Informationsobjekte des Super-Entitätstyps bei mehreren Sub-Entitätstypen als Instanz auftreten können, nennt man die Generalisierung/Spezialisierung **nicht disjunkt**.

Bei einer Generalisierung/Spezialisierung ist also immer zu entscheiden, ob diese einerseits *total oder partiell* und andererseits *disjunkt oder nicht disjunkt* ist (s. Beispiel 2.18).

Die Angabe im ER-Diagramm erfolgt durch Wertepaare, die sich aus den Anfangsbuchstaben der vier Fälle (**t** für total, **p** für partiell, **d** für disjunkt, **n** für nicht disjunkt) zusammensetzen. Die möglichen Kombinationen lauten (t,d), (t,n), (p,d) und (p,n). Das Beispiel 2.18 veranschaulicht diesen Sachverhalt.

Beispiel 2.18

Die Personen aus Beispiel 2.11 setzen sich vollständig aus den Angestellten und den Kunden des Unternehmens zusammen, wobei ein Angestellter auch Kunde sein kann. Die Generalisierung/Spezialisierung ist also total und nicht disjunkt: (t,n).

In Beispiel 2.12 hingegen kann man als Mitarbeiter nicht gleichzeitig Verwaltungsangestellter und Professor sein. Zudem gibt es noch Technische Angestellte (bspw. RZ-Mitarbeiter), die aber ohne eigenen Sub-Entitätstyp geführt werden. Diese Generalisierung/Spezialisierung ist also partiell und disjunkt: (p,d).

Die Abb. 2.16 zeigt das entsprechende ER-Diagramm.

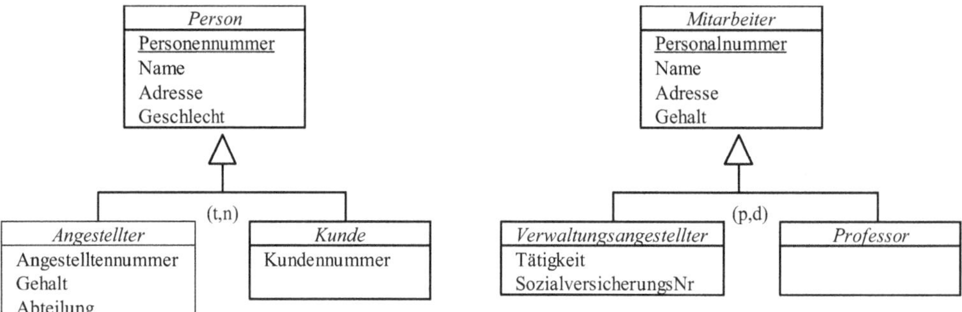

Abb. 2.16 Multiplizitäten bei Generalisierung/Spezialisierung

2.2.5 Rolle

Um Beziehungstypen genauer beschreiben zu können, gibt es die Möglichkeit, bei den beteiligten Entitätstypen die Rollen anzugeben, die die Entitätstypen beim betreffenden Beziehungstyp spielen. Dies ist insbesondere bei **rekursiven Beziehungstypen** sehr hilfreich, wie das Beispiel 2.19 zeigt.

Beispiel 2.19

Bei einem Entitätstyp *Person* soll verwaltet werden, welcher Mann mit welcher Frau verheiratet ist. Dies kann über einen Beziehungstyp *ist verheiratet mit* vom Entitätstyp *Person* zum Entitätstyp *Person* modelliert werden. Wenn nun die konkreten Ehe-Beziehungen immer in der gleichen Form angegeben werden sollen, nämlich vom Ehemann zur Ehefrau, dann kann dies erreicht werden, indem der rekursive Beziehungstyp mit den beiden Rollen *Ehemann* und *Ehefrau* ergänzt wird. Abb. 2.17 zeigt das entsprechende ER-Diagramm.

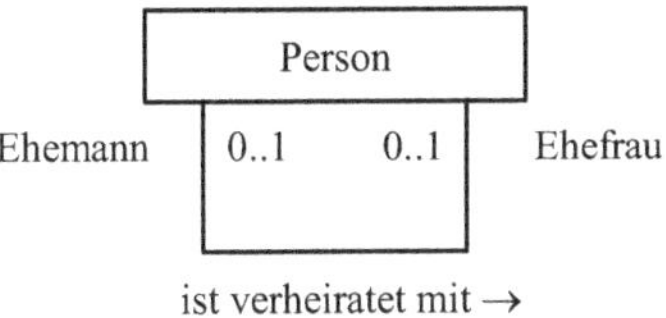

Abb. 2.17 Rekursiver Beziehungstyp mit Rollen

2.2.6 Attribut und Fremdschlüssel

Wie der Entitätstyp so besitzt auch der Beziehungstyp Attribute, für die prinzipiell die gleichen Integritätsbedingungen gelten wie für die Attribute von Entitätstypen (s. Kapitel 2.1.6). Beim Beziehungstyp gibt es allerdings zwei unterschiedliche Arten von Attributen:

- **Fremde Attribute**:
  Zur Spezifikation der Entitätstypen, die am Beziehungstyp beteiligt sind, werden die *Primärschlüssel* dieser Entitätstypen als Attribute des Beziehungstyps aufgenommen. Da diese Primärschlüssel von anderen (fremden) Konstrukten quasi ausgeliehen werden, nennt man diese Attribute beim Beziehungstyp **Fremdschlüsselattribute**. Fremdschlüsselattribute von Beziehungstypen besitzen immer einen Wert, d.h. deren Multiplizität ([min..max]-Angabe) lautet immer „[1..1]“.
  Im ER-Diagramm werden die Fremdschlüsselattribute mit dem Zusatz FS versehen (s. Beispiel 2.20).
- **Eigene Attribute**:
  Neben den Fremdschlüsselattributen kann ein Beziehungstyp auch ganz normale eigene Attribute haben. Dies ist immer dann der Fall, wenn es Attribute gibt, die nicht speziell einen der beteiligten Entitätstypen spezifizieren, sondern den Beziehungstyp zwischen den Entitätstypen.
  Besitzt ein Beziehungstyp eigene Attribute, so wird ein zum Beziehungstyp gehörender **Beziehungsentitätstyp** modelliert, der alle eigenen und fremden Attribute enthält (s. Beispiel 2.20).

Beispiel 2.20

Beim Beziehungstyp *arbeitet in* aus Abb. 2.7 soll das Eintrittsdatum des Angestellten in die Abteilung und eine Stellenbeschreibung verwaltet werden. Dazu wird der Beziehungstyp mit dem Beziehungsentitätstyp *Arbeit* ergänzt, der die Primärschlüssel der beiden Entitätstypen Angestellter (*Personalnummer*) und Abteilung (*AbteilungsNr*) als

Fremdschlüsselattribute und die zwei eigenen Attribute *Eintritt* und *Stelle* erhält. Abb. 2.18 zeigt das entsprechende ER-Diagramm.

Es ist zu beachten, dass das *Eintrittsdatum* und die *Stellenbeschreibung* weder dem Entitätstyp Angestellter noch dem Entitätstyp Abteilung zugeordnet werden können.

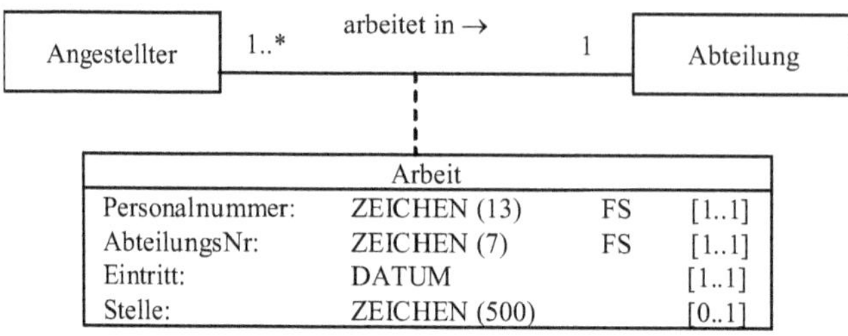

Abb. 2.18 Beziehungstyp mit Attributen

2.2.7 Primärschlüssel

Entsprechend den Informationsobjekten müssen auch alle konkreten Beziehungen eines Beziehungstyps eindeutig identifizierbar sein. Daher benötigen auch Beziehungstypen einen Primärschlüssel. Dieser kann auf zwei Arten festgelegt werden:

- Es kann ein **künstliches Attribut** als Primärschlüssel eingeführt werden.
- Der Primärschlüssel kann aber auch **aus der Menge der Fremdschlüsselattribute** bestimmt werden.

Wird der Primärschlüssel aus der Menge der Fremdschlüsselattribute gebildet, so ergibt sich der Primärschlüssel aus den Multiplizitäten des Beziehungstyps. Dies veranschaulicht das folgende Beispiel 2.21.

Beispiel 2.21

In einer Datenbank sollen die Angestellten, die Abteilungen und die Projekte eines Unternehmens verwaltet werden. Dabei geht es darum, welcher Angestellte in welchem Projekt mitwirkt, welcher Angestellte in welcher Abteilung arbeitet und welcher Angestellte welche Abteilung leitet. Abb. 2.19 zeigt das entsprechende ER-Diagramm.

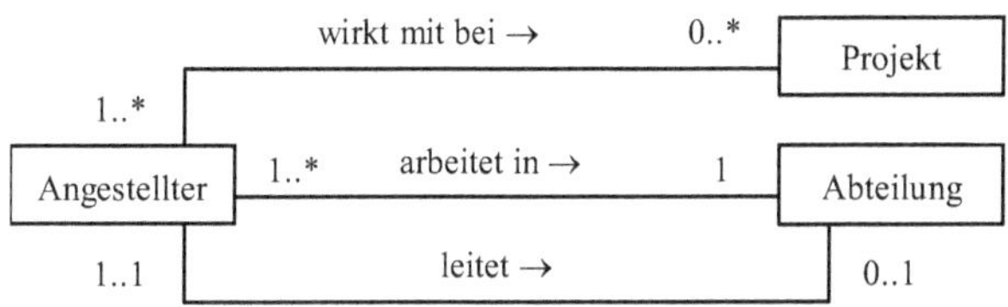

Abb. 2.19 Beziehungstypen mit unterschiedlichen Multiplizitäten

Für die drei Beziehungstypen in Abb. 2.19 soll nun der jeweilige Primärschlüssel ermittelt werden. Um dies zu veranschaulichen, werden in Abb. 2.20 einige Informationsobjekte und deren Beziehungen untereinander betrachtet, die den Multiplizitäten in Abb. 2.19 entsprechen.

Angestellter		
AngNr	*Name*	*Gehalt*
4711	Max	2.000
0815	Moritz	3.000
1234	Donald	2.000
5555	Daisy	4.000
6789	Goofy	2.000

Projekt		
ProjNr	*Name*	*Budget*
P04	Riesterrente	3 Mio.
P05	Struktur neu	1 Mio.

Abteilung		
AbtNr	*Name*	*Gebäude*
C-1	Controlling	Ostflügel
V-2	Vertrieb	Hochhaus
I-3	Informatik	Tambour

wirkt mit bei	
AngNr	*ProjNr*
4711	P04
1234	P04
4711	P05
0815	P05
5555	P05

arbeitet in	
AngNr	*AbtNr*
4711	C-1
0815	V-2
1234	V-2
5555	I-3
6789	I-3

leitet	
AngNr	*AbtNr*
4711	C-1
0815	V-2
5555	I-3

Abb. 2.20 Projekt-Angestellter-Abteilung-Datenbank

Anhand der konkreten Beziehungen kann man nun gut erkennen, wie die Primärschlüssel der drei Beziehungstypen lauten:

- *wirkt mit bei*:
  Weder die Angestelltennummer noch die Projektnummer ist allein identifizierend, da jeweils bestimmte Werte mehrfach auftreten. Die kombinierten Werte von AngNr und ProjNr treten hingegen immer nur ein Mal auf. Die Kombination *AngNr + ProjNr* identifiziert also jede Beziehung eindeutig und wird deshalb Primärschlüssel.
- *arbeitet in*:
  Jeder Angestellte arbeitet in genau einer Abteilung, d.h. jede Angestelltennummer kommt genau ein Mal vor und identifiziert damit jede Beziehung eindeutig. *AngNr* wird also Primärschlüssel.

- *leitet*:
  Sowohl die Angestelltennummern als auch die Abteilungsnummern kommen genau ein Mal vor und identifizieren damit jede Beziehung eindeutig. Es kann also sowohl *AngNr* als auch *AbtNr* als Primärschlüssel ausgewählt werden.

Aus den exemplarischen Überlegungen des Beispiel 2.21 heraus lassen sich **allgemeine Regeln** zur Bestimmung des Primärschlüssels für Beziehungstypen ableiten. Für die Formulierung dieser Regeln wird der allgemeine binäre Beziehungstyp *hat Beziehung zu* der Abb. 2.21 betrachtet, der den Entitätstyp *Entitätstyp1* (mit Primärschlüssel PS1) und den Entitätstyp *Entitätstyp2* (mit Primärschlüssel PS2) verbindet.

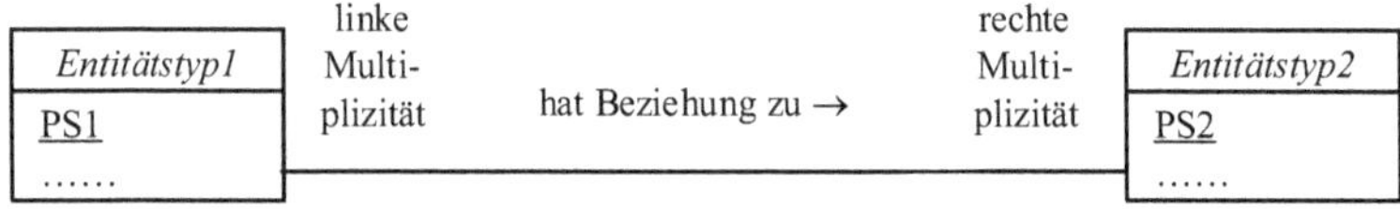

Abb. 2.21 ER-Diagramm mit allgemeinem binären Beziehungstyp

Der allgemeine Beziehungstyp *hat Beziehung zu* aus Abb. 2.21 besitzt standardmäßig als Fremdschlüssel PS1 und PS2, aus denen der Primärschlüssel für den Beziehungstyp gemäß Tab. 2.2 bestimmt wird.

Tab. 2.2 *Bestimmung des Primärschlüssels für einen Beziehungstyp*

linke Multiplizität	*rechte Multiplizität*	*Primärschlüssel des Beziehungstyps*
mehrere Beziehungen möglich (bspw.: 0..* oder 1..*)	mehrere Beziehungen möglich	weder PS1 noch PS2 allein identifizierend => Primärschlüssel: PS1 + PS2
mehrere Beziehungen möglich	0..1 oder 1..1	PS1 allein identifizierend => Primärschlüssel: PS1
0..1 oder 1..1	mehrere Beziehungen möglich	PS2 allein identifizierend => Primärschlüssel: PS2
0..1 oder 1..1	0..1 oder 1..1	sowohl PS1 als auch PS2 allein identifizierend => Primärschlüssel: PS1 oder PS2 (kürzeren Schlüssel wählen)

Bei den Regeln der Tab. 2.2 ist zu beachten, dass die so gefundenen Primärschlüssel eine Minimallösung darstellen. Je nach vorliegender Datenwelt kann sich noch die Notwendigkeit ergeben, dass dieser Primärschlüssel mit einem Zusatzattribut ergänzt werden muss, wie dies in Beispiel 2.22 der Fall ist. Insofern sollte abschließend die Semantik des gefundenen Primärschlüssels immer noch einmal überprüft werden.

Beispiel 2.22

In einer Datenbank sollen über die Entitätstypen *Kunde* und *Artikel* und den Beziehungstyp *kauft* alle Kundeneinkäufe verwaltet werden. Abb. 2.22 zeigt das entsprechende ER-Diagramm.

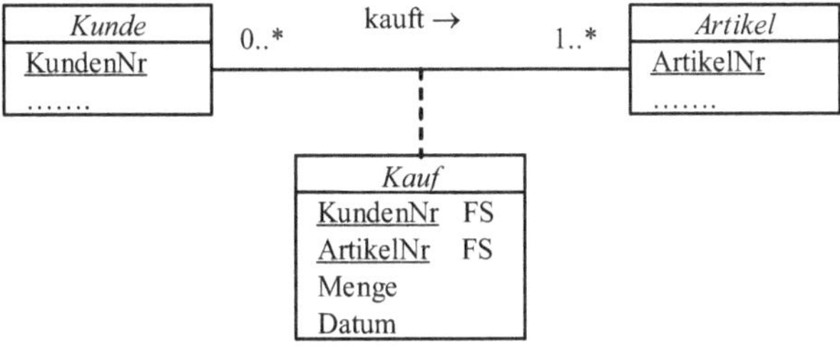

Abb. 2.22 ER-Diagramm mit Beziehungstyp für Einkäufe

Nach den obigen Regeln lautet der Primärschlüssel für den Beziehungstyp *kauft*: *KundenNr + ArtikelNr.*

In einem solchen Datenbestand kann der Kunde mit der *KundenNr* 4711 einen Liegestuhl mit der *ArtikelNr* 0815 kaufen. Ein zweiter Liegestuhl 0815 kann aber durch den Kunden 4711 nicht mehr erworben werden, da der Primärschlüsselwert 4711 + 0815 für den Beziehungstyp *kauft* schon vergeben wurde.

Sofern im Datenbestand ein solcher Mehrfachkauf verwaltet werden soll, reicht also die Minimallösung für den Primärschlüssel nicht aus. Im vorliegenden Fall ist daher die *KundenNr* und die *ArtikelNr* mit dem *Datum* zu ergänzen (evtl. sogar zusätzlich noch mit einer Zeitangabe).

2.2.8 Beziehungstypen mit einem Grad > 2

Viele Zusammenhänge in der realen Welt lassen sich mit binären Beziehungstypen (Grad = 2) darstellen. Es gibt aber auch Zusammenhänge, die Beziehungstypen mit einem höheren Grad erfordern. Dabei ist allerdings festzustellen, dass die Handhabung der höheren Beziehungsgrade wesentlich schwieriger ist. Dies soll im Folgenden anhand des Grades 3 gezeigt werden.

Multiplizitäten

Bei einem Beziehungstyp mit einem Grad > 2 gilt die Multiplizitätsangabe bei einem Entitätstyp für die **Kombination** der restlichen am Beziehungstyp beteiligten Entitätstypen. Dies wird in Beispiel 2.23 für den Grad 3 veranschaulicht.

Beispiel 2.23

Ein Unternehmen möchte in einer Datenbank Informationen darüber verwalten, welche Abteilung welchen Artikel bei welchem Händler einkauft. Das entsprechende ER-Diagramm zeigt die Abb. 2.23.

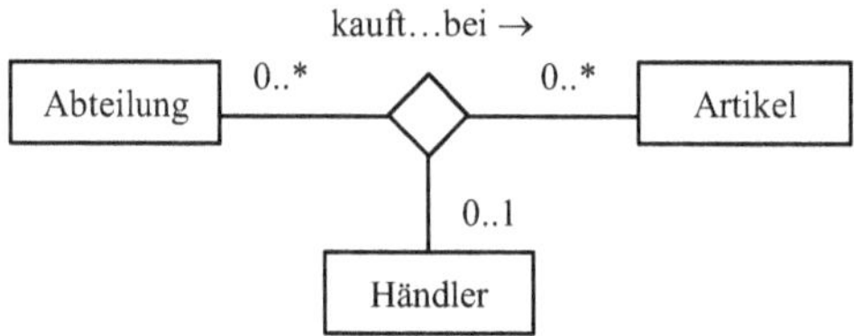

Abb. 2.23 Beziehungstyp zur Verwaltung von Wareneinkäufen

Die Multiplizitäten eines Beziehungstyps vom Grad 3 geben an, mit wie vielen Informationsobjekten des dritten Entitätstyps eine Kombination von Informationsobjekten der anderen beiden Entitätstypen in Beziehung stehen. Dies bedeutet für den Beziehungstyp *kauft...bei* in Abb. 2.23 konkret:

- *Abteilung-Artikel*-Kombination:
  Jede Abteilung kauft jeden ihrer Artikel bei genau einem Händler ein. Eine Abteilung kauft allerdings nicht jeden Artikel ein. Daher kommt also jede konkrete Kombination einer Abteilung mit einem Artikel bei den konkreten Dreier-Beziehungen entweder genau ein Mal vor (mit dem betreffenden Händler) oder kein Mal.

- *Händler-Artikel*-Kombination:
  Ein bestimmter Händler kann einen bestimmten Artikel an keine, eine oder mehrere Abteilungen liefern. Eine konkrete Kombination eines Händlers mit einem Artikel kann also gar nicht, ein Mal oder mehrere Male bei den konkreten Dreier-Beziehungen auftreten.

- *Abteilung-Händler*-Kombination:
  Eine bestimmte Abteilung kann von einem bestimmten Händler mit keinem, einem oder mit mehreren Artikeln beliefert werden. Eine konkrete Kombination einer Abteilung mit einem Händler kann also gar nicht, ein Mal oder mehrere Male bei den konkreten Dreier-Beziehungen auftreten.

Da die Multiplizitäten bei einem Beziehungstyp mit Grad > 2 immer für eine Kombination mehrerer Entitätstypen formuliert werden, kann über die Multiplizitäten nicht mehr ausgedrückt werden, ob die Informationsobjekte eines der beteiligten Entitätstypen (bspw. eine konkrete Abteilung oder ein konkreter Händler in Beispiel 2.23) ohne konkrete Beziehung auftreten können oder nicht. Dies ist nur bei binären Beziehungstypen möglich.

Primärschlüssel

Wird der Primärschlüssel eines Beziehungstyps mit einem Grad > 2 aus der Menge der Fremdschlüssel gebildet, so ergibt sich der Primärschlüssel wie bei einem Grad 2 aus den Multiplizitäten des Beziehungstyps. Die entsprechenden allgemeinen **Regeln zur Ableitung** des Primärschlüssels bei einem Grad 3 lassen sich anhand des allgemeinen Beziehungstyps *hat Beziehung zu ... und zu* der Abb. 2.24 formulieren.

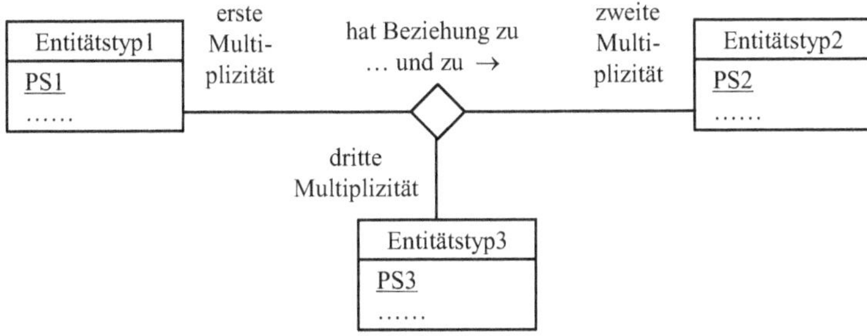

Abb. 2.24 allgemeiner Beziehungstyp mit dem Grad 3

Der allgemeine Beziehungstyp *hat Beziehung zu ... und zu* aus Abb. 2.24 besitzt standardmäßig als Fremdschlüssel PS1, PS2 und PS3, aus denen der Primärschlüssel für den Beziehungstyp gemäß Tab. 2.3 bestimmt wird.

Tab. 2.3 *Bestimmung des Primärschlüssels für einen Beziehungstyp mit Grad 3*

erste Multiplizität	*zweite Multiplizität*	*dritte Multiplizität*	*Primärschlüssel des Beziehungstyps*
mehrere Beziehungen möglich	mehrere Beziehungen möglich	mehrere Beziehungen möglich	PS1 + PS2 + PS3
mehrere Beziehungen möglich	mehrere Beziehungen möglich	0..1 oder 1..1	PS1 + PS2
mehrere Beziehungen möglich	0..1 oder 1..1	0..1 oder 1..1	PS1 + PS2 oder: PS1 + PS3 (kürzesten Schlüssel wählen)
0..1 oder 1..1	0..1 oder 1..1	0..1 oder 1..1	PS1 + PS2 oder: PS1 + PS3 oder: PS2 + PS3 (kürzesten Schlüssel wählen)

Offensichtlich kann bei der Festlegung des Primärschlüssels eines Beziehungstyps höchstens ein Fremdschlüssel weggelassen werden. Dass dies auch gilt, wenn alle Multiplizitäten „0..1“ oder „1..1“ lauten, zeigt das Beispiel 2.24.

Beispiel 2.24

Für den allgemeinen Beziehungstyp *hat Beziehung zu ... und zu* in Abb. 2.24 könnte es gemäß den Multiplizitäten die folgende Ausprägung geben:

hat Beziehung zu ... und zu		
PS1	*PS2*	*PS3*
1	11	111
2	22	333
3	33	333
1	22	222

Bei dieser Ausprägung gilt, dass jede Kombination zweier Fremdschlüssel höchstens ein Mal vorkommt (entspricht den Multiplizitäten) und damit jede konkrete Beziehung eindeutig identifiziert. Allerdings ist keines der Fremdschlüssel allein identifizierend, da jeweils bestimmte Werte mehrfach auftreten. Der Primärschlüssel des Beziehungstyps kann also nicht nur aus einem der Fremdschlüssel bestehen.

2.2.9 Vermeidung höhergradiger Beziehungstypen

Da die Beziehungstypen mit einem Grad > 2 schwieriger zu handhaben sind als binäre, versucht man oft, lediglich mit **binären** Beziehungstypen zu arbeiten. Dabei stellt sich aber die Frage, wie ein Beziehungstyp mit einem Grad > 2 dargestellt werden kann, wenn nur binäre Beziehungstypen verwendet werden sollen.

Zur Lösung dieser Fragestellung sind drei Ansätze denkbar, die im Folgenden diskutiert werden sollen:

- **Zerlegung** des höhergradigen Beziehungstyps in mehrere reine binäre Beziehungstypen,
- **Zerlegung** des höhergradigen Beziehungstyps in mehrere binäre Beziehungstypen mit Beziehungsentitätstypen,
- **Umwandlung** des höhergradigen Beziehungstyps in einen Entitätstyp mit mehreren binären Beziehungstypen.

Zerlegung in reine binäre Beziehungstypen

Beim ersten Lösungsansatz wird ein Beziehungstyp mit einem Grad > 2 so zerlegt, dass die am betreffenden Beziehungstyp beteiligten Entitätstypen mit binären Beziehungstypen verbunden werden (maximal jeder mit jedem). Das Beispiel 2.25 zeigt diesen Ansatz für einen Beziehungstyp mit dem Grad 3.

Beispiel 2.25

In dem Datenmodell aus Beispiel 2.23 geht es um die Wareneinkäufe der Abteilungen eines Unternehmens, die über einen Beziehungstyp *kauft...bei* verwaltet werden. Die Fremdschlüssel für den Beziehungstyp seien *AbtNr* (von Abteilung), *ArtNr* (von Artikel) und *HNr* (von Händler). Eine mögliche Ausprägung für die Menge der konkreten Beziehungen ist dann gemäß den Multiplizitäten die folgende:

kauft...bei		
AbtNr	*ArtNr*	*HNr*
Abt-1	Art-00	H-123
Abt-2	Art-00	H-999
Abt-1	Art-44	H-123
Abt-2	Art-44	H-999
Abt-1	Art-77	H-999

Für die Verwaltung dieses Datenbestands sollen nun lediglich binäre Beziehungstypen eingesetzt werden. Dazu wird der Beziehungstyp *kauft...bei* aus Abb. 2.23 in drei binäre Beziehungstypen gemäß Abb. 2.25 zerlegt.

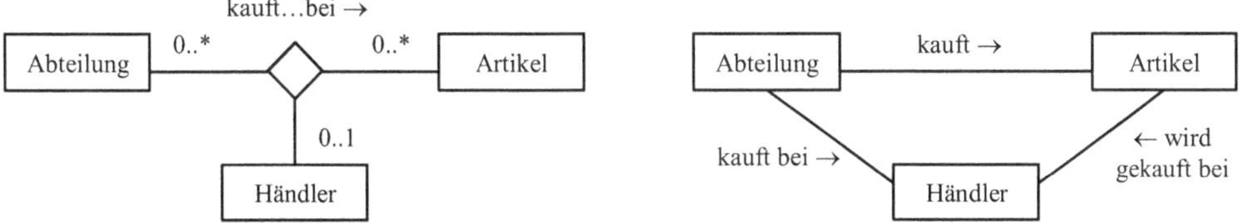

Abb. 2.25 Zerlegung eines Beziehungstyps mit Grad 3 in binäre Beziehungstypen

Falls nun die binären Beziehungstypen aus Abb. 2.25 für die Datenverwaltung eingesetzt werden, zerlegt sich die oben genannte Ausprägung mit den Dreier-Beziehungen in die folgenden Zweier-Beziehungen (durch Ausblendung der jeweils nicht beteiligten Spalte und anschließender Entfernung von Mehrfachnennungen):

kauft	
AbtNr	*ArtNr*
Abt-1	Art-00
Abt-2	Art-00
Abt-1	Art-44
Abt-2	Art-44
Abt-1	Art-77

kauft bei	
AbtNr	*HNr*
Abt-1	H-123
Abt-2	H-999
Abt-1	H-999

wird gekauft bei	
ArtNr	*HNr*
Art-00	H-123
Art-00	H-999
Art-44	H-123
Art-44	H-999
Art-77	H-999

Betrachtet man das Ergebnis dieser Zerlegung, so fällt bei genauerem Hinsehen auf, dass nach der Zerlegung nicht mehr geklärt werden kann, bei welchem Händler die Abteilung Abt-1 den Artikel Art-00 gekauft hat. Offensichtlich ist also ein Beziehungstyp vom Grad 3 aussagekräftiger als die ersatzweise verwendeten binären Beziehungstypen.

Das Beispiel 2.25 macht deutlich, dass der angedachte Zerlegungsprozess mit einem erheblichen **Informationsverlust** verbunden ist. Höhergradige Beziehungstypen lassen sich also nicht einfach in gleichwertige binäre Beziehungstypen zerlegen. Somit eignet sich dieser erste Lösungsansatz der Zerlegung nicht als Konzept zur Vermeidung höhergradiger Beziehungstypen.

Zerlegung in binäre Beziehungstypen mit Beziehungsentitätstypen

Eine Verbesserung des ersten Lösungsansatzes ist in der Form möglich, dass die binären Beziehungstypen nicht nur die Entitätstypen untereinander verbinden, sondern auch die Entitätstypen mit den binären Beziehungstypen (über zugehörige Beziehungsentitätstypen). Bei dieser Vorgehensweise wird ein Beziehungstyp mit einem Grad > 2 wie folgt zerlegt:

- Verbinde die ersten beiden der am höhergradigen Beziehungstyp beteiligten Entitätstypen mit einem binären Beziehungstyp.
- Ergänze den binären Beziehungstyp mit einem Beziehungsentitätstyp und verbinde diesen über einen binären Beziehungstyp mit dem dritten am höhergradigen Beziehungstyp beteiligten Entitätstyp.
- Ergänze den zuletzt hinzugefügten binären Beziehungstyp mit einem Beziehungsentitätstyp und verbinde diesen über einen binären Beziehungstyp mit dem vierten Entitätstyp.
- usw.
- Besitzt der höhergradige Beziehungstyp eigene Attribute, so werden diese dem zuletzt hinzugefügten binären Beziehungstyp zugeordnet.

Das Beispiel 2.26 zeigt diesen Ansatz für den Beziehungstyp *kauft...bei* aus Beispiel 2.25.

Beispiel 2.26

Es liege der Beziehungstyp *kauft...bei* und eine zugehörige Beispiel-Ausprägung gemäß Abb. 2.26 vor.

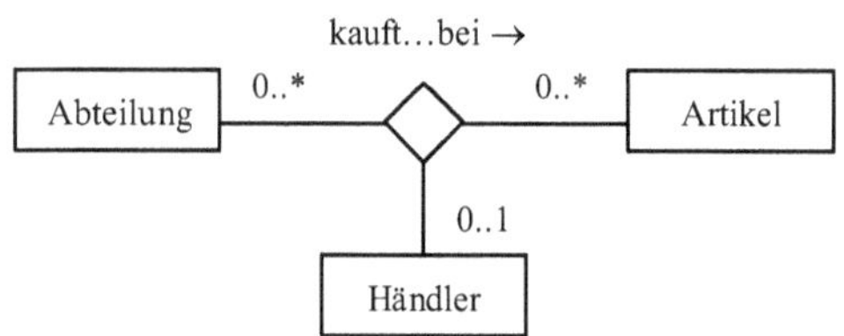

kauft...bei		
AbtNr	*ArtNr*	*HNr*
Abt-1	Art-00	H-123
Abt-2	Art-33	H-007
Abt-2	Art-66	H-123
Abt-3	Art-33	H-007
Abt-1	Art-33	H-123

Abb. 2.26 Beziehungstyp kauft...bei mit Grad 3

Dieser Beziehungstyp mit dem Grad 3 kann so zerlegt werden, dass

- zunächst *Abteilung* und *Artikel* mit einem binären Beziehungstyp *kauft* verbunden werden,
- dann der binäre Beziehungstyp *kauft* einen Beziehungsentitätstyp *Kauf* erhält und
- schließlich der Beziehungsentitätstyp *Kauf* mit *Händler* über einen binären Beziehungstyp *erfolgt bei* verbunden wird.

Die Abb. 2.27 zeigt das resultierende ER-Diagramm und die zugehörige Beispiel-Ausprägung. Dabei ist allerdings darauf hinzuweisen, dass bei der Zerlegung in die binären Beziehungstypen das resultierende ER-Diagramm selten genau dieselbe Aussagekraft besitzt wie das ursprüngliche ER-Diagramm. Daher können beispielsweise auch die Multiplizitäten für die binären Beziehungstypen ohne Zusatzinformationen nicht ermittelt werden. Dieses Problem wird in Beispiel 2-26 noch näher beleuchtet. Im vorliegenden Beispiel soll der Einfachheit halber angenommen werden, dass die entsprechenden Zusatzinformationen vorliegen.

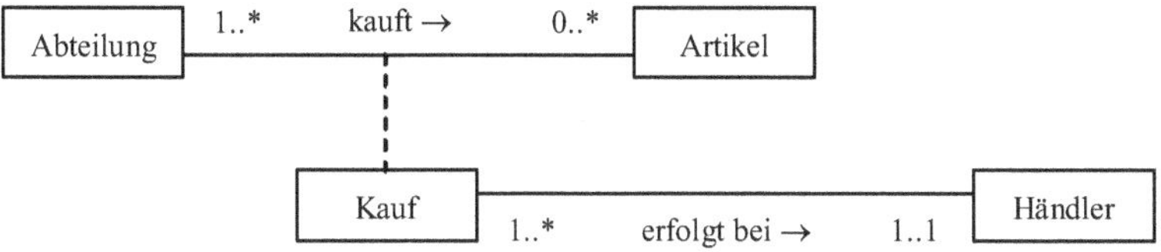

kauft	
AbtNr	*ArtNr*
Abt-1	Art-00
Abt-2	Art-33
Abt-2	Art-66
Abt-3	Art-33
Abt-1	Art-33

Kauf	
AbtNr	*ArtNr*
Abt-1	Art-00
Abt-2	Art-33
Abt-2	Art-66
Abt-3	Art-33
Abt-1	Art-33

erfolgt bei		
AbtNr	*ArtNr*	*HNr*
Abt-1	Art-00	H-123
Abt-2	Art-33	H-007
Abt-2	Art-66	H-123
Abt-3	Art-33	H-007
Abt-1	Art-33	H-123

Abb. 2.27 Zerlegter Beziehungstyp kauft...bei

Betrachtet man das Ergebnis dieser Zerlegung, so wird deutlich, dass durch das „Mitziehen“ der Fremdschlüssel bis in den letzten binären Beziehungstyp erfolgt bei die Ursprungsinformation erhalten bleibt. Diesen Vorteil erkauft man sich allerdings durch sehr viel Redundanz, die bei diesem Verfahren entsteht (hier verursacht durch die Umwandlung des Beziehungstyps kauft in den Entitätstyp Kauf).

Ein weiteres Problem ist, dass sich die entstehenden ER-Diagramme unterscheiden, und zwar je nachdem, mit welchen Entitätstypen das Verfahren beginnt. Wird bspw. mit *Händler* begonnen, so kann im ER-Diagramm nicht mehr ausgedrückt werden, dass eine bestimmte Abteilung einen bestimmten Artikel nur bei einem bestimmten Händler kauft. Dies ist allerdings in Abb. 2.27 möglich.

Das Beispiel 2.26 zeigt, dass die Zerlegung eines Beziehungstyps mit einem Grad > 2 in binäre Beziehungstypen mit ergänzenden Beziehungsentitätstypen zwar eine **mögliche Alternative** darstellt, allerdings eine sehr schlechte. Es handelt sich lediglich um eine **Hilfstechnik**, die methodisch gesehen nicht sauber arbeitet:

- Es kommen semantisch gesehen künstliche Zweier-Beziehungen zum Einsatz.
- Das Verfahren liefert, je nach gewählter Reihenfolge der Entitätstypen, unterschiedlich aussagekräftige Endergebnisse.
- Das Verfahren erzeugt viel Redundanz.

Die Redundanz lässt sich zwar dadurch reduzieren, dass in den Beziehungsentitätstypen künstliche Primärschlüssel verwendet werden. Dies ist aber einerseits wieder semantisch unsauber, und es ergibt sich andererseits vor allem der Nachteil, dass die Informationen über die ursprünglichen konkreten Beziehungen nun nicht mehr an einer Stelle stehen, sondern über mehrere Stellen hinweg verteilt sind.

Die abschließende Empfehlung lautet also, dass auch dieser zweite Ansatz zur Vermeidung höhergradiger Beziehungstypen nicht verwendet werden sollte.

Umwandlung in einen Entitätstyp

Der dritte denkbare Lösungsansatz ist die Umwandlung in einen Entitätstyp mit mehreren binären Beziehungstypen. Dies erfolgt in zwei Schritten:

- Ein Beziehungstyp mit einem Grad > 2 wird als Entitätstyp interpretiert, der den ursprünglichen Beziehungstyp ersetzt und dabei dessen eigene Attribute übernimmt (Fremdschlüssel entfallen). Sofern der Beziehungstyp keine eigenen Attribute besitzt, besitzt auch der neue Entitätstyp keine eigenen Attribute (außer einem künstlichen Primärschlüssel) und gilt daher zumindest in diesem Fall als künstliches Konstrukt.
- Jeder Entitätstyp, der am ursprünglichen Beziehungstyp beteiligt war, wird mit dem neu entstandenen Entitätstyp über einen binären Beziehungstyp verbunden. Der neu entstandene Entitätstyp stellt damit eine zentrale Verbindungsstelle dar.

Das Beispiel 2.27 zeigt und diskutiert diesen Lösungsansatz für den Beziehungstyp *kauft...bei*, der auch im Beispiel 2.25 und im Beispiel 2.26 betrachtet wurde.

Beispiel 2.27

Der Beziehungstyp *kauft...bei* aus Abb. 2.23 soll zur Vermeidung höhergradiger Beziehungstypen in einen Entitätstyp umgewandelt werden, der dann nur noch binäre Beziehungstypen erfordert. Der Beziehungstyp *kauft...bei* wird also durch den Entitätstyp *Kauf* ersetzt, welcher mit den Entitätstypen *Abteilung, Artikel* und *Händler* jeweils über binäre Beziehungstypen verbunden wird. Abb. 2.28 zeigt den Beziehungstyp *kauft...bei* vor und nach der Umwandlung.

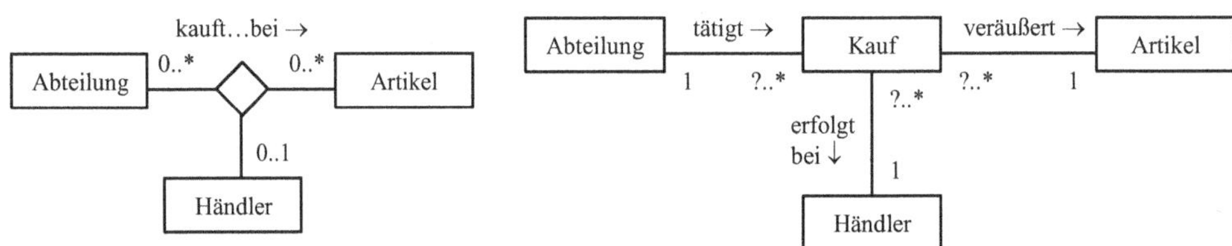

Abb. 2.28 Umwandlung eines Beziehungstyps mit Grad 3 in einen Entitätstyp

Bei einer solchen Umwandlung ist zu beachten, dass bei den beiden Konstrukten in Abb. 2.28 mit unterschiedlichen Techniken modelliert wird. Da einerseits mit höhergradigen und andererseits mit binären Beziehungstypen gearbeitet wird, drücken die zugehörigen Multiplizitäten unterschiedliche Komplexitäten aus, nämlich einerseits für kombinierte und andererseits für einzelne Entitätstypen. Dies hat zur Folge, dass man bei der Umwandlung die Multiplizitäten der einen Technik nicht in entsprechende Multiplizitäten der anderen Technik überführen kann.

In der Abb. 2.28 können bspw. bei der Umwandlung die Untergrenzen für die Multiplizitäten beim Entitätstyp *Kauf* nicht automatisch abgeleitet werden. Für die Obergrenzen der Multiplizitäten ist die automatische Ableitung zwar gelungen, dies liegt aber nur an der speziellen Konstellation in Abb. 2.28. Wenn man hypothetisch annimmt, dass beim ursprünglichen Beziehungstyp *kauft...bei* alle Multiplizitäten „0..1" lauten, lässt sich nämlich auch keine Obergrenze mehr ableiten.

Selbstverständlich kann in solchen Fällen der Datenmodellierer die Fragezeichen in Abb. 2.28 entsprechend den Zusammenhängen in der realen Welt ersetzen. Um dies zu veranschaulichen, wird die folgende konkrete Ausprägung für die Menge der konkreten Beziehungen vom Beziehungstyp *kauft...bei* betrachtet (entspricht der hypothetischen Annahme mit den Multiplizitäten „0..1"):

kauft...bei		
AbtNr	*ArtNr*	*HNr*
Abt-1	Art-00	H-123
Abt-1	Art-44	H-567
Abt-2	Art-44	H-999
Abt-2	Art-77	H-123
Abt-3	Art-77	H-999

Aus diesen Dreier-Beziehungen ergeben sich durch die Umwandlung die folgenden Informationsobjekte und Zweier-Beziehungen:

Kauf
KaufNr
1
2
3
4
5

tätigt	
AbtNr	*KaufNr*
Abt-1	1
Abt-1	2
Abt-2	3
Abt-2	4
Abt-3	5

erfolgt bei	
KaufNr	*HNr*
1	H-123
2	H-567
3	H-999
4	H-123
5	H-999

veräußert	
KaufNr	*ArtNr*
1	Art-00
2	Art-44
3	Art-44
4	Art-77
5	Art-77

In dieser Datenwelt kann also festgestellt werden, dass sowohl eine Abteilung als auch ein Händler und ein Artikel jeweils mehrere Beziehungen haben können. Die Obergrenzen der Multiplizitäten lauten somit „*". Falls nur Händler und Artikel in den Datenbestand aufgenommen werden, die an den tatsächlichen Käufen beteiligt sind, lauten deren Untergrenzen für die Multipizitäten „1". Falls andererseits nicht alle Abteilungen Waren einkaufen, lautet deren Untergrenze „0". Es ergibt sich also schlussendlich für den Beziehungstyp *kauft...bei* mit den hypothetisch angenommenen Multiplizitäten „0..1" die Umwandlung in Abb. 2.29.

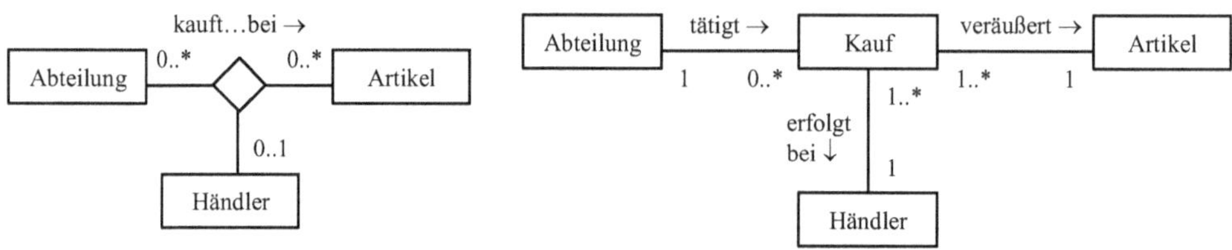

Abb. 2.29 Umwandlung eines Beziehungstyps mit Grad 3 und „0..1"-Multiplizitäten

Das Beispiel 2.27 zeigt, dass die Technik, Beziehungstypen mit einem Grad > 2 in einen Entitätstyp umzuwandeln, auch eine **mögliche Alternative** darstellt, um höhergradige Beziehungstypen zu vermeiden. Dieser Ansatz ist zwar besser als die in Beispiel 2.26 gezeigte Nutzung von Beziehungsentitätstypen, es ist allerdings auch hier anzumerken, dass es sich lediglich um eine **Hilfstechnik** handelt, die methodisch gesehen nicht ganz sauber arbeitet:

- Es entsteht ein semantisch unsauberer (künstlicher) Entitätstyp, der keine eigenen Attribute hat (außer einem künstlichen Primärschlüssel – s. *KaufNr* im Entitätstyp *Kauf*), falls der höhergradige Beziehungstyp keine eigenen Attribute hatte.
- Die Informationen über die ursprünglichen konkreten Beziehungen stehen nun nicht mehr an einer zentralen Stelle stehen, sondern sind über mehrere Stellen hinweg verteilt.

Es wird also auch hier abschließend empfohlen, dieses Verfahren zur Vermeidung höhergradiger Beziehungstypen nicht einzusetzen. Ein **Beziehungstyp sollte als solcher modelliert werden** und nicht als künstlicher Entitätstyp, der die Funktion eines Beziehungstyps ausübt.

2.2.10 Übungsaufgabe 2

Das Reiseunternehmen „Paradise-City" möchte die Daten über seine Busreisen in einer Datenbank verwalten und muss dazu zunächst einmal seine Datenwelt, die im Folgenden beschrieben wird, in einem Entity-Relationship-Datenmodell darstellen. Zeichnen Sie für das Reiseunternehmen ein geeignetes ER-Diagramm, wobei auch die Attribute (nur mit Bezeichner) eingezeichnet werden sollen. Geben Sie dann noch in einer zusätzlichen Auflistung die Wertebereiche und weitere Integritätsbedingungen für die Attribute an.

Das Reiseunternehmen bietet mehrtägige Städtereisen mit dem Bus an. Bei jeder Reise wird eine bestimmte Stadt besucht. Jede Stadt wird als Reiseziel mit einem eindeutigen Namen für die besuchte Stadt und mit einer festen Reisedauer für diese Stadt (Anzahl Tage) verwaltet. Manche Städte werden mehrmals im Jahr bereist. Generell wird für jede durchgeführte Reise eine eindeutige Reisenummer und das jeweilige Datum der Abreise festgehalten.

Das Reiseunternehmen verwaltet die Mitarbeiter mit einer eindeutigen Nummer, mit dem Namen, der Anschrift und dem Gehalt. Neben den Mitarbeitern werden auch die Reisegäste verwaltet, und zwar ebenfalls mit einer eindeutigen Nummer, mit dem Namen, der Anschrift, dem Geburtsdatum und dem Familienstand, dessen Angabe aber den Reisegästen frei gestellt wird.

Bei der Teilnahme an einer Reise kann der Reisegast wählen, ob er die Übernachtung mit Frühstück (ÜF), mit Halbpension (ÜH) oder mit Vollpension (ÜV) haben möchte.

Für jede Stadt gibt es zwei fest zugeordnete Busfahrer, die sich in der jeweiligen Stadt gut auskennen. Diese beiden Busfahrer werden unterschieden nach 1 (Hauptfahrer) und 2 (Ersatzfahrer). Fast alle Busfahrer sind für mehrere Städte vorgesehen. Neben den Busfahrern gibt es noch die Reiseleiter, für die die Sprachkenntnisse festgehalten werden. Reiseleiter sind allerdings nicht fest den Städten zugeordnet, sondern werden je nach Bedarf und Verfügbarkeit den einzelnen Städtereisen zugeteilt. Für jede Reise gibt es einen Reiseleiter.

2.2.11 Übungsaufgabe 3

Erstellen Sie ein ER-Datenmodell für die folgende Datenwelt eines Unternehmens. Zeichnen Sie dazu ein entsprechendes ER-Diagramm, wobei die Attribute (mit geeigneten Wertebereichen) aus Gründen der Übersichtlichkeit nicht eingezeichnet, sondern getrennt aufgelistet werden sollen.

Für die Mitarbeiter sollen die Personalnummer (eindeutig), der Name (bestehend aus Vor- und Nachname), mehrere Anschriften (jeweils mit Straße, PLZ, Ort) und die Kinder verwaltet werden. Dabei sollen die Kinder nicht direkt bei den Mitarbeitern, sondern in einer eigenen Gruppe mit Vorname und Geburtsdatum verwaltet und mit einer Zuordnung zum Elternteil versehen werden. Darüber hinaus ist für die Mitarbeiter zu beachten, dass es die Unterscheidung in normale Angestellte und Auszubildende gibt. Die Auszubildenden haben als zusätzliches Merkmal den angestrebten Berufsabschluss. Für die Angestellten ist zusätzlich das Gehalt abzuspeichern und auch das direkte Vorgesetztenverhältnis. Dabei gilt, dass jeder Angestellte einen direkten Vorgesetzten hat, außer dem Firmenchef (wird auch als Angestellter geführt). Die Führungsspanne ist auf 20 direkt unterstellte Mitarbeiter begrenzt.

Hinsichtlich der Aus- und Weiterbildungsmaßnahmen für die Mitarbeiter soll abgespeichert werden, welcher Mitarbeiter welches Seminar bei welchem Institut besucht hat. Die Seminare werden mit Nummer (eindeutig), Titel und Beschreibung verwaltet, die Institute mit Name (eindeutig) und Anschrift, die sich aus Straße, PLZ und Ort zusammensetzt. Seminare und Institute, die noch von keinem Mitarbeiter besucht wurden, soll es in der Datenbank nicht geben. Ansonsten gilt, dass ein Mitarbeiter ein bestimmtes Seminar bei höchstens einem Institut besuchen darf, dass ein Seminar bei einem Institut von mehreren Mitarbeitern besucht werden kann und dass ein Mitarbeiter bei einem bestimmten Institut mehrere verschiedene Seminare besuchen kann.

In der Datenbank sollen auch die Personalakten verwaltet werden. Für jeden Mitarbeiter gibt es für die Dauer seiner Unternehmenszugehörigkeit eine solche Personalakte, die vertrauliche Informationen über den Mitarbeiter enthält. Die Personalakte besitzt eine eindeutige Aktennummer und setzt sich aus dem Arbeits- bzw. Ausbildungsvertrag einerseits und den Beurteilungen andererseits zusammen. In jeder Personalakte gibt es genau einen Arbeits- bzw. Ausbildungsvertrag, von den Beurteilungen können keine, eine oder mehrere vorhanden sein. Jeder Vertrag ist Bestandteil von genau einer Personalakte und wird mit Vertragsnummer (eindeutig), Vertragstyp (Arbeit oder Ausbildung), Abschlussdatum und

Vertragstext verwaltet. Auch jede Beurteilung ist Bestandteil von genau einer Personalakte und wird mit Nummer (eindeutig), Datum, Text zur Fachkompetenz und Text zur Sozialkompetenz verwaltet.

Für die Abteilungen sollen der Name und das Kürzel (eindeutig) gespeichert werden. Dabei ist auch von Interesse, welcher Mitarbeiter in welcher Abteilung arbeitet. Es gilt, dass keine Abteilung weniger als drei Mitarbeiter beschäftigen darf. Zu beachten ist, dass die Auszubildenden noch keine Zuordnung zu einer Abteilung haben. Ansonsten ist aber jeder Angestellte genau einer Abteilung zugeordnet. Für die Abteilungen soll auch noch verwaltet werden, welcher Angestellte welche Abteilung leitet. Allgemein gilt, dass eine Abteilung von genau einem Angestellten geleitet wird. Natürlich leitet nicht jeder Angestellte eine Abteilung, es gibt aber Angestellte, die sogar zwei Abteilungen leiten.

Die Projekte sollen mit Name (eindeutig), Startdatum, Endedatum, Budget und einem Kennzeichen, ob es sich um ein strategisches Projekt handelt oder nicht, verwaltet werden. Zusätzlich muss festgehalten werden, welche Mitarbeiter an welchen Projekten beteiligt sind und von welcher Art die Beteiligung ist (Projektleiter, Teammitglied, ...). Nicht alle Mitarbeiter werden in die Projekte eingebunden, es ist aber zu beachten, dass sowohl Angestellte als auch Auszubildende für die Projekte zur Verfügung stehen. Ein Mitarbeiter kann in mehreren Projekten tätig sein und einem Projekt ist mindestens ein Mitarbeiter zugeordnet. Über die in einem Projekt geleistete Arbeit kann es eine Beurteilung geben, die dann in die Personalakte kommt. Nicht alle Beurteilungen in der Personalakte sind aber Projektbeurteilungen.

2.3 Klassische ER-Datenmodellierung

Die Entity-Relationship-Datenmodellierung wird in den letzten Jahren zunehmend in Anlehnung an die Modellierungssprache UML betrieben. Daneben gibt es aber auch noch die klassische Form der ER-Datenmodellierung, die in der Praxis nach wie vor eingesetzt wird. Betrachtet man beide Formen, so ist festzustellen, dass sich die klassische und die UML-nahe Form vorwiegend durch die Art der **Darstellung im ER-Diagramm** unterscheiden. Methodische Unterschiede gibt es dagegen nur wenige, wie die folgenden Ausführungen zeigen.

2.3.1 Entitätstyp

Die ursprüngliche Form der ER-Datenmodellierung sieht vor, dass die Attribute im ER-Diagramm mit Kreisen dargestellt werden. Dabei erhält ein **einwertiges Attribut** einen einfachen **Kreis** und ein **mehrwertiges** Attribut einen **Doppelkreis**. Die Attribute werden normalerweise mit den zugehörigen Entitätstypen bzw. Beziehungstypen verbunden. Wenn es sich allerdings um **Teil-Attribute** von **strukturierten Attributen** handelt, werden diese Teil-Attribute mit den zugehörigen strukturierten Attributen verbunden.

Eine besondere Form der Darstellung ist auch für den **Weak-Entitätstyp** vorgesehen. Dieser wird grafisch über ein doppeltes Rechteck - ohne den Namenszusatz *weak* – gekennzeichnet.

Die Abb. 2.30 zeigt die beiden Entitätstypen aus Abb. 2.5 in der klassischen Darstellungsform. Es ist anzumerken, dass in der Praxis aus Gründen der Übersichtlichkeit die Attribute im ER-Diagramm auch oft weggelassen und statt dessen bei der lokalen Entitätstyp-Beschreibung aufgelistet werden.

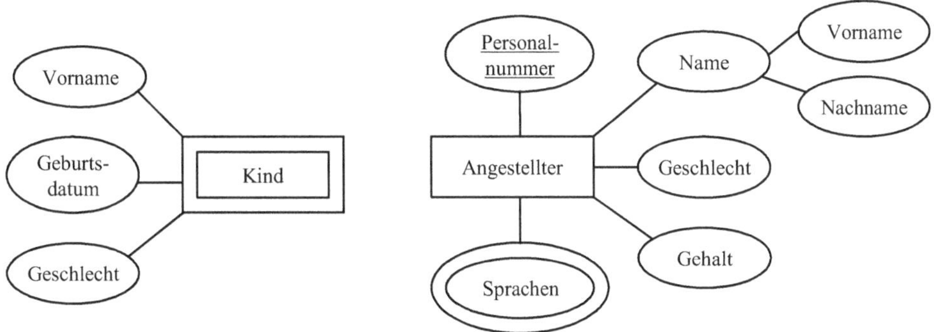

Abb. 2.30 Attribute und Weak-Entitätstyp bei klassischer ER-Datenmodellierung

2.3.2 Beziehungstyp

Bei der klassischen Form der ER-Datenmodellierung wird **jeder Beziehungstyp** in Form einer **Raute** dargestellt, wobei im Innern der Raute der Bezeichner des Beziehungstyps steht. Eine besondere Darstellung für die Beziehungstypen *Abhängigkeit, Aggregation* und *Generalisierung* gibt es nicht, sodass auch in diesen Fällen ganz normale Rauten verwendet werden, in die dann meist „*gehört zu*“, „*ist Teil von*“ bzw. „*ist ein*“ als Bezeichner eingetragen wird. Üblicherweise werden im ER-Diagramm die Sub-Entitätstypen unterhalb der Super-Entitätstypen und die Komponenten-Entitätstypen unterhalb der Aggregat-Entitätstypen angeordnet.

Eine besondere Form der Darstellung ist für den **Beziehungsentitätstyp** vorgesehen, der im ER-Diagramm entsprechend seinem Namen mit einer von einem Rechteck **umrahmten Raute** gekennzeichnet wird. Als Bezeichner dient ein Substantiv, wodurch der Entitätstyp-Charakter betont wird.

Die Abb. 2.31 zeigt die Beziehungstypen aus Abb. 2.11 in der klassischen Darstellungsform. In Abb. 2.31 wurde noch ergänzt, dass ein Student die Vorlesung eines bestimmten Professors besucht. Allgemein ist bei den Beziehungstypen anzumerken, dass in der Praxis im ER-Diagramm aus Platzgründen oft nur mit kleinen Rauten gearbeitet wird und die Namen der Beziehungstypen dann außerhalb der Rauten notiert werden.

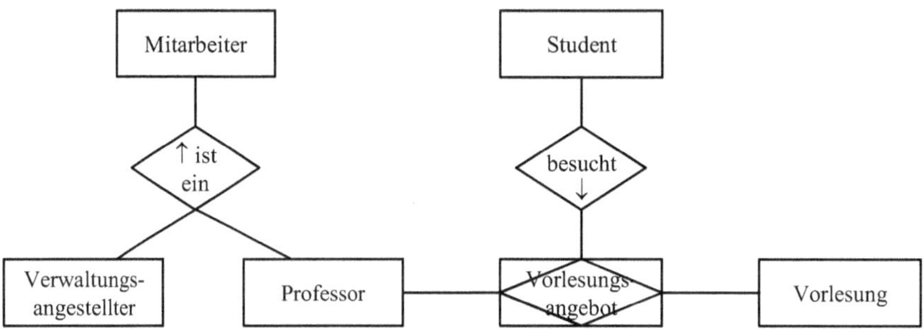

Abb. 2.31 Beziehungstypen bei klassischer ER-Datenmodellierung

2.3.3 Beziehungskomplexitäten

Die Multiplizitäten der Beziehungstypen heißen bei der klassischen ER-Datenmodellierung **Komplexitäten** oder **Kardinalitäten** und werden entweder in einer **1:n-Notation** oder in einer **(min,max)-Notation** angegeben. Aus diesen beiden Darstellungsformen heraus hat sich in der Praxis noch eine dritte Darstellungsform entwickelt, nämlich die **Pfeil-** bzw. **Krähenfuß-Notation** (s. Beschreibungen am Ende des Kapitels).

1:n-Notation

Die 1:n-Notation stellt die ursprüngliche Form der Komplexitätsangabe dar und galt viele Jahre lang als Standard-Notation. Bei der 1:n-Notation werden lediglich die *Obergrenzen* der Multiplizitäten angegeben und zwar mit den Werten „1" und „n" (n steht für „mehrere"). Damit ist die 1:n-Notation etwas einfacher als die UML-nahe Darstellung, allerdings kann durch die fehlende Multiplizität-Untergrenze bei einem binären Beziehungstyp nicht zum Ausdruck gebracht werden, ob die Informationsobjekte eines beteiligten Entitätstyps eine konkrete Beziehung haben müssen (Untergrenze wäre 1) oder nicht (Untergrenze wäre 0).

Da bei der 1:n-Notation die Komplexitätsangabe nur mit „1" oder „n" erfolgt, gibt es lediglich drei mögliche Kombinationen für die beiden Komplexitätsangaben bei einem binären Beziehungstyp: **1:1**, **1:n** (bzw. Umkehrung n:1) und **n:m** (statt eines zweiten n wird ein m geschrieben). Dies wird in Beispiel Beispiel 2.28 veranschaulicht.

Hinweis: In der Praxis werden als Komplexitäten bei Bedarf außer „1" auch konkrete Zahlen > 1 eingesetzt.

Beispiel 2.28

Alle drei mögliche Kombinationen der 1:n-Notation sind in Abb. 2.19 des Beispiel 2.21 zu finden:

- Der Beziehungstyp *wirkt mit bei* besitzt eine *n:m*-Komplexität:
  Ein Angestellter kann in mehreren Projekten mitwirken und in einem Projekt können mehrere Angestellte mitwirken.

- Der Beziehungstyp *arbeitet in* besitzt eine *n:1*-Komplexität:
  Ein Angestellter arbeitet in höchstens einer Abteilung, wobei in einer Abteilung viele Angestellte arbeiten können.
- Der Beziehungstyp *leitet* besitzt eine *1:1*-Komplexität:
  Ein Angestellter leitet höchstens eine Abteilung und eine Abteilung wird höchstens von einem Angestellten geleitet.

Abb. 2.32 zeigt diese Beziehungstypen in der UML-nahen Darstellungsform (s. links) und mit der klassischen 1:n-Notation (s. rechts).

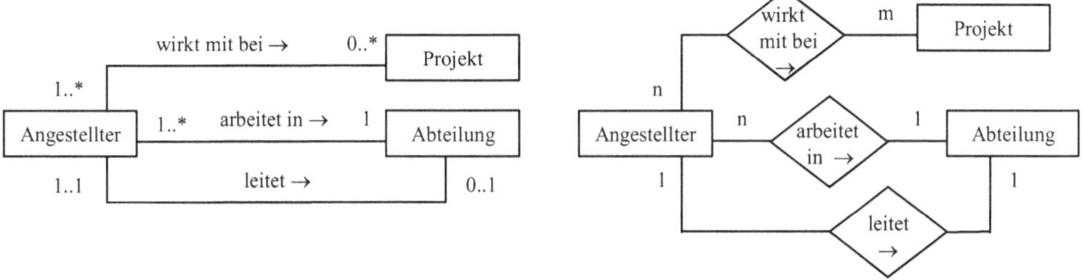

Abb. 2.32 Darstellungsform der 1:n-Notation

(min,max)-Notation

Neben der 1:n-Notation gibt es bei der klassischen ER-Datenmodellierung noch eine zweite Form der Komplexitätsangabe, die aber bei weitem nicht so gebräuchlich ist wie die 1:n-Notation. Diese zweite Form heißt **(min,max)-Notation** und arbeitet wie die Multiplizitäten mit einer Unter- und einer Obergrenze für die Angabe der Anzahl der möglichen konkreten Beziehungen. Dabei wird aber jeder Entitätstyp **für sich selber** betrachtet. Die Komplexitätsangabe wird nicht – wie sonst üblich - auf den gegenüber liegenden Partner bezogen. Deshalb erfolgt die (min,max)-Angabe auch direkt beim betreffenden Entitätstyp und nicht auf der gegenüber liegenden Seite.

Für binäre Beziehungstypen bedeutet dies, dass man die (min,max)-Notation leicht aus den Multiplizitäten der UML-nahen Darstellung erhalten kann, indem man einfach die Komplexitätsangaben vertauscht. Dies veranschaulicht das Beispiel 2.29.

Beispiel 2.29

Für die Beziehungstypen aus dem Datenmodell der Abb. 2.19 gelten die folgenden (min,max)-Komplexitäten:

- Beim Beziehungstyp *wirkt mit bei* steht auf der Seite des
  - Entitätstyps *Angestellter* eine *(0,*)*-Komplexitätsangabe, da ein bestimmter Angestellter keine, eine oder mehrere konkrete Beziehungen haben kann.
  - Entitätstyps *Projekt* eine *(1,*)*-Komplexitätsangabe, da ein bestimmtes Projekt eine oder mehrere konkrete Beziehungen haben kann.

- Beim Beziehungstyp *arbeitet in* steht auf der Seite des
  - Entitätstyps *Angestellter* eine *(1,1)*-Komplexitätsangabe, da jeder Angestellte genau eine konkrete Beziehung hat.
  - Entitätstyps *Abteilung* eine *(1,*)*-Komplexitätsangabe, da eine bestimmte Abteilung eine oder mehrere konkrete Beziehungen haben kann.
- Beim Beziehungstyp *leitet* steht auf der Seite des
  - Entitätstyps *Angestellter* eine *(0,1)*-Komplexitätsangabe, da ein bestimmter Angestellter keine oder eine konkrete Beziehung haben kann.
  - Entitätstyps *Abteilung* eine *(1,1)*-Komplexitätsangabe, da jede Abteilung genau eine konkrete Beziehung hat.

Abb. 2.33 zeigt diese Beziehungstypen in der UML-nahen Darstellungsform (s. links) und mit der klassischen (min,max)-Notation (s. rechts).

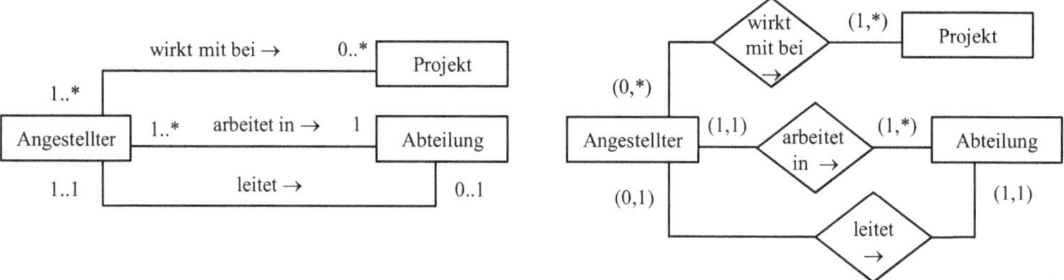

Abb. 2.33 Darstellungsformen der (min,max)-Notation

Der Nachteil bei Verwendung der (min,max)-Notation ist, dass man bei Bezeihungstypen mit einem Grad > 2 in den meisten Fällen nicht mehr den Primärschlüssel aus den Fremdschlüsseln bestimmen kann, wie das Beispiel 2.30 zeigt.

Beispiel 2.30

Im ER-Diagramm aus Abb. 2.23 geht es darum, welche Abteilung welche Waren bei welchem Händler einkauft. Mit den Überlegungen aus dem Beispiel 2.27 (Händler und Artikel werden nur dann in den Datenbestand aufgenommen, wenn sie an einem Kauf beteiligt sind) lassen sich für den Beziehungstyp *kauft...bei* aus den Multiplizitäten die Angaben für die klassische (min,max)-Notation ableiten (s. Abb. 2.34).

Abb. 2.34 Darstellung Beziehungstyp mit Grad 3

Wenn man nun den Primärschlüssel für den Beziehungstyp *kauft...bei* aus den Fremdschlüsseln auswählen möchte, so ist mit der (min,max)-Notation nicht zu erkennen, ob zwei der drei beteiligten Fremdschlüssel identifizierend sind oder nicht. Dies kann nur bei Angabe der Multiplizitäten (s. Abb. 2.34 links) und auch bei der 1:n-Notation entschieden werden, weil es dort um Komplexitäten von Entitätstyp-Kombinationen geht.

Pfeil- und Krähenfuß-Notation

In der Praxis hat sich bei der klassischen ER-Datenmodellierung für die Angabe von Komplexitäten bei Beziehungstypen im Lauf der Jahre eine dritte Darstellungsform als Standard herausgebildet, nämlich die **Pfeil-** bzw. **Krähenfuß-Notation**. Diese beiden Notationen arbeiten nach dem selben Prinzip und gelten als Vorläufer der UML-nahen Multiplizitätsangaben, da sie die 1:n-Notation mit den Werten für die Untergrenzen ergänzen und damit den Multiplizitätsangaben sehr ähnlich sind.

Bei der Pfeil- und Krähenfuß-Notation kann für die Untergrenzen angegeben werden, ob es eine Verbindung zu einem anderen Informationsobjekt geben kann (Untergrenze = 0) oder geben muss (Untergrenze = 1). Zusammen mit den Obergrenze-Werten 1 und n (für mehrere) aus der 1:n-Notation sind also insgesamt die folgenden **Komplexitätsangaben** möglich:

	Multiplizitäts-angabe	Pfeil-Notation	Krähenfuß-Notation
keine oder eine Beziehung	0..1		
genau eine Beziehung	1..1		
keine, eine oder mehrere Beziehungen	0..*		
eine oder mehrere Beziehungen	1..*		

Es ist noch anzumerken, dass sowohl die Pfeil- als auch die Krähenfuß-Notation die binären Beziehungstypen im ER-Diagramm üblicherweise ohne Rauten darstellen. Beispiele für beide Notationen sind in Abb. 2.35 zu finden.

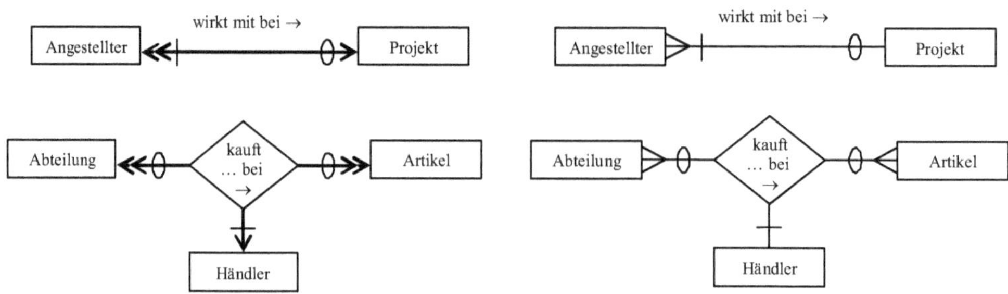

Abb. 2.35 Darstellung von Beziehungstypen mit Pfeil-Notation und Krähenfuß-Notation

2.3.4 Übungsaufgabe 4

Zeichnen Sie das ER-Diagramm aus der Übungsaufgabe 3 (ohne Attribute) in der klassischen Form und zwar

a) mit klassischen Rauten-Beziehungstypen und mit 1:n-Komplexitäten (s. Abb. 2.32).

b) mit klassischen Rauten-Beziehungstypen und mit (min,max)-Komplexitäten (s. Abb. 2.33).

c) mit der Pfeil-Notation (s. Abb. 2.35).

3 Relationale Datenmodellierung und Normalisierung

Relationale Datenbanksysteme verwalten ihre Daten in Form von Relationen, die auch Tabellen genannt werden. Deshalb muss ein **Entity-Relationship-Datenmodell**, das die Datenwelt aus fachlicher Sicht darstellt, in ein relationales Datenmodell, auch **Relationenmodell** genannt, überführt werden. Diese Transformation stellt den DV-technischen Entwurf der Datenbank dar und liefert als Ergebnis ein Relationenmodell, das als Vorgabe für die Definition der Datenbank mit der Datenbanksprache SQL dient (s. Kapitel 4). Die grafische Darstellung des Relationenmodells erfolgt in Form eines Relationendiagramms.

Neben der Transformation eines ER-Datenmodells in ein Relationenmodell gibt es innerhalb der relationalen Datenmodellierung noch ein zweites wichtiges Thema, nämlich die Verhinderung von Datenunstimmigkeiten. Diese Unstimmigkeiten, auch Inkonsistenzen genannt, werden durch Einfüge-, Änderungs- und Lösch-Operationen auf schlecht strukturierten Relationen verursacht (s. Kapitel 3.3.4 bis 3.3.7). In einem solchen Fall können so genannte **Normalisierungsregeln** angewendet werden, die die Struktur der betreffenden Relationen in eine bessere Form bringen.

Im Folgenden werden sowohl die Transformation eines ER-Datenmodells in ein Relationenmodell (s. Kapitel 3.2) als auch die Normalisierung von Relationen (s. Kapitel 3.3) ausführlich besprochen. Zum Verständnis dieser Ausführungen sind allerdings Kenntnisse über die Grundlagen der relationalen Datenmodellierung erforderlich, die deshalb einführend in Kapitel 3.1 vorgestellt werden.

3.1 Grundlagen der relationalen Datenmodellierung

Während es im ER-Datenmodell mit den Entitäts- und Beziehungstypen zwei grundlegende Strukturierungselemente gibt, steht im Relationenmodell nur die **Relation** als grundlegendes Strukturierungselement zur Verfügung. Für die Beschreibung einer Relation bietet das Relationenmodell ähnlich dem ER-Datenmodell **weitere Strukturierungselemente**, nämlich

- Attribut,
- Wertebereich,
- Primärschlüssel,

- Fremdschlüssel und
- Integritätsbedingung.

3.1.1 Relation

Die Relation stellt einen Datenpool für gleich strukturierte Datensätze dar. Diese Datensätze enthalten Informationen über gleichartige Informationsobjekte. Insofern bildet die Relation im Relationenmodell das **Gegenstück zum Entitätstyp** im ER-Datenmodell, wobei es insbesondere die folgenden Entsprechungen gibt:
- eine Relation wird mit einem Substantiv bezeichnet,
- die grafische Darstellung einer Relation im Relationendiagramm erfolgt mittels Rechteck und Bezeichner,
- die Ausprägung einer Relation wird in Form einer **Tabelle** dargestellt (s. Beispiel 3.1).

Beispiel 3.1

Die Darstellung der Informationsobjekte des Entitätstyps Angestellter in Abb. 2.3 ist identisch mit der Darstellung der entsprechenden Relation Angestellter als Tabelle (s. Abb. 3.1). In den *Zeilen* der Tabelle stehen die Datensätze, während die Attribute der Relation in den *Spalten* der Tabelle zu finden sind.

Angestellter					
Personalnummer	*Name (Vorname, Nachname)*		*Geschlecht*	*Gehalt*	*Sprachen*
MZ-22-03-1947	Max	Zweistein	männlich	123.456,78	deutsch englisch
BF-30-08-1958	Bettina	Fröhlich	weiblich	111.222,33	spanisch
JF-01-01-1966	Jutta	Feldbusch	weiblich	76.543,21	deutsch
....	....	....	....	....	....

Abb. 3.1 Relation mit Datensätzen

3.1.2 Attribut

Analog zum ER-Datenmodell (s. Kapitel 2.1.2) stellen die Attribute **Eigenschaften** bzw. Merkmale dar und bilden die zentrale Struktur einer Relation. Prinzipiell können Relationen dieselben Attribute besitzen wie Entitätstypen, also auch zusammengesetzte und mehrwertige Attribute. Diese können aber von normalen relationalen Datenbanksystemen nicht verarbeitet werden. Daher werden in der Praxis lediglich **normalisierte Relationen** betrachtet, die nur **atomare, einwertige** Attribute aufweisen. An dieser Stelle gibt es also eine deutliche Abweichung zum ER-Datenmodell, wodurch spezielle Transformationsregeln erforderlich werden (s. Kapitel 3.2).

3.1.3 Wertebereich

Analog zum ER-Datenmodell (s. Kapitel 2.1.3) stellen die Wertebereiche die Mengen der möglichen Werte für die Attribute dar. Im Relationenmodell werden die Wertebereiche allerdings in Anlehnung an die SQL-Datentypen angegeben (s. Abb. 3.2). Dabei gibt es die folgenden Standard-Datentypen:

- **INTEGER** und **DECIMAL** (bei Bedarf mit einer bestimmten Stelligkeit angebbar)
- für ganze Zahlen und Dezimalzahlen,
- **CHAR** und **VARCHAR** (beide mit einer bestimmten Stelligkeit) für Zeichenketten mit fester Länge und mit variabler Länge bis zur Obergrenze,
- **DATE** (in der Form JJJJ.MM.TT),
- **TIME** (in der Form HH:MM:SS) und
- **BOOLEAN** ('wahr' oder 'falsch').

Hinweis: Die hier aufgelisteten Datentypen kommen in der Praxis am häufigsten zum Einsatz. SQL bietet darüber hinaus noch weitere Datentypen (s. Kapitel 4), die bei Bedarf ebenfalls verwendet werden können.

Eine Besonderheit bildet die im ER-Datenmodell mögliche explizite **Aufzählung** der erlaubten Werte, die SQL so nicht kennt. Daher werden auch hier für die Transformation ins Relationenmodell spezielle Regeln erforderlich (s. Kapitel 3.2).

Fester Bestandteil eines jeden Wertebereichs ist der Wert „**NULL**“ (Nullwert), der immer dann als Attributwert auftritt, wenn bei einem Datensatz für das betreffende Attribut noch kein Wert eingegeben wurde. Sofern bei den Datensätzen für ein bestimmtes Attribut der Nullwert ausgeschlossen werden soll, kann dies bei der Attributdefinition über den Zusatz „**NOT NULL**“ vereinbart werden (s. Abb. 3.2). In diesem Fall nimmt das Datenbanksystem nur solche Datensätze entgegen, die einen konkreten Wert beim betreffenden Attribut aufweisen.

	Mitarbeiter	
Personalnummer:	CHAR (12)	NOT NULL
Name:	VARCHAR (30)	NOT NULL
Weiblich:	BOOLEAN	NOT NULL
Straße:	VARCHAR (20)	
PLZ:	DECIMAL (5)	
Ort:	VARCHAR (30)	
Gehalt:	DECIMAL (9,2)	NOT NULL
Eintrittsdatum:	DATE	
Arbeitsplatz:	CHAR (6)	

Abb. 3.2 Relation mit Attributen und Wertebereichen

3.1.4 Primärschlüssel

Analog zum ER-Datenmodell (s. Kapitel 2.1.4) wird für jede Relation aus der Menge der Schlüsselkandidaten ein Primärschlüssel ausgewählt, über den jeder Datensatz der Relation eindeutig **identifizierbar** ist. Die Attribute eines Primärschlüssels werden bei der Attributdefinition mit **„PS"** gekennzeichnet (s. Abb. 3.3) und weisen bei jedem Datensatz einen fixen und eindeutigen Wert auf. Der Nullwert ist also für Primärschlüsselattribute implizit ausgeschlossen. Daher ist eine explizite NOT NULL-Angabe bei Primärschlüsseln nicht erforderlich.

3.1.5 Fremdschlüssel

Wie im ER-Datenmodell (s. Kapitel 2.2.6) gibt es auch im Relationenmodell das Konzept des Fremdschlüssels. Ein Fremdschlüssel besteht aus einem oder mehreren Attributen und bezieht sich auf den Primärschlüssel einer anderen Relation, wobei die Wertebereiche übereinstimmen müssen. Auf diese Weise entsteht ein Bezug bzw. eine **Referenz** zu einer anderen Relation, die der folgenden Bedingung (**Referentielle Integrität** oder kurz RI) genügen muss:

- Entweder existiert der Fremdschlüsselwert als Primärschlüsselwert in der referenzierten Relation
- oder der Fremdschlüssel besitzt den Nullwert.

Es ist zu beachten, dass dem Fremdschlüssel im Relationenmodell eine viel größere Bedeutung zukommt als im ER-Datenmodell, da es im Relationenmodell **kein Strukturierungselement Beziehungstyp** gibt und daher der Bezug ausschließlich über das Fremdschlüssel-Konstrukt hergestellt werden muss. Folglich gibt es hier die größte Abweichung zwischen ER-Datenmodell und Relationenmodell und somit die meiste Arbeit bei der Transformation (s. Kapitel 3.3.2).

Die Fremdschlüssel werden im Relationenmodell bei der Attributdefinition durch den Zusatz **„FS"** gekennzeichnet, wobei im Unterschied zum ER-Datenmodell noch explizit die referenzierte Relation und deren Primärschlüssel angegeben werden müssen (s. Abb. 3.3).

Mitarbeiter		
Personalnummer:	CHAR (12)	PS
Name:	VARCHAR (30)	NOT NULL
Weiblich:	BOOLEAN	NOT NULL
Straße:	VARCHAR (20)	
PLZ:	DECIMAL (5)	
Ort:	VARCHAR (30)	
Gehalt:	DECIMAL (9,2)	NOT NULL
Eintrittsdatum:	DATE	NOT NULL
Arbeitsplatz:	CHAR (6)	FS referenziert Abteilung (AbtNr)

Abb. 3.3 Relation mit Primär- und Fremdschlüssel

Die grafische Darstellung der Referenzen zwischen den Relationen erfolgt im Relationendiagramm jeweils durch einen Pfeil von der Fremdschlüssel-Relation zur referenzierten Relation. Sofern der Fremdschlüssel den Nullwert annehmen kann, wird dies durch ein „O"-Kennzeichen an der Pfeilspitze zum Ausdruck gebracht (s. Beispiel 3.2).

Beispiel 3.2

In der Abb. 3.3 wird von der Relation *Mitarbeiter* über das Fremdschlüsselattribut *Arbeitsplatz* Bezug genommen auf die Relation *Abteilung* und deren Primärschlüsselattribut *AbtNr*. Dabei ist zu beachten, dass das Fremdschlüsselattribut den Nullwert annehmen kann (mit der Bedeutung: es kann Mitarbeiter geben, die noch keiner Abteilung zugeordnet sind). Die Abb. 3.4 zeigt das entsprechende Relationendiagramm.

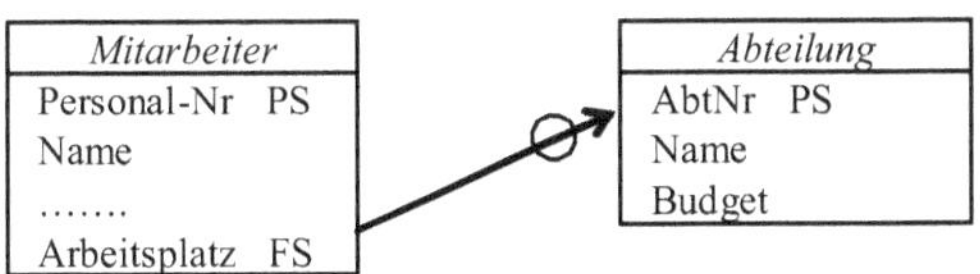

Abb. 3.4 Relationendiagramm mit Fremdschlüsselbeziehung

3.1.6 Integritätsbedingung

Analog zum ER-Datemodell (s. Kapitel 2.1.6) können im Relationenmodell Bedingungen festgelegt werden, deren Einhaltung den **ordnungsgemäßen Zustand** und damit die Integrität der Datenbank garantiert. Die Angabe dieser Integritätsbedingungen erfolgt in Anlehnung an SQL (s. Beispiel 3.3) und bietet für die Spezifikation der Attribute die folgenden Möglichkeiten:

- Festlegung von **Wertebereichen**, **Primärschlüssel** und **Fremdschlüssel**
- „**NOT NULL**"-Angabe für den Nullwertausschluss bei einem Attribut.
- Schlüsselkandidaten werden durch den Zusatz „**UNIQUE**" gekennzeichnet, der für den Primärschlüssel automatisch gilt. Besteht der Schlüsselkandidat nur aus einem Attribut, so erfolgt die Angabe direkt beim Attribut. Soll eine Attributkombination als eindeutig gekennzeichnet werden, so wird dies am Ende der Attributdefinitionen mit „**UNIQUE (<Attributkombination>)**" vermerkt.
- Attribute können durch die Angabe „**DEFAULT = <Wert>**" standardmäßig mit dem angegebenen Wert belegt werden.
- Es lassen sich mit „**CHECK (<Bedingung>)**" auch bestimmte (Un-)Gleichheitsbedingungen formulieren, die erfüllt sein müssen. Dies kann entweder bei einem speziellen Attribut oder auch allgemein am Ende der Attributdefinitionen erfolgen.

Beispiel 3.3

Für die Relation *Mitarbeiter* aus der Abb. 3.3 sollen noch die folgenden Integritätsbedingungen gelten:

- Name + Eintrittsdatum bilden einen Schlüsselkandidaten.
- Jedes Gehalt beträgt mindestens 2.000 €.
- Der Ort wird standardmäßig mit Stuttgart belegt.

Diese Integritätsbedingungen werden wie in Abb. 3.5 gezeigt vereinbart.

Mitarbeiter		
Personalnummer:	CHAR (12)	PS
Name:	VARCHAR (30)	NOT NULL
Weiblich:	BOOLEAN	NOT NULL
Straße:	VARCHAR (20)	
PLZ:	DECIMAL (5)	
Ort:	VARCHAR (30)	DEFAULT = Stuttgart
Gehalt:	DECIMAL (9,2)	NOT NULL CHECK (>= 2.000)
Eintrittsdatum:	DATE	NOT NULL
Arbeitsplatz:	CHAR (6)	FS referenziert Abteilung (AbtNr)
UNIQUE (Name, Eintrittsdatum)		

Abb. 3.5 Relation mit Integritätsbedingungen

3.2 Überführung des ER-Datenmodells in ein Relationenmodell

Die Relationen einer Datenbank, die mit SQL angelegt werden können, müssen zunächst durch eine Transformation des ER-Datenmodells in ein normalisiertes Relationenmodell ermittelt werden. Da die beiden Modelle methodisch betrachtet nicht weit auseinander liegen, ist es bei den meisten Strukturierungselementen des ER-Datenmodells nicht schwer, ein entsprechendes Gegenstück im Relationenmodell zu finden. Lediglich die Umsetzung von mehrwertigen Attributen und von Beziehungstypen erfordert besondere Maßnahmen.

3.2.1 Überführung eines Entitätstyps

Der Entitätstyp entspricht mit seinen Attributen, Wertebereichen und sonstigen Integritätsbedingungen eindeutig der Relation. Daher wird jeder Entitätstyp in eine **Relation** überführt. Das gilt prinzipiell auch für die Sonderformen Weak-Entitätstyp, Sub-Entitätstyp und Beziehungsentitätstyp.

Der Entitätstyp wird im Einzelnen wie folgt überführt (s. Beispiel 3.4):

- **Atomare, einwertige Attribute** (mit [0..1]- oder [1..1]-Angabe) werden unverändert ins Relationenmodell übernommen.
- Attribute, die zwar einwertig, aber **zusammengesetzt** sind, müssen in die Einzelkomponenten aufgelöst werden. Dabei kann der Name des Gesamtattributs zur besseren Kennzeichnung in die Namen der Einzelkomponenten einfließen.
- Für die Überführung von **mehrwertigen** (atomaren oder zusammengesetzten) Attributen gibt es zwei Möglichkeiten:
  - Im Normalfall wird das mehrwertige Attribut in eine **eigene, zusätzliche Relation** ausgelagert und mit dem Primärschlüssel des Entitätstyps als Fremdschlüssel ergänzt, um die Beziehung zur Ursprungsrelation herzustellen. Abschließend ist in der entstandenen Zusatzrelation noch ein geeigneter Primärschlüssel auszuwählen.
    Hinweis: Insbesondere bei mehrwertigen Attributen, die aus Teilattributen bestehen, sollte noch einmal überprüft werden, ob es sich nicht doch um einen eigenständigen Entitätstyp handelt. Gegebenenfalls wäre das ER-Datenmodell entsprechend anzupassen (s. Beispiel 3.4).
  - Als (unsaubere) Behelfslösung kann auch, falls die maximale Anzahl der Attribut-Ausprägungen für einen Datensatz gering ist, das mehrwertige Attribut entsprechend oft vervielfältigt werden (mit unterschiedlichen Attributnamen) und in der normalen Relation verbleiben. Dies sollte aber nur dann gemacht werden, wenn die meisten Datensätze bei den betreffenden Attributen tatsächlich auch Werte aufweisen.
- Die **Wertebereiche** aus dem ER-Datenmodell werden in die entsprechenden Wertebereiche der Datenbanksprache SQL überführt. Dabei sollen hier nur die am häufigsten zum Einsatz kommenden SQL-Datentypen betrachtet werden:
  - Zahlen: INTEGER (ganze Zahlen) oder DECIMAL (Dezimalzahlen)
  - Zeichenketten: CHAR (mit fester Länge – meist bei kurzen Zeichenketten) oder VARCHAR (mit variabler Länge – meist bei langen Zeichenketten)
  - Datum: DATE
  - Zeit: TIME
  - Wahrheitswerte: BOOLEAN

  Leider bietet SQL jedoch keinen Aufzählungstyp, sodass in solchen Fällen ein Wertebereich aus der obigen Liste gewählt werden muss, wobei die möglichen Attribut-Ausprägungen in einer CHECK (VALUE IN (...))-Bedingung abgeprüft werden können (s. Abb. 3.7).
- Der **Primärschlüssel** wird unverändert ins Relationenmodell übernommen.
  Handelt es sich um die Überführung eines Weak-Entitätstyps, so muss für die resultierende Relation ein künstlicher Primärschlüssel eingeführt werden, da ein Weak-Entitätstyp keinen eigenen Primärschlüssel besitzt.

- Die **Integritätsbedingungen** aus dem ER-Datenmodell werden in die entsprechenden Integritätsbedingungen der Datenbanksprache SQL überführt:
  - eindeutig: UNIQUE
  - [1..<max>]: NOT NULL (Nullwert ist nicht erlaubt)
  - Standard: DEFAULT
  - Check: CHECK

Beispiel 3.4

Abb. 3.6 zeigt einen Entitätstyp Angestellter, der in eine Relation überführt werden soll.

Angestellter			
PersNr:	ZAHL		[1..1]
Name:	ZEICHEN (40)		[1..1]
Geburtsdatum:	DATUM		[0..1]
Familienstand:	{ledig | verheiratet | geschieden}	STANDARD = ledig	[0..1]
Ehepartner:			[0..1]
Name:	ZEICHEN (40)		[1..1]
Geburtsdatum:	DATUM		[0..1]
TelefonNr:	ZAHL (15)		[0..5]
Gehalt:	ZAHL (9,2)		[1..1]

Abb. 3.6 Entitätstyp Angestellter

Bei der Überführung dieses Entitätstyps in ein Relationenmodell sind die folgenden Besonderheiten zu beachten:

- SQL bietet für das Attribut *Familienstand* keinen Aufzählungstyp. Daher muss ein VARCHAR-Wertebereich verwendet und die Ausprägung mit einer CHECK (VALUE IN (…))-Bedingung überprüft werden, wobei auch ein Nullwert erlaubt ist.
- Die Struktur des Attributs *Ehepartner* muss aufgelöst werden, kann aber indirekt durch einen Zusatz bei den Bezeichnern der Einzelattribute ausgedrückt werden. (Hinweis: Der Partner-Name kann dann einen Nullwert enthalten, da dies für *Ehepartner* auch der Fall ist (s. Abb. 3.6).)
- Das Attribut *TelefonNr* ist mehrwertig (dienstlich/privat, Festnetz/Handy) und muss daher in eine eigene Relation ausgelagert werden. Bei der Festlegung des Primärschlüssels ist zu beachten, dass sich manche Angestellte den Telefonanschluss teilen (*TelefonNr* ist also nicht eindeutig). Zudem kann mit einer CHECK-Bedingung die maximale Anzahl von Anschlüssen pro Person gesichert werden.

Damit ergibt sich bei der Überführung ein Relationenmodell entsprechend Abb. 3.7.

Angestellter		
PersNr	INTEGER	PS
Name	VARCHAR (40)	NOT NULL
Geburtsdatum	DATE	
Familienstand	VARCHAR (11)	DEFAULT = ledig CHECK (VALUE IN (ledig, verheiratet, geschieden, NULL))
Partner-Name	VARCHAR (40)	
Partner-Gebdatum	DATE	
Gehalt	DECIMAL (9,2)	NOT NULL

Telefon			
PersNr	INTEGER	PS	FS referenziert Angestellter (PersNr)
TelefonNr	DECIMAL (15)	PS	
CHECK (Anzahl Datensätze mit der selben PersNr ≤ 5)			

Abb. 3.7 Relationenmodell für den Entitätstyp Angestellter

Hätte es in dem Entitätstyp *Angestellter* statt dem atomaren Attribut *TelefonNr* ein zusammengesetztes Attribut *Telefon* wie folgt gegeben, um neben der Nummer noch die Unterscheidungen *Festnetz/Handy* und *geschäftlich/privat* festzuhalten:

Telefon:			[0..5]
Nummer:	ZAHL (15)		[1..1]
Festnetz:	WAHRHEIT	STANDARD = wahr	[0..1]
Geschäft:	WAHRHEIT	STANDARD = wahr	[0..1]

so sollte man das Attribut *Telefon* nicht einfach auslagern, sondern noch einmal im ER-Datenmodell überprüfen, ob es sich bei *Telefon* nicht um einen eigenständigen Entitätstyp handelt. Dieser ist dann gegebenenfalls im ER-Datenmodell als solcher auszuweisen.
(Hinweis: Solche Abgrenzungsprobleme zwischen Entitätstyp und Attribut treten in der Praxis manchmal auf. Eine eindeutige Entscheidung ist in diesen Fällen meist schwierig.)

3.2.2 Überführung eines Beziehungstyps

Für das Strukturierungselement Beziehungstyp aus dem ER-Datenmodell gibt es im Relationenmodell kein entsprechendes Gegenstück. Die Zusammenhänge zwischen den Relationen können im Relationenmodell nur über **Attribute**, und zwar solche mit **Fremdschlüssel-Beziehungen**, zum Ausdruck gebracht werden. Daher müssen sämtliche Beziehungstypen in entsprechende Fremdschlüssel-Konstrukte überführt werden. Dies wird im Folgenden für die binären Beziehungstypen allgemeine Assoziation, Abhängigkeit, Aggregation und Vererbung gezeigt, wobei abschließend auch noch höhergradige Beziehungstypen behandelt werden.

Allgemeine Assoziation

Die Form der Überführung einer allgemeinen Assoziation ist von den **Multiplizitäten** des Beziehungstyps abhängig. Dabei gelten folgende Überführungsregeln (s. Beispiel 3.5):

- Lauten die **Obergrenzen** der beiden Multiplizitätsangaben „**1**" und „*" (statt * kann auch eine Zahl > 1 stehen), dann
  - erhält die Relation, die durch den Entitätstyp auf der „*"-**Seite** entsteht, einen **Fremdschlüssel**, der Bezug nimmt auf den Primärschlüssel der Relation, die auf der „1"-Seite entsteht.
    (Beachte: Aufgrund der Mehrwertigkeit funktioniert dies in die andere Richtung nicht.)
  - Lautet auf der „1"-Seite die Multiplizitätsangabe „1..1", ist beim Fremdschlüssel noch eine „Not Null"-Angabe erforderlich.

  Der Beziehungstyp geht in diesem Fall also über in eine Fremdschlüssel-Beziehung.
- Lauten die **Obergrenzen** der beiden Multiplizitätsangaben „*" und „*", dann
  - ist eine spezielle Relation, eine so genannte **Beziehungsrelation**, erforderlich, die die Fremdschlüssel des Beziehungstyps als Attribute enthält.
  - Die Fremdschlüssel der Beziehungsrelation bilden gleichzeitig auch den Primärschlüssel dieser Relation.

  Der Beziehungstyp geht in diesem Fall also über in eine Beziehungsrelation.
- Lauten die **Obergrenzen** der beiden Multiplizitätsangaben „**1**" und „**1**", dann
  - erhält eine der beiden Relationen, die durch die am Beziehungstyp beteiligten Entitätstypen entstehen, einen **Fremdschlüssel**, der dann Bezug nimmt auf den Primärschlüssel der anderen Relation.
  - Um Nullwerte zu vermeiden, sollte der Fremdschlüssel gegebenenfalls auf der gegenüber liegenden Seite einer „1..1"-Multiplizitätsangabe eingesetzt und mit einer „Not Null"-Angabe versehen werden.

  Der Beziehungstyp geht in diesem Fall also über in eine Fremdschlüssel-Beziehung.

Beispiel 3.5

Die Abb. 3.8 zeigt ein ER-Diagramm mit unterschiedlich komplexen Beziehungstypen, das in ein Relationenmodell überführt werden soll.

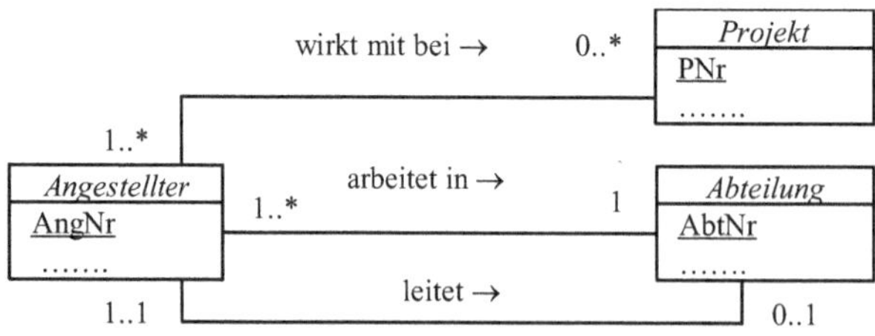

Abb. 3.8 Beziehungstypen mit unterschiedlichen Multiplizitäten

Entsprechend den Multiplizitäten werden die Beziehungstypen aus Abb. 3.8 wie folgt in ein Relationenmodell überführt:

- *wirkt mit bei*:
  Es entsteht eine Beziehungsrelation *Mitwirkung* mit den Fremdschlüsselattributen *AngNr* und *PNr*, die den Primärschlüssel bilden.
- *arbeitet in*:
  Das Attribut *AbtNr* wird als Primärschlüssel der „1"-Seite in die Relation *Angestellter* als Fremdschlüssel eingefügt (mit „Not Null"-Angabe) und stellt so eine Beziehung zu *Abteilung* her.
- *leitet*:
  Das Attribut *AngNr* wird als Primärschlüssel der „1..1"-Seite in die Relation *Abteilung* als Fremdschlüssel eingefügt (mit neuem Bezeichner *Leiter* und „Not Null"-Angabe) und stellt so eine Beziehung zu *Angestellter* her.

Abb. 3.9 zeigt das resultierende Relationendiagramm.

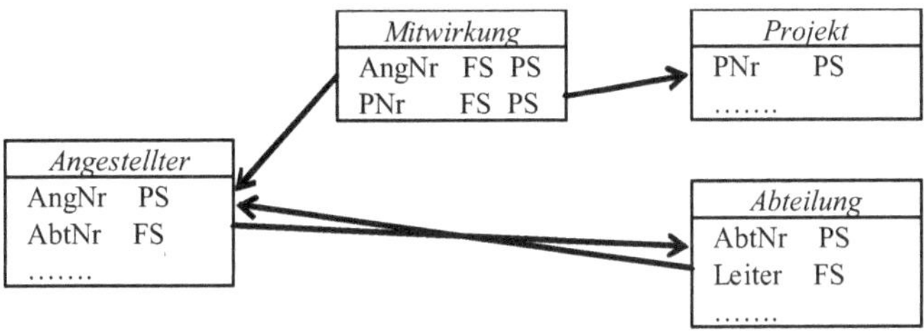

Abb. 3.9 Relationendiagramm mit verschiedenen Fremdschlüssel-Beziehungen

Abhängigkeit

Die Überführung eines Abhängigkeitsbeziehungstyps erfolgt **analog** zur Vorgehensweise bei der allgemeinen **Assoziation**. Es ist lediglich darauf zu achten, dass die Relation, die aus dem Weak-Entitätstyp resultiert, einen eigenen (künstlichen) Primärschlüssel erhält (s. Beispiel 3.6).

Beispiel 3.6

In Beispiel 2.16 werden die Kinder der *Angestellten* in einem Weak-Entitätstyp *Kind* verwaltet, wobei die Multiplizitäten für den Abhängigkeitsbeziehungstyp beim Weak-Entitätstyp *Kind* „1..2" und beim Entitätstyp *Angestellter* „0..*" lauten (s. Abb. 3.10 oben).

Da es sich im vorliegenden Fall um einen ‚viele zu viele'-Beziehungstyp handelt, ist bei der Umsetzung ins Relationenmodell für den Abhängigkeitsbeziehungstyp eine Beziehungsrelation erforderlich (s. Abb. 3.10 unten).

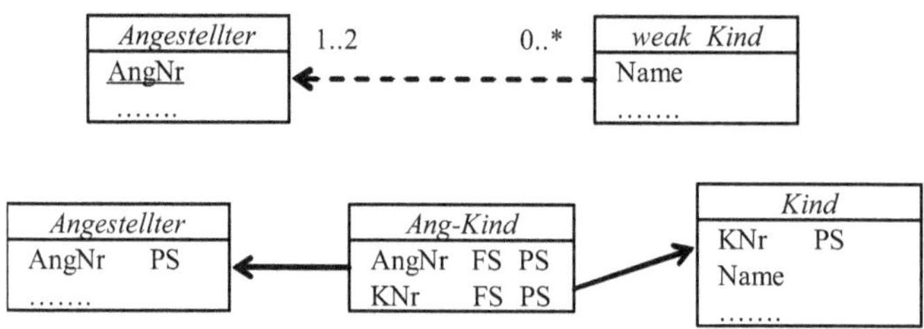

Abb. 3.10 Überführung des Abhängigkeitsbeziehungstyps in ein Relationenmodell

Es ist anzumerken, dass, falls die Obergrenzen der beiden Multiplizitätsangaben „1" und „1" lauten, die Attribute des Weak-Entitätstyps aus Vereinfachungsgründen heraus in die Relation, die aus dem normalen Entitätstyp resultiert, integriert werden können (evtl. mit entsprechenden Kennzeichen bei den Attributbezeichnern). In diesem Fall würde dann die eigene Relation für den Weak-Entitätstyp entfallen.

Aggregation

Auch die Überführung eines Aggregationsbeziehungstyps erfolgt **analog** zur Vorgehensweise bei der allgemeinen **Assoziation**. Dabei gilt für die **starke Aggregation**, dass der Primärschlüssel der Relation, die aus dem Aggregat-Entitätstyp resultiert, immer in die Relation, die aus dem Komponenten-Entitätstyp resultiert, als Fremdschlüssel mit „Not Null"-Eigenschaft importiert wird (s. Beispiel 3.7).

Beispiel 3.7

In Beispiel 2.17 setzt sich der Aggregat-Entitätstyp *Kraftfahrzeug* aus den Komponenten-Entitätstypen *Fahrwerk, Karosserie* und *Sonderausstattung* zusammen (s. Abb. 3.11 oben).

Dieses ER-Datenmodell wird wie folgt in ein Relationenmodell überführt (s. Abb. 3.11 unten):

- Der ‚viele-zu-viele'-Beziehungstyp zwischen Kraftfahrzeug und Sonderausstattung wird normal ins Relationenmodell überführt (ergibt eigene Beziehungsrelation).
- Bei Fahrwerk und Karosserie handelt es sich um starke Aggregationen, deshalb wird bei den resultierenden Relationen der Primärschlüssel von Kraftfahrzeug importiert.

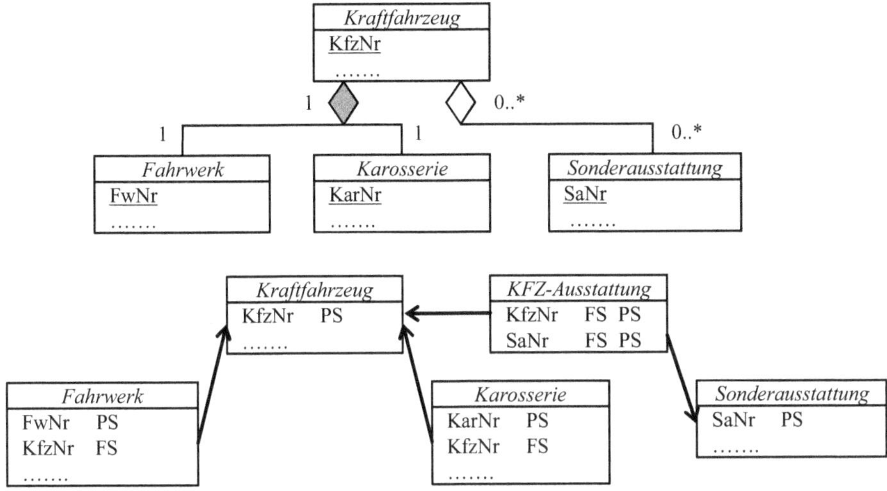

Abb. 3.11 Überführung von Aggregationsbeziehungstypen in ein Relationenmodell

Generalisierung

Auch die Überführung einer Generalisierung/Spezialisierung in ein Relationenmodell erfolgt **analog** zur Vorgehensweise bei der allgemeinen **Assoziation**. Dabei gibt es allerdings immer nur den einen Fall, nämlich den Beziehungstyp mit den Multiplizitätsangaben „1..1“ beim Super-Entitätstyp und „0..1“ beim Sub-Entitätstyp, wobei der Sub-Entitätstyp den Primärschlüssel des Super-Entitätstyps erbt.

Bei der Überführung ins Relationenmodell entsteht also eine normale Relation für den Super-Entitätstyp und eine weitere Relation für jeden Sub-Entitätstyp, bestehend aus dessen speziellen Attributen und dem Primärschlüssel des Super-Entitätstyps als Fremd- und Primärschlüssel (s. Beispiel 3.8).

Die Unterscheidung in total↔partiell und disjunkt↔nicht disjunkt kann im Relationenmodell mit einfachen Integritätsbedingungen nicht ausgedrückt werden. Dazu ist eine Datenbank-Prüfroutine (Stored Procedure) erforderlich, die eine Prüfung der Datensätze über mehrere Relationen hinweg vornehmen kann (s. Beispiel 3.8).

Beispiel 3.8

Die Generalisierung/Spezialisierung aus Beispiel 2.18 besagt, dass sich die *Personen* vollständig aus den *Angestellten* und den *Kunden* des Unternehmens zusammensetzen, wobei ein Angestellter auch Kunde sein kann (s. Abb. 3.12 links).

Bei der Überführung wird aus jedem der beteiligten Entitätstypen eine Relation, wobei die Attribute von *Angestellter* und *Kunde* noch mit dem Primärschlüssel von *Person* ergänzt werden (s. Abb. 3.12 rechts).

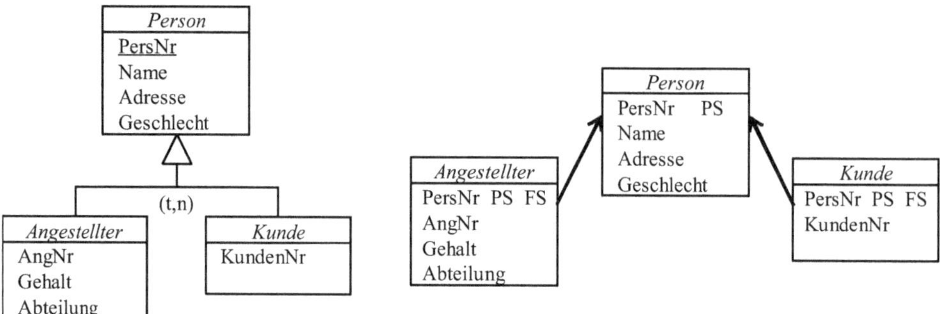

Abb. 3.12 Überführung der Generalisierung/Spezialisierung in ein Relationenmodell

Falls die Bedingung **total** in der Datenbank gewährleistet werden soll, dann könnte dazu eine Datenbank-Prüfroutine definiert werden, die die Ausprägungen für PersNr bei den drei Relationen vergleicht und die folgende Bedingung prüft:

- Die Menge der PersNr-Werte bei Person muss der Menge der PersNr-Werte bei Angestellter + Kunde entsprechen.

Hinweis: In der Praxis neigt man dazu, Sub-Entitätstypen, die keine eigenen Attribute, sondern lediglich eigene Beziehungstypen aufweisen (s. Abb. 2.11), aus Vereinfachungsgründen bei der Überführung ins Relationenmodell aufzulösen. Dies ist aber eine unsaubere Vorgehensweise, da dann nämlich die Beziehungstypen des Sub-Entitätstyps als Beziehungstypen des Super-Entitätstyps behandelt werden müssen (dies ist semantisch nicht ganz korrekt).

Beziehungstypen mit einem Grad > 2

Jeder Beziehungstyp mit einem Grad > 2 wird in eine (Beziehungs-)**Relation** überführt, die vom Beziehungstyp die Fremdschlüssel und den Primärschlüssel als Attribute übernimmt (s. Beispiel 3.9). Dabei ist zu beachten, dass, sofern es zum betreffenden Beziehungstyp einen Beziehungsentitätstyp gibt (s. Abb. 2.12), beide Elemente in eine gemeinsame Relation überführt werden.

Beispiel 3.9

Die Abb. 3.13 zeigt links den Beziehungstyp *kauft ... bei* vom Grad 3, der zur Verwaltung von Wareneinkäufen dient. Dieser Beziehungstyp wird in eine Relation Kauf überführt, wobei diese Beziehungsrelation die Primärschlüssel der beteiligten Entitätstypen als Fremdschlüssel erhält (s. Abb. 3.13 rechts).

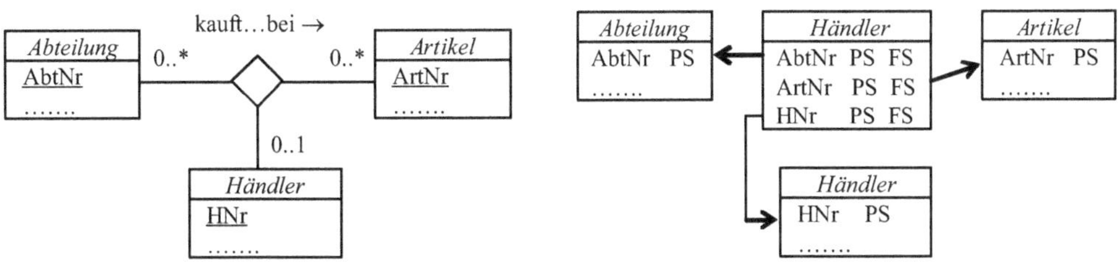

Abb. 3.13 Überführung eines höhergradigen Beziehungstyps in ein Relationenmodell

Sonstige Besonderheiten

Abschließend zu den Betrachtungen zur Überführung eines Beziehungstyps in das Relationenmodell ist noch anzumerken, dass

- die Rollennamen aus dem ER-Datenmodell als Attributnamen ins Relationenmodell einfließen können (s. Beispiel 3.10) und
- konkrete Obergrenzen der Multiplizitäten über CHECK-Bedingungen bei den Fremdschlüsseln formuliert werden können (s. Beispiel 3.10).

Beispiel 3.10

Die Abb. 3.14 zeigt links ein ER-Datenmodell zur Verwaltung von Mitarbeitern und deren Ehe- und Leitungsbeziehungen.

Der rekursive Beziehungstyp *ist verheiratet mit* führt dazu, dass die bei der Überführung entstehende Relation *Mitarbeiter* den eigenen Primärschlüssel als Fremdschlüssel erhält. Da Primär- und Fremdschlüssel nicht denselben Bezeichner haben dürfen, empfiehlt sich für den Fremdschlüssel einer der beiden Rollennamen als Bezeichner (je nach Wahl des Fremdschlüssels - s. Abb. 3.14 rechts).

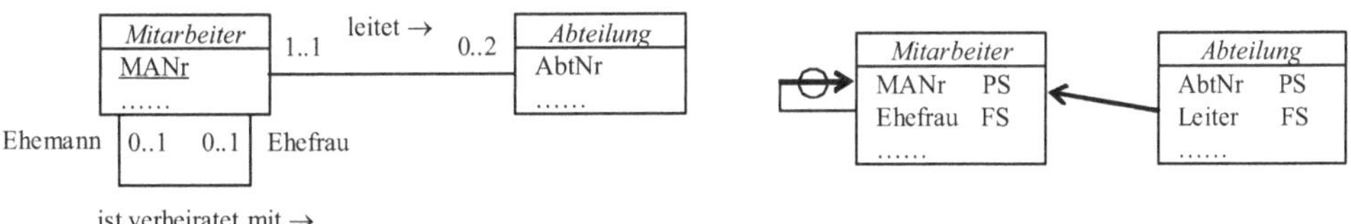

Abb. 3.14 Überführung eines rekursiven Beziehungstyps in ein Relationenmodell

Die Obergrenze 2 der Multiplizitätsangabe beim Entitätstyp Abteilung kann in der Relation Abteilung durch die folgende Integritätsbedingung für das Attribut Leiter ausgedrückt werden:

- CHECK (Anzahl Datensätze mit dem selben Leiter ≤ 2)

3.2.3 Übungsaufgabe 5

Überführen Sie das ER-Datenmodell aus der Übungsaufgabe 2 in ein Relationenmodell.

a) Entwerfen Sie dazu zunächst ein Relationendiagramm, bestehend aus den bei der Überführung entstehenden Relationen, deren Attributen (lediglich Bezeichner) und deren Fremdschlüssel-Beziehungen.

b) Geben Sie anschließend für die Attribute der Relationen aus dem a)-Teil in einer gesonderten Auflistung die Wertebereiche, Schlüsseleigenschaften und sonstigen Integritätsbedingungen an.

3.2.4 Übungsaufgabe 6

Überführen Sie das ER-Datenmodell aus der Übungsaufgabe 3 in ein Relationenmodell.

a) Entwerfen Sie dazu zunächst ein Relationendiagramm, bestehend aus den bei der Überführung entstehenden Relationen (ohne Attribute) und deren Fremdschlüssel-Beziehungen.

b) Geben Sie anschließend die Attribute der Relationen aus dem a)-Teil in einer gesonderten Auflistung mit Bezeichner, Wertebereich, Schlüsseleigenschaft und sonstigen Integritätsbedingungen an.

3.3 Normalisierung im Relationenmodell

3.3.1 Grundidee der Normalisierung

Wenn man zunächst die fachliche Datenwelt mit Hilfe der ER-Datenmodellierung gemäß Kapitel 2 strukturiert und das resultierende ER-Datenmodell anschließend entsprechend den Regeln in Kapitel 3.2 (s. auch Anhang 2.2) in ein Relationenmodell überführt, erhält man ein gut strukturiertes relationales Datenbankschema.[9]

Wenn man diese **methodisch saubere Vorgehensweise** allerdings nicht wählt, besteht die Gefahr, dass beim Datenbankentwurf die Attribute nicht korrekt gruppiert und die Relationen somit nicht korrekt strukturiert werden. Eine Folge davon ist, dass es in diesen Relationen beim Einfügen, Ändern und Löschen von Datensätzen zu **Unregelmäßigkeiten**, sogenannten Anomalien, kommen kann (s. Beispiel 3.11).

---

[9] Ein auf diese Weise entstandenes Datenbankschema befindet sich automatisch in der dritten Normalform (zur Erläuterung der dritten Normalform s. Kapitel 3.3.5).

Beispiel 3.11

Die studentischen Prüfungsergebnisse sollen in einer Relation Prüfung verwaltet werden. Dabei geht es um die folgenden Informationen (s. Abb. 3.15):

Jeder Student studiert einen bestimmten Studiengang. In jedem Studiengang gibt es eine bestimmte Anzahl Studienfächer, in denen jeweils Prüfungen geschrieben werden.

Jede Prüfung findet an einem bestimmten Termin (Datum) statt und erhält eine eigene Prüfungsnummer (PNr). In einer Prüfung werden normalerweise mehrere Vorlesungen, angegeben durch Vorlesungsnummer (VNr), Vorlesungsname (VName) und Zeitanteil bei der Prüfung (Zeit), eines Studienfaches (Fach) abgeprüft. Dabei kann der Zeitanteil einer Vorlesung von Prüfung zu Prüfung variieren. Die an der Prüfung teilnehmenden Studenten werden mit Matrikelnummer (MatrNr), Name (SName), Studiengang (SG) und Studiengangsleiter (SGLeiter) verwaltet. Außerdem erhält jeder Student für die betreffende Prüfung eine Gesamtnote (Note).

Die Abb. 3.15 zeigt eine Ausprägung einer entsprechenden Relation Prüfung. Dabei ist zu beachten, dass diese Relation **zwei (unabhängige) Wiederholungsgruppen** enthält, nämlich einerseits das Attribut Vorlesung und andererseits das Attribut Student.

Prüfung										
PNr	*Fach*	*Datum*	*Vorlesung*			*Student*				
			VNr	*VName*	*Zeit*	*MatrNr*	*SName*	*SG*	*SGLeiter*	*Note*
1	Allg. BWL	1.10.05	St	Steuern	90	1111	Max	Wirtsch.-inf.	Einstein	4,0
			Bi	Bilanz	60	2222	Moritz	Wirtsch.-inf.	Einstein	3,0
						3333	Ute	Wirtsch.-inf.	Einstein	2,0
2	SW-Entwicklung	1.11.05	J1	Java 1	60	1111	Max	Wirtsch.-inf.	Einstein	1,5
			Xm	XML	45	8888	Verona	Angewandte Inf.	Zweistein	5,0
						9999	Angela	Angewandte Inf.	Zweistein	3,5
3	Rechnersysteme	1.12.05	Li	Linux	45	4567	Otto	Informatik	Zuse	2,5
			Xm	XML	60					

Abb. 3.15 Relation zur Verwaltung von Prüfungsergebnissen

Bei der nicht normalisierten Relation aus Abb. 3.15 gibt es zunächst das Problem, dass mehrwertige Attribute wie *Vorlesung* oder *Student* mit einem relationalen Datenbanksystem nicht verwaltet werden können. Darüberhinaus kommt es bei der Verarbeitung der Datensätze zu den folgenden unerwünschten Effekten (Anomalien):

- *Einfügen*:
  Daten über Vorlesungen und Studenten können nur abgespeichert werden, wenn diese an einer Prüfung beteiligt sind.
- *Ändern*:
  Wenn sich Studentendaten ändern (bspw. der Name), muss die Änderung bei allen Prüfungen vorgenommen werden, an denen der Student teilgenommen hat, wobei

keine seiner Prüfungen vergessen werden darf (sonst ist der Datenbestand nicht mehr korrekt).

- *Löschen*:
  Wird die letzte Prüfung gelöscht, an der ein Student teilgenommen hat, gehen zwangsweise auch alle Daten des Studenten verloren und müssen bei der nächsten Prüfung wieder komplett neu eingegeben werden.

Viele Einfüge-, Änderungs- und Lösch-Anomalien können durch die korrekte Zuordnung der Attribute zu den Relationen vermieden werden. Ob die Relationen die richtigen Attribute aufweisen, lässt sich anhand so genannter **Normalformen** überprüfen. Dies erfolgt in der Praxis üblicherweise in drei Schritten, nämlich durch die Überprüfung der ersten, der zweiten und der dritten Normalform (s. Kapitel 3.3.3 bis Kapitel 3.3.5). Durch diese Normalformen können die meisten Anomalien erkannt und beseitigt werden, allerdings nicht alle. Es sind danach immer noch einige Unregelmäßigkeiten möglich, die zwar weit weniger häufig auftreten, die aber trotzdem verhindert werden sollten. Dies kann anhand weiterer Normalformen erreicht werden, nämlich anhand der Boyce-Codd-, der vierten und der fünften Normalform (s. Kapitel 3.3.6 und Kapitel 3.3.7).

Ist eine bestimmte Normalform nicht erfüllt, d.h. stehen Attribute einer Relation nicht an der richtigen Stelle, wird die Struktur der Relation in der Form geändert, dass die betreffenden Attribute in eine andere, meist neue Relation ausgelagert werden. Auf diese Weise werden bei diesem so genannten Normalisierungsprozess von Schritt zu Schritt immer mehr Anomalien ausgeschlossen. Dabei ist anzumerken, dass sämtliche Normalformen sukzessive aufeinander aufbauen.

Man bezeichnet eine Relation als **normalisiert**, wenn sie eine der unten genannten Normalformen aufweist. Ist dies nicht der Fall, besitzt die Relationen also mehrwertige Attribute, wird sie als **nicht normalisiert** bezeichnet. (Beispielsweise ist die Relation *Prüfung* in Abb. 3.15 aufgrund der Attribute *Vorlesung* und *Student* nicht normalisiert.)

Es ist noch anzumerken, dass als Grundlage für die Normalisierung die Abhängigkeiten zwischen den Attributen dienen. Letztendlich werden nämlich bei der Normalisierung die voneinander abhängigen Attribute in eine gemeinsame Relation zusammengefasst. Daher muss vor dem Normalisierungsprozess zunächst geklärt werden, welche Attribute von welchen anderen Attributen abhängen. Erst wenn diese Abhängigkeiten geklärt sind, kann mit dem Normalisierungsprozess begonnen werden.

3.3.2 Attribut-Abhängigkeiten

Bei den Abhängigkeiten zwischen den Attributen unterscheidet man **funktionale** Abhängigkeiten und **mehrwertige** Abhängigkeiten. Dabei ist festzustellen, dass funktionale Abhängigkeiten in fast jeder Relation auftreten, während mehrwertige Abhängigkeiten weit weniger häufig auftreten. Beide Arten werden im Folgenden erläutert.

Funktionale Abhängigkeiten

Zwischen den Attributen einer relationalen Datenbank kann es Abhängigkeiten in der Form geben, dass ein Attribut A (bzw. eine Attributkombination A1, …, An) ein anderes Attribut B in der Weise bestimmt, dass alle Datensätze, die den gleichen Wert für A aufweisen, auch immer den gleichen Wert für B aufweisen. Man sagt dann „A bestimmt B" oder „**B ist (funktional) abhängig von A**" und schreibt:

$A \rightarrow B$ bzw. $A1, \ldots, An \rightarrow B$

Ein Standard-Beispiel für solche funktionale Abhängigkeiten ist die Abhängigkeit der Attribute vom Primärschlüssel. Es kann aber auch noch andere funktionale Abhängigkeiten geben (s. Beispiel 3.12).

Beispiel 3.12

In einer Relation *Personal* werden die Personalnummer (Primärschlüssel), der Personalname, die Abteilungsnummer und das Gehalt verwaltet. In einer zweiten Relation *Abteilung* werden die Abteilungsnummer (Primärschlüssel), der Abteilungsname, die Personalnummer des Chefs und das Budget verwaltet (s. Abb. 3.16).

Personal			
PersNr	*PName*	*AbtNr*	*Gehalt*
007	Bond	A-1	20.000
0815	Smith	A-1	5.000
4711	Walker	P-0	6.000
4712	Miller	P-0	7.000

Abteilung			
AbtNr	*AName*	*ChefPersNr*	*Budget*
A-1	Außendienst	007	10 Mio.
P-0	Personal	4711	1,5 Mio.

Abb. 3.16 Relationen zur Verwaltung von Mitarbeitern und Abteilungen

Für die Relation *Personal* gelten aufgrund der Tatsache, dass das Attribut *PersNr* Primärschlüssel ist, die folgenden (funktionalen) Abhängigkeiten:
PersNr → Name
PersNr → AbtNr
PersNr → Gehalt
Dafür kann auch abgekürzt formuliert werden:
PersNr → Name, AbtNr, Gehalt

Darüber hinaus gelten auch die Fremdschlüsselabhängigkeiten:
Personal.AbtNr → Abteilung.AbtNr
ChefPersNr → PersNr

Es kann auch die folgende Bedingung gelten:
ChefPersNr → AbtNr
Diese Abhängigkeit besagt, dass jeder Chef nur eine Abteilung leitet.

Wenn man mit funktionalen Abhängigkeiten arbeitet, ist man, um bei der Normalisierung effektiv arbeiten zu können, nur an einer **minimalen Menge** solcher Abhängigkeiten interessiert. Insbesondere sind solche Abhängigkeiten **auszuschließen**, die

- einen **transitiven Schluss** darstellen:
  Falls gilt: $A \rightarrow B$ und $B \rightarrow C$, dann gilt auch: $A \rightarrow C$,
  allerdings stellt $A \rightarrow C$ den transitiven Schluss dar, welcher redundant ist und somit für die Normalisierung nicht benötigt wird.

- **keine vollen funktionalen Abhängigkeiten** darstellen:
  Falls gilt: $A \rightarrow B$, dann gilt auch: $A, D \rightarrow B$,
  allerdings ist B bei $A, D \rightarrow B$ nur von einem Teil der genannten Attribute abhängig (also nicht voll funktional abhängig). Daher ist $A, D \rightarrow B$ wertlos und wird somit gestrichen.

Mehrwertige Abhängigkeiten

Funktionale Abhängigkeiten gelten zwischen einwertigen Attributen. Es kann aber auch der Sonderfall auftreten, dass ein Attribut bzw. eine Attributkombination ein mehrwertiges Attribut bestimmt. (Bspw. bestimmt in Abb. 3.15 *PNr* mehrere Ausprägungen von *Student.*) Eine solche Abhängigkeit wird durch einen Doppelpfeil zum Ausdruck gebracht:

A1, ..., An $\rightarrow\rightarrow$ B

Da die relationalen Datenbanksysteme nur normalisierte Relationen mit einwertigen Attributen verarbeiten können, wird die Mehrwertigkeit dort oft so verwaltet, dass das mehrwertige Attribut einfach als einwertiges Attribut geführt wird. Dazu wird der Datensatz mit dem mehrwertigen Attribut so aufgelöst, dass alle Ausprägungen des mehrwertigen Attributs mit den Einzel-Ausprägungen der anderen Attribute kombiniert werden (s. Beispiel 3.13). Dies kann natürlich zu einer enormen Datenredundanz führen. Insbesondere entsteht, wenn in einer Relation mehrere mehrwertige Attribute auf diese Weise verwaltet werden, eine **mehrwertige Abhängigkeit** in der Form, dass bei einem Datensatz einer nicht normalisierten Relation jeder Wert eines mehrwertigen Attributs mit jedem Wert der anderen mehrwertigen Attribute kombiniert werden muss (s. Beispiel 3.13).

Beispiel 3.13

Wenn in der Relation *Prüfung* aus Abb. 3.15 nur atomare, einwertige Attribute verwendet werden sollen, dann können die mehrwertigen Attribute *Vorlesung* und *Student* derart aufgelöst werden, dass für jeden Datensatz aus *Prüfung*

- jede Ausprägung von *Vorlesung* mit jeder Ausprägung von *Student* kombiniert
- und jede resultierende Kombination mit den Einzel-Ausprägungen der Attribute *PNr, Fach* und *Datum* ergänzt wird.

Der Primärschlüssel dieser normalisierten Variante der Relation Prüfung muss dann noch entsprechend angepasst werden (s. Abb. 3.17).

Prüfung										
PNr	*Fach*	*Datum*	*VNr*	*VName*	*Zeit*	*MatrNr*	*SName*	*SG*	*SGLeiter*	*Note*
1	Allg. BWL	1.10.05	St	Steuern	90	1111	Max	Wirtsch.-inf.	Einstein	4,0
1	Allg. BWL	1.10.05	St	Steuern	90	2222	Moritz	Wirtsch.-inf.	Einstein	3,0
1	Allg. BWL	1.10.05	St	Steuern	90	3333	Ute	Wirtsch.-inf.	Einstein	2,0
1	Allg. BWL	1.10.05	Bi	Bilanz	60	1111	Max	Wirtsch.-inf.	Einstein	4,0
1	Allg. BWL	1.10.05	Bi	Bilanz	60	2222	Moritz	Wirtsch.-inf.	Einstein	3,0
1	Allg. BWL	1.10.05	Bi	Bilanz	60	3333	Ute	Wirtsch.-inf.	Einstein	2,0
2	SW-Entwicklung	1.11.05	J1	Java 1	60	1111	Max	Wirtsch.-inf.	Einstein	1,5
2	SW-Entwicklung	1.11.05	J1	Java 1	60	8888	Verona	Angewandte Inf.	Zweistein	5,0
2	SW-Entwicklung	1.11.05	J1	Java 1	60	9999	Angela	Angewandte Inf.	Zweistein	3,5
2	SW-Entwicklung	1.11.05	Xm	XML	45	1111	Max	Wirtsch.-inf.	Einstein	1,5
2	SW-Entwicklung	1.11.05	Xm	XML	45	8888	Verona	Angewandte Inf.	Zweistein	5,0
2	SW-Entwicklung	1.11.05	Xm	XML	45	9999	Angela	Angewandte Inf.	Zweistein	3,5
3	Rechnersysteme	1.12.05	Li	Linux	45	4567	Otto	Informatik	Zuse	2,5
3	Rechnersysteme	1.12.05	Xm	XML	60	4567	Otto	Informatik	Zuse	2,5

Abb. 3.17 Relation Prüfung mit atomaren, einwertigen Attributen

Die einzelnen Datensätze der normalisierten Relation *Prüfung* sind im vorliegenden Fall nicht unabhängig voneinander. Ein einzelner Datensatz wird nur dann eingefügt, wenn es bei einer Prüfung nur eine Vorlesung und einen Studenten gibt. Werden dagegen in einer Prüfung drei Vorlesungen abgeprüft, so sind für jeden Studenten, der an der Prüfung teilnimmt, drei Datensätze einzufügen und zwar jeweils der Student mit jeder einzelnen Vorlesung.

Diese mehrwertigen Abhängigkeiten sind sehr schlecht zu verwalten und sollten auf jeden Fall vermieden werden. Entsprechende Maßnahmen sind in Kapitel 3.3.3 zu finden.

3.3.3 Erste Normalform

Da relationale Datenbanksysteme standardmäßig nur atomare (nicht strukturierte), einwertige Attribute verarbeiten können, beginnt jeder Normalisierungsprozess zunächst mit der Überprüfung der vorliegenden Relation auf die erste Normalform. Die dabei zu überprüfende Bedingung lautet wie folgt:

> Eine Relation heißt normalisiert, d.h. sie ist in der **ersten Normalform** (1NF), wenn die Relation lediglich **atomare, einwertige Attribute** aufweist.

Ist diese Bedingung in der Form verletzt, dass eine Relation ein mehrwertiges Attribut aufweist, so kann diese nicht normalisierte Relation durch das folgende **Zerlegungsverfahren** in die erste Normalform überführt werden (s. Beispiel 3.14):

- Lagere das mehrwertige Attribut in eine eigene, zusätzliche Relation aus. (Das mehrwertige Attribut wird in der Ursprungsrelation gelöscht.)
- Ist das mehrwertige Attribut strukturiert, löse es in seine Einzelattribute auf.

- Ergänze die zusätzliche Relation mit dem Primärschlüssel der Ursprungsrelation als Fremdschlüssel, um die Beziehung zur Ursprungsrelation herzustellen.
- Bestimme in der Zusatzrelation einen geeigneten Primärschlüssel.

Die **Zerlegung** einer Relation R in mehrere kleinere Relationen R1 ... Rn ist ein **grundlegendes Prinzip** der Normalisierung und wird bei der Einrichtung aller Normalformen angewendet. Selbstverständlich muss eine solche Zerlegung verlustfrei sein, d.h. die Ausgangsrelation R muss sich durch die Verknüpfung der Relationen R1 ... Rn wieder herstellen lassen.

Hinweis: Wenn die mehrwertigen Attribute nicht nach diesem Verfahren aufgelöst, sondern gemäß Beispiel 3.13 die Attributwerte einzeln miteinander kombiniert werden, entsteht auch eine Relation in der ersten Normalform. Diese weist jedoch sehr viel Redundanz auf (s. Abb. 3.17), und man baut in die Relation unnötigerweise mehrwertige Abhängigkeiten ein, sofern mehrere mehrwertige Attribute vorhanden sind. Insofern ist von dieser Vorgehensweise stark abzuraten.

Beispiel 3.14

Die Relation *Prüfung* aus Beispiel 3.11 soll normalisiert werden. Für die Relation gelten die folgenden Abhängigkeiten:

PNr → Fach, Datum
VNr → VName
VName → VNr
PNr, VNr → Zeit
MatrNr → SName, SG, SGLeiter
SG → SGLeiter
PNr, MatrNr → Note

PNr →→ Vorlesung
PNr →→ Student

Aus den „→→"-Abhängigkeiten und auch aus der Relation in Abb. 3.15 ist leicht zu erkennen, dass es sich bei den Attributen *Vorlesung* und *Student* um mehrwertige Attribute handelt, die jeweils in eine eigene Relation *Prüf-Vorlesung* und *Prüf-Student* auszulagern und mit *PNr* (Primärschlüssel der Ausgangsrelation) als Fremdschlüssel zu ergänzen sind.

Da die Attribute *Vorlesung* und *Student* strukturiert sind, bilden deren Teilattribute die Attribute der neuen Relationen. *Prüf-Vorlesung* enthält für jede Prüfung die einzelnen geprüften Vorlesungen, kombiniert mit der jeweiligen PNr. Entsprechendes gilt für *Prüf-Student.* Da sowohl einzelne Vorlesungen als auch einzelne Studenten in mehreren Prüfungen auftreten können, bestehen die Primärschlüssel der neuen Relationen aus *VNr+PNr* (statt dessen würde auch *VName+PNr* gehen) und *MatrNr+PNr.*

Somit ergeben sich aus der unnormalisierten Ausgangsrelation *Prüfung* durch die Überführung in die erste Normalform drei neue, normalisierte Relationen (*Prüfung, Prüf-Vorlesung, Prüf-Student*), die dieselben Informationen beinhalten wie die Ausgangsrelation (s. Abb. 3.18).

Prüfung		
PNr	*Fach*	*Datum*
1	Allg. BWL	1.10.05
2	SW-Entwicklung	1.11.05
3	Rechnersysteme	1.12.05

Prüf-Vorlesung			
PNr	*VNr*	*VName*	*Zeit*
1	St	Steuern	90
1	Bi	Bilanz	60
2	J1	Java 1	60
2	Xm	XML	45
3	Li	Linux	45
3	Xm	XML	60

Prüf-Student					
PNr	*MatrNr*	*SName*	*SG*	*SGLeiter*	*Note*
1	1111	Max	Wirtsch.-inf.	Einstein	4,0
1	2222	Moritz	Wirtsch.-inf.	Einstein	3,0
1	3333	Ute	Wirtsch.-inf.	Einstein	2,0
2	1111	Max	Wirtsch.-inf.	Einstein	1,5
2	8888	Verona	Angewandte Inf.	Zweistein	5,0
2	9999	Angela	Angewandte Inf.	Zweistein	3,5
3	4567	Otto	Informatik	Zuse	2,5

Abb. 3.18 Datenbank mit 1NF-Relationen

3.3.4 Zweite Normalform

Relationen in der ersten Normalform können zwar von relationalen Datenbanksystemen verarbeitet werden, allerdings besteht nach wie vor die Gefahr von Anomalien, d.h. dass es unter Umständen bei der Verarbeitung der Datensätze immer noch zu unerwünschten Nebeneffekten kommen kann (s. Beispiel 3.15).

Beispiel 3.15

Für die 1NF-Relationen in Abb. 3.18 gelten unverändert die Anomalien, die auch für die Ausgangsrelation Prüfung gelten (s. Beispiel 3.11):

- *Einfüge-Anomalie*:
  Da es keine eigenen Relationen für Vorlesungen und Studenten gibt, können Daten über Vorlesungen und Studenten nur abgespeichert werden, wenn diese an einer Prüfung beteiligt sind.

- *Änderungs-Anomalie*:
  Wenn sich der Name eines Studenten ändert, muss die Änderung für alle Prüfungen vorgenommen werden, an denen der Student teilgenommen hat.

- *Lösch-Anomalie*:
  Wird die letzte Prüfung gelöscht, an der ein Student teilgenommen hat, gehen zwangsweise auch alle Daten des Studenten verloren und müssen bei der nächsten Prüfung wieder komplett neu eingegeben werden.

Viele dieser Anomalien resultieren aus der Tatsache, dass die Datenfelder unterschiedlicher Informationsobjekte in einer gemeinsamen Relation abgespeichert werden. Das zeigt sich meist dadurch, dass einige Attribute nur von einem Teil des Primärschlüssels abhängig sind.

(Bspw. ist in Abb. 3.18 in der Relation Prüf-Student *SName* nur von *MatrNr* abhängig.) Die betreffenden Attribute sind dann in eine eigene Relation auszulagern, wodurch die **Teilschlüssel-Abhängigkeiten** beseitigt werden.

Mit diesem Problem der Teilschlüssel-Abhängigkeiten beschäftigt sich die zweite Normalform. Zur Überprüfung, ob sich eine Relation in der zweiten Normalform befindet, dient die folgende Bedingung:

Eine Relation ist in der **zweiten Normalform** (2NF), wenn sich die Relation in der ersten Normalform befindet und jedes Nichtschlüsselattribut von jedem Schlüsselkandidaten **voll funktional abhängig** ist.

Ist diese Bedingung nicht erfüllt, so kann eine 1NF-Relation durch das folgende **Zerlegungsverfahren** in die zweite Normalform überführt werden (s. Beispiel 3.16):

- Lagere alle Nichtschlüsselattribute, die von einem bestimmten Teilschlüssel (bestehend aus einem oder mehreren Attributen) abhängig sind, in eine eigene, zusätzliche Relation aus. (Die ausgelagerten Nichtschlüsselattribute werden in der Ursprungsrelation gelöscht.)
- Ergänze die zusätzliche Relation mit dem betreffenden Teilschlüssel und definiere ihn dort als Primärschlüssel.
- In der Ausgangsrelation wird der betreffende Teilschlüssel als Fremdschlüssel verwendet, um die Beziehung zur neuen Zusatzrelation herzustellen.

Beispiel 3.16

Die Relationen aus Abb. 3.18 sollen weiter normalisiert werden. Dazu wird im nächsten Schritt geprüft, ob die vorliegenden Relationen die zweite Normalform erfüllen.

In der Relation *Prüfung* gibt es entsprechend den funktionalen Abhängigkeiten nur einen Schlüssel, nämlich den Primärschlüssel (die Fach-Datum-Kombination ist nicht eindeutig, da ein Fach an einem Tag mehrfach geprüft werden kann, nämlich jeweils mit anderen Vorlesungen). Da der Primärschlüssel nur aus einem Attribut besteht, kann es keine Teilabhängigkeiten geben. Die Relation Prüfung befindet sich also bereits in der zweiten Normalform.

In der Relation *Prüf-Vorlesung* gibt es außer dem Primärschlüssel PNr+VNr noch einen zweiten Schlüsselkandidaten, nämlich die Attributkombination PNr+VName. Die funktionalen Abhängigkeiten aus Beispiel 3.14 sagen nämlich, dass bei der Schlüsselbestimmung VNr und VName gleichwertig sind. Somit besitzt die Relation Prüf-Vorlesung nur ein Nichtschlüsselattribut (Zeit), das aber voll funktional von den Schlüsseln abhängig ist und daher die zweite Normalform nicht verletzt. Prüf-Vorlesung ist also ebenfalls bereits eine 2NF-Relation.

In der Relation *Prüf-Student* gibt es nur einen Schlüssel, nämlich den Primärschlüssel. Dieser Primärschlüssel setzt sich aus den Attributen PNr und MatrNr zusammen, wobei allerdings entsprechend den funktionalen Abhängigkeiten eine Teilabhängigkeit für bestimmte Nichtschlüsselattribute vorliegt:

- Die Attributwerte von SName, SG und SGLeiter können allein durch den Attributwert von MatrNr eindeutig bestimmt werden.

Die drei genannten Nichtschlüsselattribute sind also in der Relation Prüf-Student zu streichen und in eine eigene, zusätzliche Relation *Student* auszulagern. Das Attribut MatrNr wird als weiteres Attribut in die Relation Student übernommen und dient dort als Primärschlüssel. In der Relation Prüf-Student dient das Attribut MatrNr dann als Fremdschlüssel, um die Verbindung zur Relation Student herzustellen.

Aus den drei 1NF-Relationen aus Abb. 3.18 werden also vier 2NF-Relationen gemäß Abb. 3.19.

Prüfung		
PNr	*Fach*	*Datum*
1	Allg. BWL	1.10.05
2	SW-Entwicklung	1.11.05
3	Rechnersysteme	1.12.05

Student			
MatrNr	*SName*	*SG*	*SGLeiter*
1111	Max	Wirtsch.-inf.	Einstein
2222	Moritz	Wirtsch.-inf.	Einstein
3333	Ute	Wirtsch.-inf.	Einstein
8888	Verona	Angewandte Inf.	Zweistein
9999	Angela	Angewandte Inf.	Zweistein
4567	Otto	Informatik	Zuse

Prüf-Vorlesung			
PNr	*VNr*	*VName*	*Zeit*
1	St	Steuern	90
1	Bi	Bilanz	60
2	J1	Java 1	60
2	Xm	XML	45
3	Li	Linux	45
3	Xm	XML	60

Prüf-Student		
PNr	*MatrNr*	*Note*
1	1111	4,0
1	2222	3,0
1	3333	2,0
2	1111	1,5
2	8888	5,0
2	9999	3,5
3	4567	2,5

Abb. 3.19 Datenbank mit 2NF-Relationen

Diese 2NF-Relationen verhindern nun die meisten der in Beispiel 3.14 genannten Anomalien:

- *Einfüge-Anomalie* für Studentendaten beseitigt:
  Daten über Studenten können abgespeichert werden, ohne dass diese an einer Prüfung beteiligt sind.
  (Hinweis: Die Anomalie für die Vorlesungsdaten (diese können nur in Verbindung mit einer Prüfung abgespeichert werden) kann durch die 2NF noch nicht beseitigt werden. Dies kann erst mit der Boyce-Codd-Normalform erreicht werden (s. Kapitel 3.3.6)).

- *Änderungs-Anomalie* beseitigt:
  Wenn sich der Name eines Studenten ändert, muss die Änderung lediglich an einer Stelle in der Relation Student vorgenommen werden.

- *Lösch-Anomalie* beseitigt:
  Wird die letzte Prüfung gelöscht, an der ein Student teilgenommen hat, gehen die Daten des Studenten dadurch nicht verloren.

3.3.5 Dritte Normalform

Relationen in der zweiten Normalform verhindern viele Anomalien und erleichtern damit die Verarbeitung relationaler Datensätze erheblich. Es können aber, wie das Beispiel 3.16 gezeigt hat, mit der 2NF nicht alle unerwünschten Nebeneffekte ausgeschlossen werden. Insbesondere gibt es noch eine Gruppe von Anomalien (s. Beispiel 3.17), die auf so genannten **transitiven Abhängigkeiten** (s.u.) beruhen.

Beispiel 3.17

Für die 2NF-Relation Student in Abb. 3.19 gelten noch die folgenden Anomalien:

- *Einfüge-Anomalie*:
  Da es keine eigene Relation für Studiengänge gibt, können Daten über Studiengänge nur abgespeichert werden, wenn es Studenten in diesen Studiengängen gibt.

- *Änderungs-Anomalie*:
  Wenn sich der Leiter eines Studienganges ändert, muss die Änderung für alle Studenten dieses Studienganges vorgenommen werden.

- *Lösch-Anomalie*:
  Wird der letzte Student eines Studienganges gelöscht, gehen zwangsweise auch alle Daten des Studienganges verloren.

Wie die Anomalien, die sich aus Teilabhängigkeiten ergeben, resultieren auch die Anomalien, die aufgrund transitiver Abhängigkeiten (s.u.) entstehen, aus der Tatsache, dass die Datenfelder unterschiedlicher Informationsobjekte in einer gemeinsamen Relation abgespeichert werden. Das zeigt sich bei den transitiven Abhängigkeiten dadurch, dass eine bestimmte Kombination von Nichtschlüsselattributen B nicht nur von einem Schlüssel S abhängig ist, sondern auch noch von einem anderen Nichtschlüsselattribut A (oder von einer Kombination von Nichtschlüsselattributen). Es gelten also die folgenden funktionalen Abhängigkeiten:

$S \to A$ und $A \to B$, daher auch: $S \to B$ (transitiver Schluss)
(Hinweis: Es gilt aber nicht $A \to S$, da A kein Schlüssel ist.)

Bspw. gilt in Abb. 3.19 für die Relation Student:
MatrNr bestimmt *SG* und *SG* bestimmt *SGLeiter*, also bestimmt *MatrNr* auch *SGLeiter*.

Bei einer solchen transitiven Abhängigkeit sind die betreffenden Nichtschlüsselattribute aus B wieder in eine eigene Relation auszulagern, wodurch die Transitivität beseitigt wird.

Mit diesem Problem der transitiven Abhängigkeiten beschäftigt sich die dritte Normalform. Zur Überprüfung, ob sich eine Relation in der dritten Normalform befindet, dient die folgende Bedingung:

> Eine Relation ist in der **dritten Normalform** (3NF), wenn sich die Relation in der zweiten Normalform befindet und kein Nichtschlüsselattribut von anderen Nichtschlüsselattributen funktional abhängig ist.

Ist diese Bedingung nicht erfüllt, so kann eine 2NF-Relation durch das folgende **Zerlegungsverfahren** in die dritte Normalform überführt werden (s. Beispiel 3.18):

- Lagere alle Nichtschlüsselattribute, die von einem bestimmten Nichtschlüsselattribut oder von einer bestimmten Kombination von Nichtschlüsselattributen abhängig sind, in eine eigene, zusätzliche Relation aus.
  (Die ausgelagerten Nichtschlüsselattribute werden in der Ursprungsrelation gelöscht.)
- Ergänze die zusätzliche Relation mit den jeweils bestimmenden Nichtschlüsselattributen und definiere sie dort als Primärschlüssel.
- In der Ausgangsrelation werden die jeweils bestimmenden Nichtschlüsselattribute als Fremdschlüssel verwendet, um die Beziehung zur neuen Zusatzrelation herzustellen.

Beispiel 3.18

Die Relationen aus Abb. 3.19 sollen weiter normalisiert werden. Dazu wird im nächsten Schritt geprüft, ob die vorliegenden Relationen die dritte Normalform erfüllen.

In der Relation *Prüfung* gibt es zwei Nichtschlüsselattribute, wobei aber entsprechend den funktionalen Abhängigkeiten keines der Attribute das andere bestimmt. Es existieren in dieser Relation somit keine transitiven Abhängigkeiten. Die Relation Prüfung befindet sich also bereits in der dritten Normalform.

In den Relation *Prüf-Vorlesung* und *Prüf-Student* gibt es jeweils lediglich ein Nichtschlüsselattribut (*VName* ist Teil des Schlüsselkandidaten *PNr+VName*). Es existieren in diesen Relationen somit keine transitiven Abhängigkeiten. Die Relationen Prüf-Vorlesung und Prüf-Student befinden sich also ebenfalls bereits in der dritten Normalform.

In der Relation *Student* gibt es drei Nichtschlüsselattribute, wobei die funktionalen Abhängigkeiten besagen, dass das Nichtschlüsselattribut SG das Nichtschlüsselattribut SGLeiter bestimmt. In Verbindung mit dem Primärschlüssel MatrNr liegt also eine transitive Abhängigkeit vor (MatrNr → SG → SGLeiter), die aufgelöst werden muss. Dazu wird das Attribut SGLeiter in der Relation Student gestrichen und in eine eigene, zusätzliche Relation *Studiengang* ausgelagert. Dort wird SGLeiter noch durch das Attribut SG als Primärschlüssel ergänzt. In der Relation Student dient das Attribut SG dann als Fremdschlüssel, um die Verbindung zur Relation Studiengang herzustellen.

Aus den vier 2NF-Relationen aus Abb. 3.19 werden also fünf 3NF-Relationen gemäß Abb. 3.20.

Prüfung		
PNr	*Fach*	*Datum*
1	Allg. BWL	1.10.05
2	SW-Entwicklung	1.11.05
3	Rechnersysteme	1.12.05

Student		
MatrNr	*SName*	*SG*
1111	Max	Wirtsch.-inf.
2222	Moritz	Wirtsch.-inf.
3333	Ute	Wirtsch.-inf.
8888	Verona	Angewandte Inf.
9999	Angela	Angewandte Inf.
4567	Otto	Informatik

Prüf-Vorlesung			
PNr	*VNr*	*VName*	*Zeit*
1	St	Steuern	90
1	Bi	Bilanz	60
2	J1	Java 1	60
2	Xm	XML	45
3	Li	Linux	45
3	Xm	XML	60

Prüf-Student		
PNr	*MatrNr*	*Note*
1	1111	4,0
1	2222	3,0
1	3333	2,0
2	1111	1,5
2	8888	5,0
2	9999	3,5
3	4567	2,5

Studiengang	
SG	*SGLeiter*
Wirtsch.-inf.	Einstein
Angewandte Inf.	Zweistein
Informatik	Zuse

Abb. 3.20 Datenbank mit 3NF-Relationen

Diese 3NF-Relationen verhindern nun die in Beispiel 3.17 genannten Anomalien:

- *Einfüge-Anomalie* beseitigt:
  Daten über Studiengänge können nun eigenständig ohne Studenten abgespeichert werden.

- *Änderungs-Anomalie* beseitigt:
  Wenn sich der Leiter eines Studienganges ändert, muss die Änderung nur an einer Stelle in der Relation Studiengang vorgenommen werden.

- *Lösch-Anomalie* beseitigt:
  Wird der letzte Student eines Studienganges gelöscht, gehen die Daten des Studienganges dadurch nicht verloren.

3.3.6 Boyce-Codd-Normalform

Mit der dritten Normalform werden alle Unregelmäßigkeiten beseitigt, die sich bei der Verarbeitung von relationalen Datensätzen aufgrund von Nichtschlüsselattributen ergeben können. Jetzt gilt es noch, die **Unregelmäßigkeiten** auszuschließen, die sich bei der Verarbeitung der Datensätze **aufgrund der Schlüsselattribute** ergeben können (s. Beispiel 3.19).

Beispiel 3.19

Für die 3NF-Relation *Prüf-Vorlesung* in Abb. 3.20 gelten noch die folgenden Anomalien:

- *Einfüge-Anomalie*:
  Da es keine eigene Relation für Vorlesungen gibt, können Daten über Vorlesungen nur abgespeichert werden, wenn es Prüfungen über diese Vorlesungen gibt.
- *Änderungs-Anomalie*:
  Wenn sich der Name einer Vorlesung ändert, muss die Änderung für alle Prüfungen mit dieser Vorlesung vorgenommen werden.
- *Lösch-Anomalie*:
  Wird die letzte Prüfung gelöscht, in der eine bestimmte Vorlesung geprüft wurde, gehen zwangsweise auch alle Vorlesungsdaten verloren.

Wie die Anomalien bei den Nichtschlüsselattributen resultieren auch die Anomalien bei Schlüsselattributen aus der Tatsache, dass die Datenfelder unterschiedlicher Informationsobjekte in einer gemeinsamen Relation abgespeichert werden. Bei den Anomalien aus Beispiel 3.19 liegt das von der 2NF her bekannte Problem der Abhängigkeit von einem Teilschlüssel vor, im vorliegenden Fall ist allerdings kein Nichtschlüsselattribut, sondern ein **Schlüsselattribut** von einem Teilschlüssel abhängig. (Bspw. ist in Abb. 3.20 in der Relation Prüf-Vorlesung *VName* nur von *VNr* abhängig.) Diese Art der Teilschlüsselabhängigkeit kann aber auch ganz normal entsprechend der 2NF-Vorgehensweise beseitigt werden.

Mit dem Problem der Teilschlüssel-Abhängigkeiten bei Schlüsselattributen beschäftigt sich die sogenannte Boyce-Codd-Normalform. Zur Überprüfung, ob sich eine Relation in der Boyce-Codd-Normalform befindet, dient die folgende Bedingung:

Eine Relation ist in der **Boyce-Codd-Normalform** (BCNF), wenn sich die Relation in der dritten Normalform befindet und die Relation **keine Teilschlüssel-Abhängigkeiten** aufweist.

Ist diese Bedingung nicht erfüllt, so kann eine 3NF-Relation durch das folgende **Zerlegungsverfahren** in die Boyce-Codd-Normalform überführt werden (s. Beispiel 3.20):

- Lagere alle Attribute, die von einem bestimmten Teilschlüssel abhängig sind, in eine eigene, zusätzliche Relation aus.
  (Die ausgelagerten Attribute werden in der Ausgangsrelation gelöscht.)
- Ergänze die zusätzliche Relation mit dem betreffenden Teilschlüssel und definiere ihn dort als Primärschlüssel.
- In der Ausgangsrelation wird der betreffende Teilschlüssel als Fremdschlüssel verwendet, um die Beziehung zur neuen Zusatzrelation herzustellen.

Beispiel 3.20

Die Relationen aus Abb. 3.20 sollen weiter normalisiert werden. Dazu wird im nächsten Schritt geprüft, ob die vorliegenden Relationen die Boyce-Codd-Normalform erfüllen.

Da für die Verletzung der BCNF mindestens drei Schlüsselattribute erforderlich sind (ein zusammengesetzter Schlüssel und ein abhängiges Schlüsselattribut), kommt nur die Relation *Prüf-Vorlesung* für eine Verletzung der BCNF in Betracht, da nur diese Relation über eine entsprechende Anzahl von Schlüsselattributen verfügt.

In der Relation *Prüf-Vorlesung* gibt es zwei Schlüsselkandidaten, nämlich den Primärschlüssel PNr+VNr und die Attributkombination PNr+VName. Dabei ist zu beachten, dass entsprechend den funktionalen Abhängigkeiten das Schlüsselattribut VName nur von einem Teil des Primärschlüssels abhängig ist, nämlich vom Attribut VNr. Diese Teilschlüsselabhängigkeit verletzt die BCNF und muss daher aufgelöst werden.

Dazu wird das Attribut VName in der Relation Prüf-Vorlesung gestrichen und in eine eigene, zusätzliche Relation *Vorlesung* ausgelagert. Dort wird VName noch durch das Attribut VNr als Primärschlüssel ergänzt. In der Relation Prüf-Vorlesung dient das Attribut VNr dann als Fremdschlüssel, um die Verbindung zur Relation Vorlesung herzustellen.

Aus den fünf 3NF-Relationen aus Abb. 3.20 werden also sechs BCNF-Relationen gemäß Abb. 3.21.

Vorlesung	
VNr	*VName*
St	Steuern
Bi	Bilanz
J1	Java 1
Xm	XML
Li	Linux

Prüfung		
PNr	*Fach*	*Datum*
1	Allg. BWL	1.10.05
2	SW-Entwicklung	1.11.05
3	Rechnersysteme	1.12.05

Student		
MatrNr	*SName*	*SG*
1111	Max	Wirtsch.-inf.
2222	Moritz	Wirtsch.-inf.
3333	Ute	Wirtsch.-inf.
8888	Verona	Angewandte Inf.
9999	Angela	Angewandte Inf.
4567	Otto	Informatik

Prüf-Vorlesung			
PNr	*VNr*	*VName*	*Zeit*
1	St	Steuern	90
1	Bi	Bilanz	60
2	J1	Java 1	60
2	Xm	XML	45
3	Li	Linux	45
3	Xm	XML	60

Prüf-Student		
PNr	*MatrNr*	*Note*
1	1111	4,0
1	2222	3,0
1	3333	2,0
2	1111	1,5
2	8888	5,0
2	9999	3,5
3	4567	2,5

Studiengang	
SG	*SGLeiter*
Wirtsch.-inf.	Einstein
Angewandte Inf.	Zweistein
Informatik	Zuse

Abb. 3.21 Datenbank mit BCNF-Relationen

Diese BCNF-Relationen verhindern nun die in Beispiel 3.19 genannten Anomalien:

- *Einfüge-Anomalie* beseitigt:
  Daten über Vorlesungen können nun eigenständig ohne Prüfungen abgespeichert werden.
- *Änderungs-Anomalie* beseitigt:
  Wenn sich der Name einer Vorlesung ändert, muss die Änderung nur einmal in der Relation Vorlesung vorgenommen werden.
- *Lösch-Anomalie* beseitigt:
  Wird die letzte Prüfung gelöscht, in der eine bestimmte Vorlesung geprüft wurde, gehen dadurch die Vorlesungsdaten nicht verloren.

3.3.7 Vierte Normalform

Die vierte Normalform beschäftigt sich mit den mehrwertigen Abhängigkeiten, die bereits in Kapitel 3.3.2 betrachtet wurden. Diese mehrwertigen Abhängigkeiten entstehen nur dann, wenn mehrwertige Attribute existieren und diese im Rahmen der 1NF-Normalisierung nicht in eigene, zusätzliche Relationen ausgelagert, sondern wie in Beispiel 3.13 die Attributwerte einzeln miteinander kombiniert werden. In diesem Fall erzwingt die vierte Normalform, dass die in den Kombinationen ‚versteckten' mehrwertigen Attribute nun nachträglich in geeignete Relationen ausgelagert werden.

Zur Überprüfung, ob sich eine Relation in der vierten Normalform befindet, dient die folgende Bedingung:

Eine Relation ist in der **vierten Normalform** (4NF), wenn sich die Relation in der Boyce-Codd-Normalform befindet und die Relation **keine mehrwertigen Abhängigkeiten** aufweist.

Ist diese Bedingung nicht erfüllt, so kann eine BCNF-Relation durch das gleiche **Zerlegungsverfahren** wie für die Überführung in die **1NF** (s. Kapitel 3.3.3) in die vierte Normalform überführt werden (s. Beispiel 3.21).

Beispiel 3.21

Wenn die 1NF-Relation Prüfung aus Abb. 3.17 nacheinander in die 2NF, 3NF und BCNF überführt wird, entstehen wie bei der Standard-Normalisierung die sechs Relationen aus Abb. 3.21. Keine dieser sechs Relationen enthält mehrwertige Abhängigkeiten, d.h. alle Relationen befinden sich in der vierten Normalform.

Allerdings bleibt bei der Normalisierung der Relation *Prüfung* aus Abb. 3.17 (diese Relation ist entstanden aus der Kombination einzelner Attributwerte) die Ausgangsrelation mit den in den Kombinationen ‚versteckten' mehrwertigen Attributen *VNr* und *MatrNr* als siebte Relation *Prüf-Vorl-Stud* übrig (s. Abb. 3.22). Demzufolge enthält die Relation mehrwertige Abhängigkeiten und genügt somit nicht der 4NF.

Prüf-Vorl-Stud		
PNr	*VNr*	*MatrNr*
1	St	1111
1	St	2222
1	St	3333
1	Bi	1111
1	Bi	2222
1	Bi	3333
2	J1	1111
2	J1	8888
2	J1	9999
2	Xm	1111
2	Xm	8888
2	Xm	9999
3	Li	4567
3	Xm	4567

Abb. 3.22 Relation mit mehrwertiger Abhängigkeit

Die Relation *Prüf-Vorl-Stud* weist also die folgenden Attributabhängigkeiten auf:
PNr $\rightarrow\rightarrow$ VNr
PNr $\rightarrow\rightarrow$ MatrNr
Aus diesen Attributabhängigkeiten resultieren die folgenden Anomalien:

- *Einfüge-Anomalie*:
  Bei 30 Prüfungsteilnehmern muss jede Vorlesung einer Prüfung 30 Mal eingetragen werden.

- *Änderungs-Anomalie*:
  Wenn bei einer Prüfung aus Versehen für eine Vorlesung eine falsche VNr verwendet wurde und nachträglich geändert werden muss, betrifft dies bei 30 Prüfungsteilnehmern 30 Datensätze.

- *Lösch-Anomalie*:
  Wenn sich ein Student von einer Prüfung abmeldet, muss er an drei Stellen gelöscht werden, wenn die Prüfung drei Vorlesungen beinhaltet.

Eine solch umständliche Verarbeitung sollte natürlich vermieden werden. Dies erreicht man dadurch, dass die Attribute VNr und MatrNr jeweils in eine eigene Relation ausgelagert und dort mit PNr ergänzt werden. Durch diese Maßnahme ergeben sich die drei neuen Relationen aus Abb. 3.23, mit denen alle drei oben genannten Anomalien beseitigt werden.

Prüf
PNr
1
2
3

Prüf-Vorl	
PNr	*VNr*
1	St
1	Bi
2	J1
2	Xm
3	Li
3	Xm

Prüf-Stud	
PNr	*MatrNr*
1	1111
1	2222
1	3333
2	1111
2	8888
2	9999
3	4567

Abb. 3.23 Datenbank mit 4NF-Relationen

Vergleicht man nun diese Relationen mit den sechs 4NF-Relationen aus Abb. 3.21, so stellt man fest, dass

- die Relation *Prüf* einen Teil der Relation *Prüfung* darstellt,
- die Relation *Prüf-Vorl* einen Teil der Relation *Prüf-Vorlesung* darstellt und
- die Relation *Prüf-Stud* einen Teil der Relation *Prüf-Student* darstellt.

Alle Informationen der drei Relationen *Prüf, Prüf-Vorl* und *Prüf-Stud* sind also bereits vorhanden. Die drei Relationen können daher ersatzlos gestrichen werden, und es ergeben sich als Endergebnis die gleichen 4NF-Relationen wie bei der Standard-Normalisierung der nicht normalisierten Relation Prüfung aus Abb. 3.15.

Es sei noch einmal betont, dass die vierte Normalform nicht verletzt werden kann, wenn die mehrwertigen Attribute bei der Überführung in die erste Normalform wie in Kapitel 3.3.3 in eigene Relationen ausgelagert werden. In diesem Fall erübrigt sich also eine Überprüfung der 4NF.

Weitere Normalformen

Über die vierte Normalform hinaus gibt es noch die fünfte Normalform (5NF) und sogar noch weiter führende Überlegungen zur Normalisierung. Da die damit verbundenen Anomalien aber in der Praxis nur äußerst selten auftreten, werden diese hier nicht weiter behandelt. Der interessierte Leser sei diesbezüglich auf die einschlägige Literatur verwiesen (s. bspw. [EN04] oder [CB05]).

3.3.8 Übungsaufgabe 7

In einem Unternehmen werden die Seminarbesuche aus Übungsaufgabe 3 (Entitätstypen *Mitarbeiter*, *Institut, Seminar* und Beziehungstyp *besucht...bei*) in einer einzigen Relation Mitarbeiter wie folgt verwaltet:

Mitarbeiter												
<u>PNr</u>	*Name*		*Anschrift*			*Seminar*						
	VName	*NName*	*Straße*	*PLZ*	*Ort*	*SNr*	*Titel*	*Beschreib*	*Institut*			
									IName	*IAnschrift*		
										IStraße	*IPLZ*	*IOrt*
P11	Max	Struwel	Viehweg	1234	Kieshausen	171	Datenbanken	Es ist ein …	E-Lern	Lernweg	1111	Lernhausen
			Ortsgasse	4321	Sandheim	471	Konflikte	Immer als …	Easy-L	Gripsstr.	2222	Gripsbach
						841	Buchhaltung	Konten in …	E-Lern	Lernweg	1111	Lernhausen
P55	Moritz	Struwel	Nebenstr.	2468	Lumpenstadt	471	Konflikte	Immer als …	Easy-L	Gripsstr.	2222	Gripsbach
						171	Datenbanken	Es ist ein …	Schlaule	Bahnsteig	5555	Schlauheim
						911	Logistik	Route A …	Einstein	Steinstr.	9999	Steinheim
P99	Daniel	Düse	Hauptstr.	3579	Helferstadt	100	Patente	§ 1 sagt …	Einstein	Steinstr.	9999	Steinheim
			Ideenweg	1010	Entenhausen	200	Geldanlage	Gewinn ab ..	Schlaule	Bahnsteig	5555	Schlauheim

Für die Attribute dieser Relation gelten die folgenden Abhängigkeiten:

PNr → VName, NName

SNr → Titel, Beschreib

PNr, SNr → IName

IName → IAnschrift

PNr →→ Anschrift

PNr →→ Seminar

Überführen Sie diese nicht normalisierte Relation mit ihren Datensätzen nacheinander in die

a) erste Normalform (1NF),
b) zweite Normalform (2NF),
c) dritte Normalform (3NF),
d) Boyce-Codd-Normalform (BCNF),
e) vierte Normalform (4NF).

3.3.9 Übungsaufgabe 8

Die Autovermietung „Hot Wheels“ möchte die Daten seiner Fahrzeuge in einer nicht normalisierten Relation *Fahrzeug* mit den folgenden Attributen verwalten:

Fahrzeug:
- *KFZ-Nr (PS)*
- *Fahrzeugtyp*
- *Kennzeichen*
- *Neupreis*
- *Vermietung*:*
  - -- *Miet-Nr*
  - -- *Beginn*
  - -- *Dauer*
  - -- *Kosten*
  - -- *Fahrer*:*
    - --- *Führerschein-Nr*
    - --- *Name*
    - --- *Anschrift*
- *Unfall*:*
  - -- *Unfall-Nr*
  - -- *Datum*
  - -- *Schaden:*
    - --- *Art*
    - --- *Höhe*

Die mit * gekennzeichneten Attribute sind mehrwertig und in die jeweils angegebenen Teilattribute strukturiert. Das Attribut *Schaden* ist strukturiert, aber nicht mehrwertig. Die Attribute *Miet-Nr* und *Unfall-Nr* werden für jedes Fahrzeug beginnend bei 1 inkrementell hochgezählt, um immer erkennen zu können, wie viele Vermietungen bzw. Unfälle jedes Fahrzeug aufweist. Im Übrigen gelten für die Attribute der Relation *Fahrzeug* die folgenden Abhängigkeiten:

KFZ-Nr →→ Vermietung
KFZ-Nr →→ Unfall
Kennzeichen, Miet-Nr →→ Fahrer
KFZ-Nr → Fahrzeugtyp, Kennzeichen, Neupreis
Kennzeichen → KFZ-Nr
Fahrzeugtyp → Neupreis
KFZ-Nr, Miet-Nr → Beginn, Dauer, Kosten
KFZ-Nr, Unfall-Nr → Datum, Schaden
Führerschein-Nr → Name, Anschrift

Überführen Sie die Struktur der nicht normalisierten Relation Fahrzeug nacheinander in die
a) erste Normalform (1NF),
b) zweite Normalform (2NF),
c) dritte Normalform (3NF),
d) Boyce-Codd-Normalform (BCNF),
e) vierte Normalform (4NF).

4 Datenbanksprache SQL

Untrennbar mit relationalen Datenbanken verbunden ist heute der Begriff SQL. SQL steht für **Structured Query Language** und bezeichnet die weit verbreitete Standard-Sprache für das Arbeiten mit relationalen Datenbanken. Der Name ist etwas irreführend, da SQL weit mehr darstellt als eine Abfragesprache. Die ursprüngliche Form von SQL, die Mitte der Siebziger Jahre bei der IBM entstanden ist, hat sich in den vergangenen 30 Jahren zu einer umfassenden Datenbanksprache entwickelt (SQL-Standards wurden 1986, 1989, 1992, 1999 und 2003 veröffentlicht). SQL bietet heute Sprachkonstrukte für

- die **Datendefinition**: Anlegen, Ändern und Löschen von Datenbankstrukturen,
- die **Datenmanipulation**: Einfügen, Ändern und Löschen von Datensätzen und
- die **Datenabfrage**: Abfragen von Datensätzen.

Mit diesen Sprachkonstrukten können heute nicht nur konventionelle Datenbanken mit relativ einfach strukturierten Massendaten verwaltet werden, sondern auch die unterschiedlichsten Non-Standard-Datenbanken wie bspw. im Bereich Data Warehouse, Multimedia oder XML. Dabei können die SQL-Anweisungen auf unterschiedliche Arten an das Datenbanksystem übermittelt werden:

- über eine interaktive DBS-Schnittstelle,
- eingebettet in eine Programmiersprache (embedded SQL; bspw. in Java) oder
- aus einem eigenständigen SQL-Programm heraus (SQL PL bei DB2 oder PL/SQL bei Oracle).

Aus diesem gesamten SQL-Spektrum soll im Folgenden der Sprachkern von SQL, also die grundlegenden und in der Praxis auch am häufigsten verwendeten SQL-Anweisungen, vorgestellt werden. Alle Anweisungen werden in Anlehnung an den genormten SQL-Standard diskutiert, die SQL-Dialekte existierender Datenbanksysteme werden nicht behandelt. Ebenfalls nicht behandelt werden Aspekte aus den Bereichen Non-Standard-Datenbanken (Data Warehouse, XML-Datenbanken, etc.) und Programmierspracheneinsatz. Der interessierte Leser sei diesbezüglich auf die einschlägige Datenbank-Literatur verwiesen (s. bspw. [EN04], [CB05] oder [SKS06]).

4.1 Datendefinition

Bevor man Daten in eine Datenbank ablegen kann, muss zunächst einmal die entsprechende Datenbank angelegt und deren Struktur definiert werden. Dazu wird für jede Datenbank ein

Schema-Name vereinbart, und es werden die zu diesem Schema gehörenden normalisierten (Basis-)Tabellen definiert. Daran anschließend können noch für die externe Ebene die Benutzersichten (Views) über die Basistabellen und für die interne Ebene einige Indexe zur Performance-Steigerung vereinbart werden. Die entsprechenden SQL-Anweisungen werden im Folgenden der Reihe nach vorgestellt.

4.1.1 Schema und Tabellen

Alle Definitionen für eine relationale Datenbank ergeben das so genannte relationale Schema. Daher muss zu Beginn der Definitionen zunächst ein leeres **Schema** definiert werden. Dies erfolgt mit der SQL-Anweisung

```
CREATE SCHEMA <Schema-Name>
```

Sofern das Datenbankschema später einmal wieder gelöscht werden soll, gibt es dafür die SQL-Anweisung

```
DROP SCHEMA <Schema-Name> CASCADE | RESTRICT
```

Der Zusatz CASCADE | RESTRICT ist in vielen Datenbanksystemen optional. Er regelt, ob eine Datenbank, die noch Datenbank-Objekte enthält, gelöscht werden soll (CASCADE) oder nicht. Der Default-Wert ist RESTRICT.

Sobald ein Datenbankschema definiert worden ist, können die normalisierten **Tabellen** für dieses Schema angelegt werden. Dies erfolgt mit der SQL-Anweisung

```
CREATE TABLE <Tabellen-Name>
    (   <Attribut-Definitionen>,
        [<Tabellen-Integritätsbedingungen>]     )
```

Die so definierten Tabellen werden permanent in der Datenbank angelegt. Der Vollständigkeit halber sei angemerkt, dass mit dieser Anweisung auch temporäre Tabellen angelegt werden können, deren Gültigkeit auf die Dauer der jeweiligen Datenbanksitzung beschränkt ist (gültig also bis zum Verlassen der Datenbank). Dazu wird vor TABLE das Schlüsselwort TEMPORARY eingefügt, und zwar zusammen mit einem vorangehenden LOCAL (nur für eigenes Programmmodul) oder mit einem vorangehenden GLOBAL (für andere Programmmodule verfügbar).

Bei den **Attribut-Definitionen** werden nacheinander die einzelnen Attribute der Tabelle angelegt. Dies erfolgt jeweils in der Form

```
<Attribut-Name> <Datentyp> [<Attribut-Integritätsbedingungen>]
```

4.1.2 Datentypen und weitere Integritätsbedingungen

Die SQL-Datentypen entsprechen im Wesentlichen den Wertebereichen des relationalen Datenmodells (s. Kapitel 3.1.3). Im Einzelnen können in SQL für die Definition der Attribute die folgenden **Basis-Datentypen** verwendet werden (s. auch Beispiel 4.1):

- INT | INTEGER: *ganze Zahl zwischen* -2^{31} *und* $2^{31}-1$
- SMALLINT: *ganze Zahl zwischen* -2^{15} *und* $2^{15}-1$
- DEC | DECIMAL | DECIMAL(p, [q]):
  Dezimalzahl (mit insgesamt p Stellen, davon q Dezimalstellen)
- NUM | NUMERIC | NUMERIC(p, [q]): *(wie DECIMAL)*
- FLOAT | FLOAT(p): *Zahl in (4 Byte-)Fließkomma-Darstellung mit Vorzeichen*
- REAL | DOUBLE PRECISION: *reelle Zahl (double precision ist genauer)*
- CHAR(n): *alphanumerische Zeichenkette mit fester Länge n*
- VARCHAR(n): *alphanumerische Zeichenkette mit variabler Länge (maximal n)*
- CLOB(m [K|M|G]): *Text mit max. m Zeichen (angebbar in Kilo-, Mega-, Giga-Byte)*
- BOOLEAN: *Wahrheitswerte true, false, unknown*
- DATE: *Datum - als Zeichenkette in der Form JJJJ-MM-TT*
- TIME: *(Uhr-)Zeit - als Zeichenkette in der Form HH:MM:SS*
- TIMESTAMP: *Zeitstempel - als Zeichenkette in der Form JJJJ-MM-TT HH:MM:SS*

Unmittelbar nach der Nennung des Datentyps können durch Leerzeichen getrennt noch weitere **Integritätsbedingungen für das jeweilige Attribut** vereinbart werden. Im Einzelnen bestehen in SQL dazu die folgenden Möglichkeiten (s. auch Beispiel 4.1), die weitgehend den Integritätsbedingungen des relationalen Datenmodells entsprechen (s. Kapitel 3.1.6):

- UNIQUE
- NOT NULL
- DEFAULT <Default-Wert>
- CHECK (<<Attribut-Name> | VALUE> <Prüfbedingung 1>
  [AND|OR ...
  AND|OR <<Attribut-Name> | VALUE> <Prüfbedingung n>])
- PRIMARY KEY
- FOREIGN KEY REFERENCES <Tabellen-Name> (<Attribut-Name>)
  [ON DELETE CASCADE | SET NULL | SET DEFAULT | RESTRICT | NO ACTION]
  [ON UPDATE CASCADE | SET NULL | SET DEFAULT | RESTRICT | NO ACTION]

Mit ON DELETE bzw. ON UPDATE kann die Auswirkung auf das Fremdschlüsselattribut für den Fall festgelegt werden, dass der zum Fremdschlüssel gehörende Primärschlüsselwert gelöscht bzw. geändert wird. Sofern an dieser Stelle nichts vereinbart wird, gilt als Default-Wert NO ACTION.

In der CHECK-Klausel können für die jeweiligen Attribute als **Prüfbedingungen** verschiedene Selektionsbedingungen abgefragt werden, die immer erfüllt sein müssen (zur Selektion s. Kapitel 4.2):

- <Vergleichsoperator> <Wert-Ausdruck>
  mit:
  <Vergleichsoperator>: = | < | <= | > | >= | <>[10]
  <Wert-Ausdruck>: <konkreter Wert> | <arithm. Ausdruck> |
  <skalare SELECT-Anweisung>[11]
- [NOT] IN (<Werte-Aufzählung> | <SELECT-Anweisung>)
- [NOT] BETWEEN <Untergrenze> AND <Obergrenze>
- [NOT] LIKE <Textmuster> [ESCAPE <Sonderzeichen>]

Zusätzlich zu den Attribut-Integritätsbedingungen, die speziell die Integrität des jeweiligen Attributs sichern sollen, gibt es in SQL auch die Möglichkeit, im Anschluss an die Attribut-Definitionen Tabellen-Integritätsbedingungen zu formulieren. Tabellen-Integritätsbedingungen sollen für eine Attribut-übergreifende Integrität sorgen, können aber auch attributspezifische Integritätsbedingungen enthalten. Im Einzelnen sieht SQL die folgenden Möglichkeiten für **Tabellen-Integritätsbedingungen** vor (s. auch Beispiel 4.1):

- <Attribut-Name> WITH OPTIONS <Attribut-Integritätsbedingungen>
- UNIQUE (<Liste Attribut-Namen>)
- CHECK (<Selektionsbedingung 1> [AND|OR … AND|OR <Selektionsbedingung n>])
- PRIMARY KEY (<Liste Attribut-Namen>)
- FOREIGN KEY (<Liste Attribut-Namen>)
  REFERENCES <Tabellen-Name> (<Liste Attribut-Namen>)
  [ON DELETE CASCADE | SET NULL | SET DEFAULT | RESTRICT | NO ACTION]
  [ON UPDATE CASCADE | SET NULL | SET DEFAULT | RESTRICT | NO ACTION]

Hier können in einer CHECK-Klausel allgemeine Selektionsbedingungen für mehrere Attribute abgefragt werden (s. Kapitel 4.2 und Übungsaufgabe 11).

Mit den bisher vorgestellten SQL-Anweisungen lässt sich nun ein vollständiges relationales Datenbankschema definieren, wobei zu beachten ist, dass bei einer Tabelle mit Fremdschlüsselattribut immer zuerst die Tabelle definiert werden muss, auf die der Fremdschlüssel Bezug nimmt (s. Beispiel 4.1).

---

[10] ‚<>' wird in SQL verwendet an Stelle von ‚≠' (ungleich)

[11] *Skalar* bedeutet, dass die Anweisung einen konkreten (Attribut-)Wert als Ergebnis liefert.

Beispiel 4.1

Eine Kaufhaus-Kette möchte seine in den Filialen verkauften Waren in einer relationalen Datenbank verwalten, die aus den folgenden Relationen bestehen soll:

- **Kunde** mit den Attributen
  - *KNr* (Kundennummer, alphanumerisch) als Primärschlüssel,
  - *Name* (alphanumerisch), der immer mit einem Wert belegt sein soll,
  - *Wohnort* (alphanumerisch) und
  - *Bonität*, die zwischen 0 (für schlechter Kunde) und 100 (für guter Kunde) liegt und beim Einfügen eines Kunden mit dem Wert 50 belegt werden soll,
- **Artikel** mit den Attributen
  - *ANr* (Artikelnummer, alphanumerisch) als Primärschlüssel,
  - *Bezeichner*, der ebenfalls immer mit einem Wert belegt sein soll, und
  - *Preis*, der immer mit einem Wert belegt und größer 0 sein soll,
- **Filiale** mit den Attributen
  - *FNr* (Filialnummer, alphanumerisch) als Primärschlüssel und
  - *Ort*, der immer mit einem Wert belegt und eindeutig sein soll (d.h. es gibt pro Ort max. eine Filiale),
- **Kauf** mit den Attributen
  - *KNr* (Kundennummer) als Teil des Primärschlüssels und Fremdschlüssel zum Attribut KNr der Relation Kunde,
  - *ANr* (Artikelnummer) als Teil des Primärschlüssels und Fremdschlüssel zum Attribut ANr der Relation Artikel,
  - *FNr* (Filialnummer) als Teil des Primärschlüssels und Fremdschlüssel zum Attribut FNr der Relation Filiale,
  - *Menge*, die immer mit einem Wert belegt und größer 0 sein soll, und
  - Datum.

Bei der Definition dieser Relationen als SQL-Tabellen ist darauf zu achten, dass die Tabelle Kauf durch deren Fremdschlüsselattribute *KNr, ANr* und *FNr* von den anderen drei Tabellen abhängig ist und daher zuletzt definiert werden muss. Somit können die SQL-Anweisungen für das Anlegen der Datenbank wie folgt formuliert werden:

```
CREATE SCHEMA  Verkauf;

CREATE TABLE  Kunde
   (  KNr          VARCHAR (7)      PRIMARY KEY,
      Name         VARCHAR (30)     NOT NULL,
      Wohnort      VARCHAR (60),
      Bonität      SMALLINT         DEFAULT 50
                                    CHECK (VALUE BETWEEN 0 AND 100)  );

CREATE TABLE  Artikel
   (  ANr          VARCHAR (5)      PRIMARY KEY,
      Bezeichner   VARCHAR (20)     NOT NULL,
      Preis        DECIMAL (7,2)    NOT NULL        CHECK (VALUE > 0)  );
```

```
CREATE TABLE Filiale
  ( FNr      VARCHAR (3)    PRIMARY KEY,
    Ort      VARCHAR (60)   NOT NULL       UNIQUE  );

CREATE TABLE Kauf
  ( KNr      VARCHAR (7)    FOREIGN KEY REFERENCES Kunde (KNr),
    ANr      VARCHAR (5)    FOREIGN KEY REFERENCES Artikel (ANr),
    FNr      VARCHAR (3)    FOREIGN KEY REFERENCES Filiale (FNr),
    Menge    SMALLINT       NOT NULL,
    Datum    DATE ,
    PRIMARY KEY (KNr, Anr, FNr),
    Menge WITH OPTIONS CHECK (VALUE > 0)  );
```

4.1.3 Änderung einer Tabelle

Für den Fall, dass eine Tabellen-Definition geändert werden muss, gibt es die SQL-Anweisung

```
ALTER TABLE <Tabellen-Name>
  ADD [COLUMN] <Attribut-Name> <Datentyp> [<Attribut-Integritätsbedingungen>]
  | DROP [COLUMN] <Attribut-Name> CASCADE | RESTRICT
```

Dabei kann mit CASCADE veranlasst werden, dass auch die Attribute von Datenbankobjekten gelöscht werden, die auf das zu löschende Attribut Bezug nehmen (bspw. bei einer View-Definition – s.u.). Der Default-Wert ist RESTRICT.

Die ALTER TABLE-Anweisung ist zwingend erforderlich, wenn zwei Relationen definiert werden sollen, die sich über Fremdschlüsselattribute gegenseitig referenzieren (s. Beispiel 4.2).

Beispiel 4.2

In einem Unternehmen sollen die *Angestellten* in einer eigenen Relation und die *Abteilungen* in einer eigenen Relation verwaltet werden.

Für die Angestellten soll die eindeutige Personalnummer (*PersNr*) als Primärschlüssel, der *Name* (nicht leer) und die Abteilungsnummer (*AbtNr*) als Fremdschlüssel mit Referenz auf das gleichnamige Attribut in der Relation Abteilung geführt werden.

Für die Abteilungen soll die eindeutige Abteilungsnummer (*AbtNr*) als Primärschlüssel, der *Name* (nicht leer) und die Personalnummer des Abteilungsleiters (*Leiter*) als Fremdschlüssel mit Referenz auf das Attribut PersNr in der Relation Angestellter geführt werden.

Da jede der beiden Relationen auf die andere Relation Bezug nimmt, muss zunächst bei derjenigen Relation, die zuerst definiert wird, das Fremdschlüsselattribut weggelassen werden. Nach erfolgter Definition der zweiten Relation kann dann das fehlende Fremdschlüsselattribut mit einer ALTER-Anweisung zur ersten Relation hinzugefügt werden. Somit sieht die Definition der Datenbank wie folgt aus:

```
CREATE SCHEMA  Ang-Abt-Datenbank;

CREATE TABLE  Angestellter
  (  PersNr   CHAR (10)        PRIMARY KEY,
     Name     VARCHAR (30)     NOT NULL  );

CREATE TABLE  Abteilung
  (  AbtNr    SMALLINT         PRIMARY KEY,
     Name     VARCHAR (25)     NOT NULL,
     Leiter   CHAR (10)        FOREIGN KEY REFERENCES
                                          Angestellter (PersNr)   );

ALTER TABLE  Angestellter
ADD   AbtNr   SMALLINT         FOREIGN KEY REFERENCES
                                          Abteilung (AbtNr);
```

Für den Fall, dass eine Tabelle gelöscht werden soll (nicht nur der Inhalt, sondern auch die Struktur), gibt es die SQL-Anweisung

```
DROP TABLE <Tabellen-Name> CASCADE | RESTRICT
```

Mit dem Zusatz CASCADE | RESTRICT kann entschieden werden, ob auch alle Datenbankobjekte gelöscht werden sollen, die von der zu löschenden Tabelle abhängen. Der Default-Wert ist RESTRICT.

4.1.4 Views und Indexe

Mit den bisherigen Anweisungen ist die Liste der SQL-Anweisungen für die Definition eines relationalen Datenbankschemas auf der logischen Ebene komplett. Es werden aber für die Praxis häufig noch zwei weitere SQL-Anweisungen benötigt, nämlich einerseits auf der externen Ebene für die Definition von Benutzersichten (Views) und andererseits auf der internen Ebene für die Definition von Indexen.

Benutzersichten, sogenannte **Views**, ermöglichen die Bereitstellung von speziellen Sichten auf die relationale Datenbank (s. Beispiel 4.3). Eine View kann aus den Basisrelationen des logischen Schemas und aus anderen Views hergeleitet werden. Der Inhalt einer View wird nicht permanent in der Datenbank gespeichert, sondern bei jedem Aufruf aus den zugrunde liegenden Relationen neu bestimmt. Views heißen daher auch virtuelle Relationen. Die Definition einer solchen View erfolgt mit der SQL-Anweisung

```
CREATE VIEW <View-Name> [( <Liste Attribut-Namen> )]
    AS <SELECT-Anweisung>
```

Die SELECT-Anweisung dient zur Extraktion der gewünschten Daten aus der Datenbank, wobei die extrahierten Attribute bei Bedarf mit <Liste Attribut-Namen> umbenannt werden können. Die Definition einer View stellt also im Wesentlichen eine Datenabfrage dar, die im folgenden Kapitel 4.2 ausführlich behandelt wird.

Beispiel 4.3

Die Personalabteilung benötigt eine bestimmte Sicht auf die beiden Tabellen *Angestellter* und *Abteilung* aus Beispiel 4.2. Es wird eine Aufstellung benötigt, welche Abteilung von welchem Mitarbeiter geleitet wird. Dies soll in einer View *Abteilungsleiter* mit den Attributen *Abteilung* (Name der Abteilung) und *Leiter* (Name des Abteilungsleiters) ausgegeben werden.

Die Abb. 4.1 zeigt oben eine Ausprägung für die beiden Basistabellen *Angestellter* und *Abteilung*. Diese beiden Tabellen werden für die Bestimmung der View-Datensätze zunächst über das gleichnamige Attribut *AbtNr* verknüpft, und es werden dabei die Datensätze mit gleichem *AbtNr*-Wert ausgewählt. Anschließend werden die beiden *Name*-Attribute ausgewählt, in *Abteilung* und *Leiter* umbenannt und das Ergebnis als virtuelle Relation ausgegeben. Die resultierenden Datensätze dieser View *Abteilungsleiter* sind in Abb. 4.1 unten zu sehen.

Angestellter		
PersNr	*Name*	*AbtNr*
007	Bond	A-1
0815	Smith	A-1
4711	Walker	P-0
4712	Miller	P-0

Abteilung		
AbtNr	*Name*	*Leiter*
A-1	Außendienst	007
P-0	Personal	4711

Abteilungsleiter	
Abteilung	*Leiter*
Außendienst	Bond
Personal	Walker

Abb. 4.1 Relationale Datenbank mit Basistabellen (oben) und View (unten)

Für den Fall, dass eine View wieder gelöscht werden soll, gibt es die SQL-Anweisung

```
DROP VIEW <View-Name> CASCADE | RESTRICT
```

Dabei kann mit CASCADE veranlasst werden, dass auch alle Views gelöscht werden, die über die zu löschende View definiert sind. Der Default-Wert ist RESTRICT.

Um in großen relationalen Datenbeständen mit einem bestimmten Attributwert schnell auf den zugehörigen Datensatz zugreifen zu können, benötigt man für das betreffende Attribut einen so genannten Index. Ein **Index** stellt eine Art Inhalts- oder Stichwortverzeichnis dar, in dem man die Speicheradressen eines Datensatzes mit einem bestimmten Attributwert nachschlagen kann. Dabei kann ein solcher Index nicht nur über ein Attribut, sondern auch über eine Attributkombination definiert werden. Es ist allerdings zu beachten, dass Indexe nur für die Relationen der logischen Ebene erlaubt sind (also nicht für Views).

Die Definition eines Index ist im SQL-Standard nicht vorgesehen, da Performance-Aspekte nicht Gegenstand der SQL-Standardisierung sind. Performance ist allerdings in allen etablierten relationalen Datenbanksystem ein sehr wichtiger Aspekt, und so bieten auch alle Hersteller eine SQL-Anweisung für die Index-Definition an (s. Beispiel 4.4):

```
CREATE [UNIQUE] INDEX <Index-Name>
    ON <Tabellen-Name> ( <Attribut-Name 1> [ASC | DESC], ...,
                         <Attribut-Name n> [ASC | DESC] )
```

Dabei kann mit UNIQUE erzwungen werden, dass der Index nur über eindeutige Attributwerte angelegt wird. Mit ASC | DESC kann festgelegt werden, ob der Index aufsteigend (ascending) oder absteigend (descending) angelegt werden soll. Der Default-Wert ist ASC.

Beispiel 4.4

Für das Attribut *PersNr* der Tabelle *Angestellter* aus Beispiel 4.3 soll ein Index definiert werden.

```
CREATE INDEX PersNrIndex ON Angestellter (PersNr);
```

Für den Fall, dass ein Index wieder gelöscht werden soll, gibt es die SQL-Anweisung

```
DROP INDEX <Index-Name>
```

4.1.5 Übungsaufgabe 9

Definieren Sie mit SQL ein vollständiges relationales Datenbankschema für die Relationen aus der Übungsaufgabe 6.

4.2 Datenabfrage

4.2.1 Datenbankoperatoren Projektion, Selektion und Verbund (Join)

Eine der Hauptaktivitäten beim Arbeiten mit relationalen Datenbanken stellt die gezielte Suche nach speziellen Datenbankinhalten dar. Man bezeichnet diesen Vorgang als *Abfrage, Anfrage* oder auch als *Query*. Eine solche Datenabfrage kann entweder eine einzelne Relation auswerten, oder aber auch zunächst mehrere Relationen miteinander verknüpfen und dann erst die gewünschten Daten herausziehen, wie dies in Beispiel 4.3 bei der View-Bestimmung gemacht wurde.

Um solche Auswertungen zu ermöglichen, werden in einem Datenbanksystem drei Operatoren zur Verarbeitung der Relationen benötigt (s. Beispiel 4.5):

- eine **Projektion** zur Auswahl bestimmter Attribute einer Relation,
- eine **Selektion** zur Auswahl bestimmter Datensätze einer Relation,
- ein **Verbund** (oder **Join**) zur Verknüpfung zweier Relationen zu einer neuen Relation.

Dabei ist anzumerken, dass die Ergebnisrelationen, die sich durch die Anwendung dieser Operatoren ergeben (s. Beispiel 4.5), lediglich für die Dauer der Abfrage existieren.

Beispiel 4.5

Wenn die beiden Relationen *Angestellter* und *Abteilung* aus Beispiel 4.3 über das gemeinsame Attribut *AbtNr* zu einer neuen Relation verknüpft werden sollen, dann benötigt man dazu einen Verbund-Operator, der jeweils einen Datensatz der einen Relation mit einem Datensatz der anderen Relation zusammenfügt, sofern die Datensätze den gleichen *AbtNr*-Wert besitzen (s. Abb. 4.2 oben).

Wenn aus der resultierenden Verbund-Relation nur die Datensätze mit der *AbtNr* 'A-1' ausgegeben werden sollen, dann kann dies mit einer Selektion erfolgen, bei der die nicht gewünschten Datensätze ausgeblendet werden (s. Abb. 4.2 Mitte).

Sollen schließlich bei der Abfrage die Ergebnissätze nur mit *PersNr, Name* des Angestellten und *Leiter* ausgegeben werden, so kann dies mit einer anschließenden Projektion erfolgen, bei der die nicht erwünschten Attribute AbtNr und Name der Abteilung ausgeblendet werden (s. Abb. 4.2 unten).

(Ergebnisrelation nach Verbund)					
PersNr	*Ang.Name*	*Ang.AbtNr*	*Abt.AbtNr*	*Abt.Name*	*Leiter*
007	Bond	A-1	A-1	Außendienst	007
0815	Smith	A-1	A-1	Außendienst	007
4711	Walker	P-0	P-0	Personal	4711
4712	Miller	P-0	P-0	Personal	4711

(Ergebnisrelation nach Selektion)					
PersNr	*Ang.Name*	*Ang.AbtNr*	*Abt.AbtNr*	*Abt.Name*	*Leiter*
007	Bond	A-1	A-1	Außendienst	007
0815	Smith	A-1	A-1	Außendienst	007

(Ergebnisrelation nach Projektion)		
PersNr	*Ang.Name*	*Leiter*
007	Bond	007
0815	Smith	007

Abb. 4.2 Anwendung von Verbund, Selektion und Projektion in einer relationalen Datenbank

4.2.2 Die SELECT-Anweisung

Um die gesuchten Daten aus der Datenbank zu ermitteln, werden die Datenbankoperatoren Projektion, Selektion und Verbund kombiniert auf die betreffenden Relationen angewendet, wodurch sich stets eine neue (Ergebnis-)Relation ergibt. Dabei muss für die Auswertung der Datenbank zunächst einmal überlegt werden,

- welche Relationen benötigt werden,
- wie diese Relationen verknüpft werden müssen,
- welche Datensätze mit welchen Eigenschaften ausgewählt (selektiert) werden müssen und
- welche Attribute für die erforderlichen Verknüpfungen, für die erforderlichen Selektionen und für die Ergebnisausgabe benötigt werden.

Diese Angaben werden dann in die folgende SQL-Anweisung eingearbeitet, mit der alle Abfragen an die Datenbank formuliert werden können:

```
SELECT       [DISTINCT]   * | <Attribut 1> [AS <neuer Attr.-Name 1>]
                              [ , ..., <Attribut n> [AS <neuer Attr.-Name n>] ]
FROM         <Tabelle 1> [[AS] <neuer Tab.-Name 1>]
             [ , ..., <Tabelle m> [[AS] <neuer Tab.-Name m>] ]
[WHERE       <Verknüpfungs- und Selektionsbedingungen>]
[GROUP BY    <Liste Attribut-Namen>  [HAVING  <Auswahl-Bedingung>] ]
[ORDER BY    <Attribut-Name 1> [ASC | DESC]
             [ , ..., <Attribut-Name p> [ASC | DESC] ] ]
```

Zur Formulierung einer konkreten Abfrage werden in den einzelnen Teilen dieser SQL-Anweisung die folgenden Punkte angegeben (in der Reihenfolge der Abarbeitung):

- FROM: Auswahl der für die Auswertung erforderlichen Tabellen,
- WHERE: Angabe der Verknüpfungs- und Selektionsbedingungen für die Tabellen des FROM-Teils,
- GROUP BY: Angabe der Attribute, nach denen die Datensätze gruppiert werden sollen (gleiche Attributwerte in eine Gruppe),
- HAVING: Auswahl bestimmter Gruppen (nur in Verbindung mit GROUP BY),
- SELECT: Auswahl der Attribute der Ergebnistabelle,
- ORDER BY: Angabe der Sortierreihenfolge für die Ergebnissätze.

Als Ergänzung zur obigen SELECT-Anweisung ist anzumerken, dass SQL für *<Attribut x>* im SELECT-Teil und *<Tabelle y>* im FROM-Teil jeweils unterschiedliche Angaben erlaubt:

<Attribut>: <Attribut-Name> | <arithm. Ausdruck> | <konkreter Wert> | <skalare Subabfrage>
<Tabelle>: <Tabellen-Name> | <Subabfrage>

Die Funktionsweise der SQL-Abfrage-Anweisung im Allgemeinen und der einzelnen Teile im Besonderen wird nachfolgend erläutert. Dazu werden unterschiedliche Abfragearten vorgestellt, die sich von einfachen Abfragen über einzelne Relationen bis hin zu komplex geschachtelten Abfragen über mehrere Relationen erstrecken. Jede Abfrageart wird an einem konkreten Beispiel veranschaulicht, wobei sich die Beispiele alle auf die gleiche Datenbank beziehen, nämlich auf die Datensätze aus Abb. 4.3, die eine Ausprägung für die Relationen in Beispiel 4.1 darstellen.

Kunde

KNr	*Name*	*Wohnort*	*Bonität*
K1	Becker	Stuttgart	55
K2	Fischer	Stuttgart	17
K3	Maier	Frankfurt	56
K4	Müller	Mannheim	25
K5	Schulze	Karlsruhe	17
K6	Wagner	Karlsruhe	10

Artikel

ANr	*Preis*	*Bezeichner*
A1	1.000	Computer
A2	500	HIFI-Anlage
A3	1.500	Fernseher
A4	200	Digitalkamera

Filiale

FNr	*Ort*
F1	Stuttgart
F2	Mannheim
F3	Karlsruhe

Kauf

KNr	*ANr*	*FNr*	*Menge*	*Datum*
K1	A1	F1	4	2006-01-10
K1	A2	F1	2	2006-01-10
K1	A3	F2	1	2006-02-11
K1	A4	F3	5	2006-03-22
K2	A1	F1	1	2006-02-22
K2	A2	F1	1	2006-02-22
K2	A4	F3	2	2006-03-11
K3	A1	F2	5	2006-04-08
K3	A3	F2	2	2006-04-08
K3	A4	F1	3	2006-04-29
K4	A1	F2	3	2006-03-22
K4	A2	F3	1	2006-03-25
K5	A3	F3	1	2006-01-14
K5	A4	F3	2	2006-02-04
K6	A2	F3	2	2006-03-25

Abb. 4.3 Datenbank Verkauf

4.2.3 Ausgabe aller Datensätze einer Relation

Sollen aus einer Relation alle Datensätze ausgewählt und diese mit allen Attributen ausgegeben werden (s. Beispiel 4.6), so ist dazu nur der SELECT- und der FROM-Teil der SQL-Abfrage-Anweisung erforderlich.

- Im FROM-Teil wird die auszuwertende Relation benannt und
- im SELECT-Teil werden entweder explizit alle beteiligten Attribute aufgezählt oder es wird stellvertretend als deren Platzhalter „*" verwendet.

Beispiel 4.6

Es liege die folgende Abfrage für die Datenbank Verkauf aus Abb. 4.3 vor:

„Liste alle Kunden mit allen Daten auf."

Für die Beantwortung dieser Abfrage ist die Relation Kunde erforderlich, von der eine exakte Kopie als Ergebnisrelation ausgegeben wird. Dabei können die Attribute alle einzeln aufgezählt oder statt dessen die Abkürzung * verwendet werden.

Die entsprechende SQL-Anweisung lautet

```
SELECT  *
FROM    Kunde;
```

Die Auswertung der SQL-Anweisung führt zu der folgenden Ergebnisrelation:

KNr	*Name*	*Wohnort*	*Bonität*
K1	Becker	Stuttgart	55
K2	Fischer	Stuttgart	17
K3	Maier	Frankfurt	56
K4	Müller	Mannheim	25
K5	Schulze	Karlsruhe	17
K6	Wagner	Karlsruhe	10

4.2.4 Ausgabe spezieller Attribute einer Relation

Sollen aus einer Relation alle Datensätze ausgewählt und diese mit speziellen Attributen ausgegeben werden (s. Beispiel 4.7), so ist dazu nur der SELECT- und der FROM-Teil der SQL-Abfrage-Anweisung erforderlich.

- Im FROM-Teil wird die auszuwertende Relation benannt und
- im SELECT-Teil werden die gewünschten Attribute für die Ausgabe aufgezählt.

Beispiel 4.7

Es liege die folgende Abfrage für die Datenbank Verkauf aus Abb. 4.3 vor:

„Liste alle Kunden mit Name und Wohnort auf."

Für die Beantwortung dieser Abfrage ist die Relation Kunde erforderlich, bei der eine Projektion auf die Attribute Name und Wohnort durchzuführen ist. Dadurch werden die übrigen Attribute ausgeblendet.

Die entsprechende SQL-Anweisung lautet

SELECT Name, Wohnort
FROM Kunde;

Die Auswertung der SQL-Anweisung führt zu der folgenden Ergebnisrelation:

Name	*Wohnort*
Becker	Stuttgart
Fischer	Stuttgart
Maier	Frankfurt
Müller	Mannheim
Schulze	Karlsruhe
Wagner	Karlsruhe

4.2.5 Ausgabe ohne Duplikate

Bei der Ermittlung der Ergebnissätze können sich Duplikate ergeben, die bei SQL-Auswertungen nicht automatisch entfernt werden. Daher können in den Ergebnisrelationen Datensätze mehrfach auftreten. Sollen diese Duplikate in der Ergebnisrelation nicht ausgegeben werden (s. Beispiel 4.8), so kann dies

- im SELECT-Teil durch den Zusatz DISTINCT vor der Attributliste

erreicht werden.

Beispiel 4.8

Es liege die folgende Abfrage für die Datenbank Verkauf aus Abb. 4.3 vor:

„Liste ohne Duplikate die Wohnorte aller Kunden auf."

Für die Beantwortung dieser Abfrage ist die Relation Kunde erforderlich, bei der eine Projektion auf das Attribut Wohnort durchzuführen ist. Dadurch entstehen allerdings zwei Duplikate (jeweils eines für Stuttgart und Karlsruhe), die noch ausgeblendet werden müssen.

Die entsprechende SQL-Anweisung lautet

SELECT DISTINCT Wohnort
FROM Kunde;

Die Auswertung der SQL-Anweisung führt zu der folgenden Ergebnisrelation:

Wohnort
Stuttgart
Frankfurt
Mannheim
Karlsruhe

4.2.6 Ausgabe berechneter Attribute

Bei den meisten Abfragen werden die beteiligten Attribute in der Ergebnisrelation unverändert ausgegeben. Manchmal ist allerdings für die Ergebnisrelation ein Attribut erforderlich, das berechnet werden muss (s. Beispiel 4.9).

- In diesen Fällen kann im SELECT-Teil an Stelle eines konkreten Attributnamens eine Formel angegeben werden, die numerische Attribute der im FROM-Teil genannten Relationen und Konstanten mittels der arithmetischen Operatoren +, -, *, / verknüpft.
- Die Formel kann auch Aggregatfunktionen (s.u.) enthalten.
- Mit dem Zusatz „AS <Attribut-Name>" kann der Formel als Attribut der Ergebnisrelation ein sinnvoller Name zugewiesen werden (s. auch Beispiel 4.22). Erfolgt kein solcher Zusatz, werden zwei Fälle unterschieden:
  - Tritt in der Formel lediglich ein Attribut auf, erhält die Ergebnisspalte den Namen dieses Attributs.
  - Treten in der Formel mehrere Attribute auf, ist der Name der Ergebnisspalte implementierungsabhängig (bspw. erscheint ein leerer Name oder die Formel als Name).

Beispiel 4.9

Es liege die folgende Abfrage für die Datenbank Verkauf aus Abb. 4.3 vor:

„Liste alle Artikel mit allen Daten und einem um 20% reduzierten Sonderpreis auf."

Für die Beantwortung dieser Abfrage ist die Relation Artikel erforderlich, von der eine Kopie als Ergebnisrelation ausgegeben wird. Vor der Ausgabe erfolgt aber noch die Ergänzung durch das Zusatzattribut „Sonderpreis", das sich aus dem Attribut Preis durch eine Multiplikation mit der Konstanten 0.8 ergibt.

Die entsprechende SQL-Anweisung lautet

```
SELECT   ANr, Preis, Preis * 0.8 AS Sonderpreis, Bezeichner
FROM     Artikel;
```

Die Auswertung der SQL-Anweisung führt zu der folgenden Ergebnisrelation:

ANr	*Preis*	*Sonderpreis*	*Bezeichner*
A1	1.000	800	Computer
A2	500	400	HIFI-Anlage
A3	1.500	1.200	Fernseher
A4	200	160	Digitalkamera

4.2.7 Ausgabe spezieller Datensätze einer Relation

Sollen aus einer Relation nur spezielle Datensätze mit ganz bestimmten Eigenschaften ausgewählt werden, so ist dazu neben dem SELECT- und FROM-Teil noch der WHERE-Teil der allgemeinen SQL-Abfrage-Anweisung erforderlich.

- Im WHERE-Teil werden die Selektionsbedingungen für die Attribut genannt, nach denen die Datensätze auszuwählen sind. Dabei können einzelne Bedingungen mit AND und OR verknüpft werden.

Als Selektionsbedingungen sind in SQL vorgesehen:

Vergleich	<<Attribut-Name> | <arithm. Ausdruck>> <Vergleichsoperator> <Wert-Ausdruck>
Prüfung Mengenelement	<<Attribut-Name> | <arithm. Ausdruck>> [NOT] IN (<Werte-Aufzählung> | <Subabfrage>)
Prüfung Bereich	<<Attribut-Name> | <arithm. Ausdruck>> [NOT] BETWEEN <Untergrenze> AND <Obergrenze>
Prüfung Ähnlichkeit	<<Attribut-Name> | <arithm. Ausdruck>> [NOT] LIKE <Textmuster> [ESCAPE <Sonderzeichen>] *mit möglichen Platzhaltern im Textmuster:* *% : Prozentzeichen für 0, 1 oder mehrere Zeichen* *_ : Unterstrich für 1 Zeichen*
Prüfung Existenz	[NOT] EXISTS (<Subabfrage>)

Im Folgenden (Beispiel 4.10 bis Beispiel 4.13) werden diese Selektionsbedingungen aus Gründen der Übersichtlichkeit zunächst einmal ohne Subabfragen vorgestellt. Die Subabfragen folgen später in einem eigenen Abschnitt (s. Beispiel 4.19 bis Beispiel 4.26).

Beispiel 4.10

Es liege die folgende Abfrage für die Datenbank Verkauf aus Abb. 4.3 vor:

„Liste alle Daten für diejenigen Kunden auf, die in Stuttgart wohnen und eine Bonität über 20 haben."

Für die Beantwortung dieser Abfrage ist die Relation Kunde erforderlich, wobei jeder Datensatz geprüft wird, ob er als Wohnort Stuttgart und als Bonität eine Zahl größer 20 aufweist. Dabei ist zu beachten, dass alphanumerische Werte mit Hochkommata angegeben werden müssen.

Die entsprechende SQL-Anweisung lautet

```
SELECT   *
FROM     Kunde
WHERE    Wohnort = 'Stuttgart' AND Bonität > 20;
```

Die Auswertung der SQL-Anweisung führt zu der folgenden Ergebnisrelation:

KNr	*Name*	*Wohnort*	*Bonität*
K1	Becker	Stuttgart	55

Beispiel 4.11

Es liege die folgende Abfrage für die Datenbank Verkauf aus Abb. 4.3 vor:

„Liste den Namen und die Bonität für diejenigen Kunden auf, die eine Bonität im Bereich 10 bis 20 haben."

Für die Beantwortung dieser Abfrage ist die Relation Kunde erforderlich, wobei jeder Datensatz geprüft wird, ob er eine Bonität im Bereich 10 bis 20 (inkl. Grenzwerte) hat.

Die entsprechende SQL-Anweisung lautet

```
SELECT  Name, Bonität
FROM    Kunde
WHERE   Bonität BETWEEN 10 AND 20;
```

Die Auswertung der SQL-Anweisung führt zu der folgenden Ergebnisrelation:

Name	*Bonität*
Fischer	17
Schulze	17
Wagner	10

Beispiel 4.12

Es liege die folgende Abfrage für die Datenbank Verkauf aus Abb. 4.3 vor:

„Liste alle Daten für diejenigen Kunden auf, die in Karlsruhe, Mannheim, Frankfurt oder München wohnen."

Für die Beantwortung dieser Abfrage ist die Relation Kunde erforderlich, wobei jeder Datensatz geprüft wird, ob er als Wohnort Karlsruhe, Mannheim, Frankfurt oder München aufweist. Dies kann entweder durch explizite Einzelprüfungen oder durch eine Mengenprüfung erfolgen. Es ist allerdings anzumerken, dass die Mengenprüfung eleganter wirkt und performanter vom Datenbanksystem ausgewertet werden kann.

Die entsprechenden SQL-Anweisungen lauten

```
SELECT  *
FROM    Kunde
WHERE   Wohnort = 'Karlsruhe' OR Wohnort = 'Mannheim' OR
        Wohnort = 'Frankfurt' OR Wohnort = 'München';
```

und

```
SELECT  *
FROM    Kunde
WHERE   Wohnort IN ('Karlsruhe', 'Mannheim', 'Frankfurt', 'München');
```

Die Auswertung der SQL-Anweisung führt zu der folgenden Ergebnisrelation:

KNr	*Name*	*Wohnort*	*Bonität*
K3	Maier	Frankfurt	56
K4	Müller	Mannheim	25
K5	Schulze	Karlsruhe	17
K6	Wagner	Karlsruhe	10

Beispiel 4.13

Es liege die folgende Abfrage für die Datenbank Verkauf aus Abb. 4.3 vor:

„Liste die Kundenwohnorte auf, die mit '-heim' enden oder an der zweiten Stelle ein 'a' aufweisen."

Für die Beantwortung dieser Abfrage ist die Relation Kunde erforderlich, wobei jeder Datensatz geprüft wird, ob der Wohnort eine der beiden genannten Bedingungen erfüllt.

Die entsprechende SQL-Anweisung lautet

```
SELECT  Wohnort
FROM    Kunde
WHERE   (Wohnort LIKE '%heim') OR (Wohnort LIKE '_a%');
```

Die Auswertung der SQL-Anweisung führt zu der folgenden Ergebnisrelation:

Wohnort
Mannheim
Karlsruhe
Karlsruhe

Wenn nach einem der beiden Platzhalter-Zeichen gesucht werden soll, kann in der ESCAPE-Klausel ein Sonderzeichen vereinbart werden, das dann im Textmuster den Status des Platzhalter-Zeichens aufhebt und dieses als normales Zeichen ausweist, sofern das Sonderzeichen unmittelbar vor dem betreffenden Platzhalter-Zeichen steht.

Sollen bspw. Kundenwohnorte gesucht werden, die einen Unterstrich enthalten, so lautet die SQL-Anweisung

```
SELECT  Wohnort
FROM    Kunde
WHERE   Wohnort LIKE '%$_%' ESCAPE '$';
```

4.2.8 Ausgabe sortierter Datensätze

Sollen die Datensätze der Ergebnisrelation in einer bestimmten Reihenfolge ausgegeben werden, so ist dazu der ORDER BY-Teil der allgemeinen SQL-Abfrage-Anweisung erforderlich (s. Beispiel 4.14).

- Im ORDER BY-Teil werden die Attribute aufgelistet, nach denen die Ergebnissätze vor der Ausgabe zu ordnen sind, und zwar jeweils entweder aufsteigend (ASC als Defaultwert) oder absteigend (DESC).

- Dabei erfolgt die Ordnung der Datensätze entsprechend der Reihenfolge der genannten Attribute.
- Für die Sortierung stehen nur die Attribute aus dem SELECT-Teil zur Verfügung.

Beispiel 4.14

Es liege die folgende Abfrage für die Datenbank Verkauf aus Abb. 4.3 vor:

„Liste alle Kundendaten auf, wobei die Datensätze alphabetisch nach Wohnort und bei gleichem Wohnort absteigend nach Bonität geordnet sein sollen."

Für die Beantwortung dieser Abfrage ist die Relation Kunde erforderlich, wobei die Datensätze über die genannten Attribute in der genannten Reihenfolge zu ordnen sind.

Die entsprechende SQL-Anweisung lautet

SELECT   *
FROM   *Kunde*
ORDER BY Wohnort, Bonität DESC;

Die Auswertung der SQL-Anweisung führt zu der folgenden Ergebnisrelation:

KNr	*Name*	*Wohnort*	*Bonität*
K3	Maier	Frankfurt	56
K5	Schulze	Karlsruhe	17
K6	Wagner	Karlsruhe	10
K4	Müller	Mannheim	25
K1	Becker	Stuttgart	55
K2	Fischer	Stuttgart	17

4.2.9 Ausgabe aggregierter Werte

Bei manchen Abfragen müssen für die Ergebnisermittlung bestimmte Attributwerte aggregiert werden (s. Beispiel 4.15 und Beispiel 4.16). In SQL gibt es dazu fünf Aggregationsfunktionen:

Feststellung der **Anzahl** Datensätze in einer Tabelle	COUNT (*)
Feststellung der **Anzahl** Werte in einer Spalte	COUNT ([DISTINCT] <Attribut-Name>)
Berechnung der **Summe** der Werte in einer Spalte	SUM ([DISTINCT] <Attribut-Name>)
Berechnung des **Durchschnitts** der Werte in einer Spalte	AVG ([DISTINCT] <Attribut-Name>)
Berechnung des **Minimums** der Werte in einer Spalte	MIN (<Attribut-Name>)
Berechnung des **Maximums** der Werte in einer Spalte	MAX (<Attribut-Name>)

Dabei ist zu beachten:

- COUNT, SUM und AVG können vor der Auswertung Duplikate (Mehrfachnennungen von Datensätzen) beseitigen. Dies wird durch die Angabe von DISTINCT bewirkt.
- SUM und AVG arbeiten nur für numerische Attribute; COUNT, MIN, MAX hingegen funktionieren auch für alphanumerische Attribute.
- Bei COUNT (*) haben Nullwerte keine Auswirkungen (es werden stets alle Datensätze einer Relation gezählt). Bei allen anderen Aggregationsfunktionen werden Nullwerte bei der Auswertung explizit ausgeschlossen.
- Aggregationsfunktionen sind nur im SELECT- und im HAVING-Teil erlaubt, aber nicht im WHERE-Teil.
- Vor der Anwendung von Aggregationsfunktionen im SELECT-Teil wird zunächst der WHERE-Teil und der GROUP BY-Teil ausgewertet.
- Wird bei einer Abfrage im SELECT-Teil eine Aggregationsfunktion verwendet und gibt es keinen GROUP BY-Teil, dürfen im SELECT-Teil die Attribute nur als Argumente der Aggregationsfunktionen verwendet werden.
- Im SELECT-Teil können mit der AS-Klausel den Ausdrücken mit Aggregationsfunktionen ‚Attribut'-Namen für die Ergebnisrelation zugewiesen werden.

Beispiel 4.15

Es liege die folgende Abfrage für die Datenbank Verkauf aus Abb. 4.3 vor:

„Ermittle die Anzahl aller Einkäufe und die Anzahl unterschiedlicher Kunden, die diese Einkäufe getätigt haben."

Für die Beantwortung dieser Abfrage ist die Relation Kauf erforderlich, bei der mit der Aggregationsfunktion COUNT zum einen die Anzahl aller Datensätze und zum anderen die Anzahl unterschiedlicher Werte beim Attribut KNr ermittelt wird. Die beiden ermittelten Funktionswerte werden als „Anzahl-Einkäufe" und als „Anzahl-Kunden" ausgegeben.

Die entsprechende SQL-Anweisung lautet

```
SELECT  COUNT (*) AS Anzahl-Einkäufe,
        COUNT (DISTINCT KNr) AS Anzahl-Kunden
FROM    Kauf;
```

Die Auswertung der SQL-Anweisung führt zu der folgenden Ergebnisrelation:

Anzahl-Einkäufe	*Anzahl-Kunden*
15	6

Beispiel 4.16

Es liege die folgende Abfrage für die Datenbank Verkauf aus Abb. 4.3 vor:

„Ermittle für die Einkäufe im ersten Quartal 2006 die kleinste Menge, die größte Menge, die Durchschnitts- und die Gesamtmenge."

Für die Beantwortung dieser Abfrage ist die Relation Kauf erforderlich, bei der zunächst die Datensätze ausgewählt werden, deren Datum zwischen dem 01.01.2006 und dem 31.03.2006 liegt. Für die resultierenden Datensätze sind dann die Aggregationsfunktionen MIN, MAX, AVG und SUM über das Attribut Menge anzuwenden und die Funktionswerte als Ergebnissatz mit „Kleinste-Menge", „Größte-Menge", „Durchschnittsmenge" und „Gesamtmenge" auszugeben.

Die entsprechende SQL-Anweisung lautet

```
SELECT  MIN (Menge) AS kleinste-Menge, MAX (Menge) AS größte-Menge,
        AVG (Menge) AS Durchschnittsmenge, SUM (Menge) AS Gesamtmenge
FROM    Kauf
WHERE   Datum BETWEEN '2006-01-01' AND '2006-03-31';
```

Die Auswertung der SQL-Anweisung führt zu der folgenden Ergebnisrelation:

Kleinste-Menge	*Größte-Menge*	*Durchschnittsmenge*	*Gesamtmenge*
1	5	2	25

4.2.10 Ausgabe aggregierter Werte mit Gruppierung

Bei vielen Abfragen mit Aggregationsfunktionen beziehen sich die Aggregationen auf die Datensätze der kompletten Relation. Es gibt aber auch Abfragen, bei denen

- die Datensätze zunächst gruppiert werden müssen (alle Datensätze mit den gleichen Werten bei den im GROUP BY-Teil genannten Attributen kommen in eine Gruppe) und
- die Aggregationen anschließend jeweils über die Datensätze einer Gruppe zu bilden sind.

In der Ergebnisrelation erscheint dann je Gruppe ein Ergebnissatz (s. Beispiel 4.17).

Bei den Gruppierungen ist zu beachten:

- Im SELECT-Teil sind nur die Gruppierungsattribute und Aggregationsfunktionen erlaubt.
- Enthält die Abfrage-Anweisung einen WHERE-Teil, so wird dieser vor dem GROUP BY-Teil ausgewertet.

Beispiel 4.17

Es liege die folgende Abfrage für die Datenbank Verkauf aus Abb. 4.3 vor:

„Ermittle für die Einkäufe im ersten Quartal 2006 die Gesamtmenge für jeden Artikel und gebe diese jeweils mit der Artikelnummer aus (absteigend sortiert nach Gesamtmenge)."

Für die Beantwortung dieser Abfrage ist die Relation Kauf erforderlich, bei der zunächst die Datensätze ausgewählt werden, deren Datum zwischen dem 01.01.2006 und dem 31.03.2006 liegt. Die resultierenden Datensätze werden dann über das Attribut ANr gruppiert. Anschließend wird für jede Gruppe die Aggregationsfunktion SUM über das Attribut Menge ausgewertet und der resultierende Funktionswert (als „Gesamtmenge") zusammen mit der zugehörigen ANr als Ergebnissatz ausgegeben. Abschließend werden die Ergebnissätze noch nach dem neu geschaffenen Attribut Gesamtmenge absteigend geordnet.

Die entsprechende SQL-Anweisung lautet

```
SELECT    ANr, SUM (Menge) AS Gesamtmenge
FROM      Kauf
WHERE     Datum BETWEEN '2006-01-01' AND '2006-03-31'
GROUP BY  ANr
ORDER BY  Gesamtmenge DESC;
```

Die Auswertung des WHERE-Teils und des GROUP BY-Teils führt zunächst zu der folgenden internen Zwischenrelation (diese bekommt der Benutzer nicht zu sehen):

KNr	*ANr*	*FNr*	*Menge*	*Datum*
K1	A1	F1	4	2006-01-10
K2	A1	F1	1	2006-02-22
K4	A1	F2	3	2006-03-22
K1	A2	F1	2	2006-01-10
K2	A2	F1	1	2006-02-22
K4	A2	F3	1	2006-03-25
K6	A2	F3	2	2006-03-25
K1	A3	F2	1	2006-02-11
K5	A3	F3	1	2006-01-14
K1	A4	F3	5	2006-03-22
K2	A4	F3	2	2006-03-11
K5	A4	F3	2	2006-02-04

Die anschließende Auswertung des SELECT-Teils (Projektion und Ausführung der Aggregationsfunktion auf den Gruppen) und des ORDER BY-Teils (Umsortierung der im SELECT-Teil ermittelten Ergebnissätze) führt zum folgenden Endergebnis:

ANr	*Gesamtmenge*
A4	9
A1	8
A2	6
A3	2

4.2.11 Ausgabe aggregierter Werte mit ausgewählter Gruppierung

Sollen bei der Auswertung von Aggregationsfunktionen mit Gruppierung nur diejenigen Gruppen berücksichtigt werden, die eine bestimmte Bedingung erfüllen (s. Beispiel 4.18), so ist dazu als Ergänzung des GROUP BY-Teils die HAVING-Klausel erforderlich.

- In der HAVING-Klausel, die nur in Verbindung mit GROUP BY zum Einsatz kommt, werden mittels Aggregationsfunktionen (in seltenen Fällen auch mittels Gruppierungsattributen) Kriterien zur Auswahl der Gruppen spezifiziert.

Beispiel 4.18

Es liege die folgende Abfrage für die Datenbank Verkauf aus Abb. 4.3 vor:

„Ermittle diejenigen Filialen, in denen mindestens fünf Einkäufe stattgefunden haben. Gebe diese Filialen jeweils mit der Filialnummer und der Gesamtmenge der gekauften Artikel aus."

Für die Beantwortung dieser Abfrage ist die Relation Kauf erforderlich, deren Datensätze zunächst über das Attribut FNr gruppiert werden. Dabei werden aber mit Hilfe der Aggregationsfunktion COUNT (*) nur solche Gruppen zugelassen, die mindestens fünf Datensätze aufweisen. Anschließend wird für jede verbliebene Gruppe die Aggregationsfunktion SUM über das Attribut Menge ausgewertet und der resultierende Funktionswert (als „Gesamtmenge") zusammen mit der zugehörigen FNr als Ergebnissatz ausgegeben.

Die entsprechende SQL-Anweisung lautet

```
SELECT     FNr, SUM (Menge) AS Gesamtmenge
FROM       Kauf
GROUP BY   FNr  HAVING COUNT (*) > 4;
```

Die Auswertung der SQL-Anweisung führt zu der folgenden Ergebnisrelation:

FNr	*Gesamtmenge*
F1	11
F3	13

4.2.12 Verwendung von Subabfragen

Im WHERE-Teil können bei den Selektionsbedingungen auch Subabfragen eingesetzt werden, sodass insgesamt eine (möglicherweise mehrfach) geschachtelte Abfrage entsteht. Dabei werden die inneren Abfragen immer zuerst ausgewertet und deren Ergebnis in der jeweils äußeren Abfrage verwendet.

- Bei einer Selektionsbedingung mit einem der Vergleichsoperatoren =, <, <=, >, >=, <> kann eine SQL-Abfrage-Anweisung verwendet werden, die genau einen Einzelwert als Ergebnis (genauer: Ergebnisrelation mit einem Attribut und einem Datensatz) liefert (s. Beispiel 4.19 und Beispiel 4.20).
- Bei einer Selektionsbedingung mit dem IN-Operator (Mengenelement-Prüfung) kann eine SQL-Abfrage-Anweisung verwendet werden, die eine Menge von Ergebniswerten (genauer: Ergebnisrelation mit einem Attribut und mehreren Datensätzen) liefert (s. Beispiel 4.21).
- Bei einer Selektionsbedingung mit dem EXISTS-Operator (Existenz-Prüfung) kann eine beliebige SQL-Abfrage-Anweisung verwendet werden (s. Beispiel 4.24 bis Beispiel 4.26).

Beispiel 4.19

Es liege die folgende Abfrage für die Datenbank Verkauf aus Abb. 4.3 vor:

„Liste die Namen derjenigen Kunden auf, die ihren Wohnsitz an dem Ort haben, an dem sich die Filiale F1 befindet."

Für die Beantwortung dieser Abfrage sind die Relationen Kunde und Filiale erforderlich. Zunächst wird in einer ersten (inneren) Abfrage in der Relation Filiale der Ort der Filiale F1 ermittelt. Dann werden in einer zweiten (äußeren) Abfrage in der Relation Kunde diejenigen Datensätze gesucht, die bei Wohnort den zuvor gefundenen Ort-Wert aufweisen. Von den sich qualifizierenden Kundensätzen wird jeweils nur der Name ausgegeben.

Die entsprechende SQL-Anweisung lautet

```
SELECT  Name
FROM    Kunde
WHERE   Wohnort = ( SELECT  Ort
                    FROM    Filiale
                    WHERE   FNr = 'F1' );
```

Die Auswertung der SQL-Anweisung führt zu der folgenden Ergebnisrelation:

Name
Becker
Fischer

Es ist anzumerken, dass nach Auswertung der inneren Abfrage die SQL-Anweisung quasi wie folgt aussieht:

```
SELECT  Name
FROM    Kunde
WHERE   Wohnort = 'Stuttgart';
```

Beispiel 4.20

Es liege die folgende Abfrage für die Datenbank Verkauf aus Abb. 4.3 vor:

„Liste die Kundennummer und den Namen für diejenigen Kunden auf, die eine überdurchschnittliche Bonität besitzen."

Für die Beantwortung dieser Abfrage ist die Relation Kunde erforderlich. Zunächst wird in einer ersten (inneren) Abfrage in der Relation Kunde der Durchschnitt für das Attribut Bonität ermittelt. Dann werden in einer zweiten (äußeren) Abfrage, die wieder in der Relation Kunde stattfindet, diejenigen Datensätze gesucht, die beim Attribut Bonität einen höheren Wert als den zuvor ermittelten Durchschnittswert stehen haben. Von den sich qualifizierenden Kundensätzen werden jeweils die Kundennummer und der Name ausgegeben.

Die entsprechende SQL-Anweisung lautet

```
SELECT  KNr, Name
FROM    Kunde
WHERE   Bonität > ( SELECT  AVG (Bonität)
                    FROM    Kunde );
```

Die Auswertung der SQL-Anweisung führt zu der folgenden Ergebnisrelation:

KNr	*Name*
K1	Becker
K3	Maier

Beispiel 4.21

Es liege die folgende Abfrage für die Datenbank Verkauf aus Abb. 4.3 vor:

„Liste die Kundennummer, den Namen und den Wohnort für diejenigen Kunden auf, die in der Filiale in Karlsruhe eingekauft haben."

Für die Beantwortung dieser Abfrage sind die Relationen Filiale, Kauf und Kunde erforderlich. Zunächst wird in einer ersten (innersten) Abfrage in der Relation Filiale die Filialnummer der Filiale in Karlsruhe ermittelt. Dann werden in einer zweiten (mittleren) Abfrage in der Relation Kauf diejenigen Datensätze gesucht, deren Filialnummer mit der zuvor ermittelten Filialnummer übereinstimmen. Aus diesen Datensätzen ergibt sich durch Projektion eine Menge von Kundennummern. Schließlich werden in einer dritten (äußersten) Abfrage in der Relation Kunde diejenigen Datensätze gesucht, deren Kundennummer in der zuvor ermittelten Menge von Kundennummern enthalten ist. Von den sich qualifizierenden Kundensätzen werden jeweils die Kundennummer, der Name und der Wohnort ausgegeben.

Die entsprechende SQL-Anweisung lautet

```
SELECT  KNr, Name, Wohnort
FROM    Kunde
WHERE   KNr IN  ( SELECT  KNr
                  FROM    Kauf
                  WHERE   FNr = ( SELECT  FNr
                                  FROM    Filiale
                                  WHERE   Ort = 'Karlsruhe' ) );
```

Die Auswertung der SQL-Anweisung führt zu der folgenden Ergebnisrelation:

KNr	*Name*	*Wohnort*
K1	Becker	Stuttgart
K2	Fischer	Stuttgart
K4	Müller	Mannheim
K5	Schulze	Karlsruhe
K6	Wagner	Karlsruhe

Subabfragen werden überwiegend im WHERE-Teil einer Abfrage verwendet. Sie sind prinzipiell aber auch erlaubt

- im SELECT-Teil, sofern es sich um eine skalare Subabfrage handelt (s. Beispiel 4.22),
- im FROM-Teil, sofern es sich um eine normale Subabfrage handelt (s. Beispiel 4.23).

Beispiel 4.22

Es liege die folgende Abfrage für die Datenbank Verkauf aus Abb. 4.3 vor:

„Liste für jeden Kunden mit Wohnort in Stuttgart dessen Name und dessen Abweichung zur Durchschnittsbonität aller Kunden auf."

Für die Beantwortung dieser Abfrage ist die Relationen Kunde erforderlich. Mit einer skalaren Subabfrage (eigenständige SELECT-Anweisung) wird die Durchschnittsbonität aller Kunden berechnet. Damit kann im SELECT-Teil der eigentlichen SQL-Abfrage-Anweisung für jeden Kunden die Differenz zwischen dessen Bonität und der Durchschnittsbonität bestimmt werden. Die Ergebnis-Datensätze werden jeweils mit dem Namen und der Bonitätsdifferenz ausgegeben.

Die entsprechende SQL-Anweisung lautet

```
SELECT   Name, Bonität – (  SELECT   AVG (Bonität)
                            FROM     Kunde     ) AS Diff-Avg-Boni
FROM     Kunde
WHERE    Wohnort = 'Stuttgart';
```

Die Auswertung der SQL-Anweisung führt zu der folgenden Ergebnisrelation:

Name	*Diff-Avg-Boni*
Becker	25
Fischer	-13

Beispiel 4.23

Eine etwas umständliche, aber zulässige Formulierung der SQL-Anweisung für die Abfrage aus Beispiel 4.10 (alle Kunden mit Wohnort in Stuttgart und Bonität > 20) wäre, zunächst mit Hilfe einer Subabfrage eine Zwischenrelation mit den Stuttgarter Kunden zu ermitteln (Subabfrage im FROM-Teil der eigentlichen SQL-Abfrage-Anweisung) und auf diese dann die Selektion mit Bonität > 20 anzuwenden.

Die entsprechende SQL-Anweisung lautet

```
SELECT   *
FROM     (  SELECT   *
            FROM     Kunde
            WHERE    Wohnort = ,Stuttgart' ) AS S-Kunde
WHERE    Bonität > 20;
```

Hinweis: Die Angabe des Alias-Namens *S-Kunde* für die Zwischenrelation ist im vorliegenden Beispiel nicht zwingend erforderlich.

4.2.13 Verwendung von Subabfragen mit Existenz-Prüfung

Eine besondere Form der Selektionsbedingung stellt die Subabfrage mit einer Existenz-Prüfung dar.

- Im WHERE-Teil kann mit dem EXISTS-Operator geprüft werden, ob eine Subabfrage eine leere Relation ergibt oder nicht. Ergibt sich keine leere Relation, so ist das Ergebnis der EXISTS-Operation wahr (ansonsten falsch) und die Datensätze der äußeren Abfrage qualifizieren sich für die Ergebnisrelation.
- Der EXISTS-Operator arbeitet meist so, dass für jeden Datensatz aus der Relation der äußeren Abfrage die EXISTS-Operation mit der Subabfrage ausgewertet wird. Dies erfolgt mit einer so genannten Tupelvariablen, mit der von der inneren Abfrage auf die äußere Abfrage Bezug genommen wird (s. bspw. *Kunde.KNr* in Beispiel 4.24).
- Tupelvariablen sind bei allen Subabfragen zulässig. Dabei ist allerdings zu beachten, dass man mit einer Tupelvariablen immer nur von einer inneren Abfrage auf die äußere Abfrage Bezug nehmen darf (der umgekehrte Weg ist nicht erlaubt).
- Für alle Selektionsbedingungen mit dem IN-Operator gibt es eine äquivalente Formulierung mit dem EXISTS-Operator (s. Beispiel 4.25). Umgekehrt gilt dies aber nicht (s. Beispiel 4.26).

Beispiel 4.24

Es liege die folgende Abfrage für die Datenbank Verkauf aus Abb. 4.3 vor:

> *„Liste die Kundennummer und den Namen für diejenigen Kunden auf, die eine HIFI-Anlage gekauft haben."*

Für die Beantwortung dieser Abfrage sind die Relationen Artikel, Kauf und Kunde erforderlich. In einer äußeren Abfrage wird in der Relation Kunde für jeden Datensatz eine Existenz-Prüfung in der Form durchgeführt, dass in einer Subabfrage geprüft wird, ob es einen Datensatz in der Relation Kauf gibt, der einerseits die Kundennummer des aktuellen Datensatzes aus der äußeren Abfrage besitzt und andererseits die Artikelnummer der HIFI-Anlage aufweist. Gibt es einen solchen Datensatz in der Relation Kauf, so qualifiziert sich der aktuelle Datensatz der äußeren Abfrage für die Ergebnisrelation, von dem jeweils die KNr und der Name ausgegeben werden. Zu beachten ist noch, dass die Artikelnummer der HIFI-Anlage zuallererst in einer innersten Subabfrage in der Relation Artikel zu ermitteln ist.

Die entsprechende SQL-Anweisung lautet

```
SELECT  KNr, Name
FROM    Kunde
WHERE   EXISTS  ( SELECT  *
                  FROM    Kauf
                  WHERE   Kunde.KNr = Kauf.KNr AND
                          ANr = (  SELECT  ANr
                                   FROM    Artikel
                                   WHERE   Bezeichner = 'HIFI-Anlage' ) );
```

Die Auswertung der SQL-Anweisung führt zu der folgenden Ergebnisrelation:

KNr	*Name*
K1	Becker
K2	Fischer
K4	Müller
K6	Wagner

Dabei ist anzumerken, dass zunächst die innerste Subabfrage ausgewertet wird, die einen bestimmten Wert für die *ANr*-Vergleichsoperation in der mittleren Subabfrage liefert. Anschließend wird für jeden Kunden-Datensatz der äußeren Abfrage die EXISTS-SubAbfrage ausgewertet, wobei jeweils über die Tupelvariable *Kunde.KNr* von der mittleren Abfrage auf die äußere Abfrage Bezug genommen wird.

Beispiel 4.25

Es liege die folgende Abfrage für die Datenbank Verkauf aus Abb. 4.3 vor:

„Liste den Namen und den Wohnort für diejenigen Kunden auf, die nicht in der Filiale F3 eingekauft haben."

Diese Abfrage stellt eine verkürzte Version der Abfrage aus Beispiel 4.21 dar und enthält zusätzlich eine Negation. Dadurch wird einerseits die innerste Abfrage durch F3 ersetzt und andererseits der IN-Operator mit NOT ergänzt.

Die entsprechende SQL-Anweisung lautet

```
SELECT   Name, Wohnort
FROM     Kunde
WHERE    KNr  NOT IN  (  SELECT   KNr
                         FROM     Kauf
                         WHERE    FNr = 'F3' );
```

Diese SQL-Anweisung kann auch mit dem EXISTS-Operator formuliert werden, wobei allerdings der IN-Operator einfacher erscheint, da keine Tupelvariable erforderlich ist:

```
SELECT   Name, Wohnort
FROM     Kunde
WHERE    NOT EXISTS  (  SELECT   *
                        FROM     Kauf
                        WHERE    Kunde.KNr = Kauf.KNr  AND  FNr = 'F3');
```

Die Auswertung der beiden SQL-Anweisungen führt zur gleichen Ergebnisrelation:

Name	*Wohnort*
Maier	Frankfurt

Beispiel 4.26

Es liege die folgende Abfrage für die Datenbank Verkauf aus Abb. 4.3 vor:

„Liste für eine Marketing-Aktion die Namen und Wohnorte aller Kunden auf, sofern die Kunden nur noch kleine Mengen einkaufen (d.h. die Menge von 3 wird bei keinem Einkauf überschritten).“

Für die Beantwortung dieser Abfrage sind die Relationen Kunde und Kauf erforderlich. In einer ersten (inneren) Abfrage wird in der Relation Kauf geprüft, ob es Datensätze gibt, die eine Menge größer 3 aufweisen. Ist dies nicht der Fall, werden alle Datensätze aus der Relation Kunde mit Name und Wohnort ausgegeben, ansonsten bleibt die Ergebnisrelation leer.

Die entsprechende SQL-Anweisung lautet

```
SELECT   Name, Wohnort
FROM     Kunde
WHERE    NOT EXISTS (  SELECT   *
                       FROM     Kauf
                       WHERE    Menge > 3 );
```

Die Auswertung der SQL-Anweisung führt zu der leeren Ergebnisrelation:

Name	*Wohnort*

Dabei ist zu beachten, dass es keine äquivalente Formulierung dieser Abfrage mit dem IN-Operator gibt.

4.2.14 Verknüpfung von Relationen

Sehr häufig müssen bei Abfragen Datensätze aus mehreren Relationen zu einem neuen Datensatz kombiniert werden. Dazu gibt es in SQL einen so genannten **Verbund**-Operator (auch **Join**-Operator genannt), mit dem die Relationen dadurch verknüpft werden,

- dass im FROM-Teil der SQL-Abfrage-Anweisung die zu verknüpfenden Relationen durch Komma getrennt aufgelistet werden. Bei Bedarf kann den Relationen dabei auch jeweils ein Alias-Name zugewiesen werden. Dies dient meist zur Abkürzung der Relationennamen (s. Beispiel 4.29), manchmal aber auch zur eindeutigen Kennzeichnung der beteiligten Relationen (s. Beispiel 4.30).
- In der einfachsten Form des Verbundes fehlen im WHERE-Teil der Abfrage die Verknüpfungsbedingungen. In diesem Fall wird ohne Einschränkung jeder Datensatz der einen Relation mit jedem Datensatz der anderen Relation kombiniert (s. Beispiel 4.27). Einen solchen Verbund nennt man **kartesisches Produkt**. Dieses kommt aber in der Praxis nur selten zum Einsatz, weil die Verknüpfung von Relationen meist an bestimmte Bedingungen gebunden ist.

- Enthält der FROM-Teil mehr als zwei Relationen, so entspricht dies einer Kombination mehrerer Verbund-Operationen, da ein SQL-Verbund immer nur zwei Relationen miteinander verknüpft (s. Beispiel 4.29).
- Sind bei den zu verknüpfenden Relationen gleichnamige Attribute vorhanden, so können diese nur mit führenden Relationennamen (Präfixe) angesprochen werden (s. Beispiel 4.29 und Beispiel 4.30).

Beispiel 4.27

Es liege die folgende Abfrage für die Datenbank Verkauf aus Abb. 4.3 vor:

„Liste alle Kombinationen von Filialdaten und Artikeldaten auf."

Für die Beantwortung dieser Abfrage sind die Relationen Filiale und Artikel erforderlich, wobei jeder Filiale-Datensatz ohne Einschränkung mit jedem Artikel-Datensatz verknüpft wird. In der Ergebnisrelation sind alle Attribute auszugeben.

Die entsprechende SQL-Anweisung lautet

```
SELECT  *
FROM    Filiale, Artikel;
```

Die Auswertung der SQL-Anweisung führt zu der folgenden Ergebnisrelation:

FNr	*Ort*	*ANr*	*Preis*	*Bezeichner*
F1	Stuttgart	A1	1.000	Computer
F1	Stuttgart	A2	500	HIFI-Anlage
F1	Stuttgart	A3	1.500	Fernseher
F1	Stuttgart	A4	200	Digitalkamera
F2	Mannheim	A1	1.000	Computer
F2	Mannheim	A2	500	HIFI-Anlage
F2	Mannheim	A3	1.500	Fernseher
F2	Mannheim	A4	200	Digitalkamera
F3	Karlsruhe	A1	1.000	Computer
F3	Karlsruhe	A2	500	HIFI-Anlage
F3	Karlsruhe	A3	1.500	Fernseher
F3	Karlsruhe	A4	200	Digitalkamera

4.2.15 Verknüpfung von Relationen mit Bedingungen

Bei einem Verbund müssen nur selten alle Datensätze der beteiligten Relationen ohne Einschränkung miteinander verknüpft werden. Meist sind nur ganz bestimmte Datensätze zu verbinden. Für einen solchen eingeschränkten Verbund ist zusätzlich zum FROM-Teil noch der WHERE-Teil der allgemeinen SQL-Abfrage-Anweisung erforderlich.

- Im WHERE-Teil werden die Verknüpfungsbedingungen genannt, nach denen die Datensätze der am Verbund beteiligten Relationen zu verknüpfen sind. Dabei wird immer der Attributwert des einen Datensatzes mit dem Attributwert des anderen Datensatzes verglichen. Nur wenn die Vergleichsbedingung erfüllt ist, werden die beiden Datensätze verknüpft und als neuer Datensatz in die Ergebnisrelation übernommen.

- Die Vergleichsbedingungen können mit den Operatoren =, <, <=, >, >=, <> formuliert werden. Dabei kommt am häufigsten der „="-Operator zum Einsatz, bei dem die Datensätze dahingehend geprüft werden, ob bei bestimmten Attributen gleiche Werte vorhanden sind (s. Beispiel 4.28). Man nennt diese Form des Verbunds **Gleichheitsverbund** oder **Equi-Join**. Wird dieser Gleichheitsverbund über gleichnamige Attribute durchgeführt, entstehen in der Ergebnistabelle zwei identische Spalten, von denen eine gestrichen werden kann. Einen solchen speziellen Gleichheitsverbund nennt man **natürlicher Verbund** oder **Natural Join**.
- Es sind mehrere Verknüpfungsbedingungen mit AND und OR kombinierbar (s. Beispiel 4.29 und Beispiel 4.30), wobei auch eine Kombination mit Selektionsbedingungen möglich ist.

Werden bei einer Abfrage Informationen aus mehr als einer Relation benötigt, so ist es in den meisten Fällen möglich, entweder eine Subabfrage oder eine Verbund-Operation zu verwenden. Sollen allerdings Attribute aus allen beteiligten Relationen ausgegeben werden, so ist dies nur mit einer Verbund-Operation möglich (s. Beispiel 4.31).

Beispiel 4.28

Es liege die folgende Abfrage für die Datenbank Verkauf aus Abb. 4.3 vor:

„Liste zu den Daten der Filialen die Daten derjenigen Kunden auf, die am Ort der Filiale wohnen."

Für die Beantwortung dieser Abfrage sind die Relationen Filiale und Kunde erforderlich, wobei ein Filiale-Datensatz nur mit einem Kunde-Datensatz verknüpft wird, wenn der Wert des Attributs Ort dem Wert des Attributs Wohnort entspricht (Gleichheitsverbund). In der Ergebnisrelation sind alle Attribute auszugeben.

Die entsprechende SQL-Anweisung lautet

```
SELECT  *
FROM    Filiale, Kunde
WHERE   Ort = Wohnort;
```

Die Auswertung der SQL-Anweisung führt zu der folgenden Ergebnisrelation:

FNr	*Ort*	*KNr*	*Name*	*Wohnort*	*Bonität*
F1	Stuttgart	K1	Becker	Stuttgart	55
F1	Stuttgart	K2	Fischer	Stuttgart	17
F2	Mannheim	K4	Müller	Mannheim	25
F3	Karlsruhe	K5	Schulze	Karlsruhe	17
F3	Karlsruhe	K6	Wagner	Karlsruhe	10

Beispiel 4.29

Es liege die folgende Abfrage für die Datenbank Verkauf aus Abb. 4.3 vor:

„Liste alle Einkäufe auf, wobei aber die Kundennummer (KNr) durch den Kundennamen, die Artikelnummer (ANr) durch den Bezeichner als Artikelname und die Filialnummer (FNr) durch den Ort als Filialsitz ersetzt werden soll.“

Für die Beantwortung dieser Abfrage sind alle Relationen der Datenbank Verkauf erforderlich. Dabei werden die Kauf-Datensätze zunächst mit den Kunde-Datensätzen verknüpft und zwar über jeweils gleiche Attributwerte bei KNr. Dann wird die daraus resultierende Ergebnisrelation mit den Artikel-Datensätzen verknüpft und zwar über jeweils gleiche Attributwerte bei ANr. Schließlich wird die daraus resultierende Ergebnisrelation mit den Filiale-Datensätzen verknüpft und zwar über jeweils gleiche Attributwerte bei FNr. Von der daraus resultierenden Ergebnisrelation sind die Attribute Name, Bezeichner, Ort, Menge und Datum auszugeben.

Die entsprechende SQL-Anweisung lautet

```
SELECT  Name AS Kundenname, Bezeichner AS Artikelname, Ort AS Filialsitz,
        Menge, Datum
FROM    Kauf AS Ka, Kunde AS Ku, Artikel AS Ar, Filiale AS Fi
WHERE   Ka.KNr = Ku.KNR  AND  Ka.ANr = Ar.ANr  AND  Ka.FNr = Fi.FNr;
```

Die Auswertung der SQL-Anweisung führt zu der folgenden Ergebnisrelation:

Kundenname	*Artikelname*	*Filialsitz*	*Menge*	*Datum*
Becker	Computer	Stuttgart	4	2006-01-10
Becker	HIFI-Anlage	Stuttgart	2	2006-01-10
Becker	Fernseher	Mannheim	1	2006-02-11
Becker	Digitalkamera	Karlsruhe	5	2006-03-22
Fischer	Computer	Stuttgart	1	2006-02-22
Fischer	HIFI-Anlage	Stuttgart	1	2006-02-22
Fischer	Digitalkamera	Karlsruhe	2	2006-03-11
Maier	Computer	Mannheim	5	2006-04-08
Maier	Fernseher	Mannheim	2	2006-04-08
Maier	Digitalkamera	Stuttgart	3	2006-04-29
Müller	Computer	Mannheim	3	2006-03-22
Müller	HIFI-Anlage	Karlsruhe	1	2006-03-25
Schulze	Fernseher	Karlsruhe	1	2006-01-14
Schulze	Digitalkamera	Karlsruhe	2	2006-02-04
Wagner	HIFI-Anlage	Karlsruhe	2	2006-03-25

Sollen von diesen Datensätzen nur die Einkäufe ab dem zweiten Quartal 2006 ausgegeben werden, so müssen im WHERE-Teil die Verknüpfungsbedingungen noch mit einer entsprechenden Selektionsbedingung ergänzt werden:

```
SELECT  Name AS Kundenname, Bezeichner AS Artikelname, Ort AS Filialsitz,
        Menge, Datum
FROM    Kauf AS Ka, Kunde AS Ku, Artikel AS Ar, Filiale AS Fi
WHERE   Ka.KNr = Ku.KNR  AND  Ka.ANr = Ar.ANr  AND  Ka.FNr = Fi.FNr  AND
        Datum > '2006-03-31';
```

Die Auswertung der SQL-Anweisung führt zu der folgenden Ergebnisrelation:

Kundenname	*Artikelname*	*Filialsitz*	*Menge*	*Datum*
Maier	Computer	Mannheim	5	2006-04-08
Maier	Fernseher	Mannheim	2	2006-04-08
Maier	Digitalkamera	Stuttgart	3	2006-04-29

Beispiel 4.30

Es liege die folgende Abfrage für die Datenbank Verkauf aus Abb. 4.3 vor:

„Liste Paare von Kunden auf, die am selben Ort wohnen. Gebe dabei jeweils die Kundennummer und den Namen aus und pro Kundenpaar einmal den Wohnsitz. Es sollen keine Paare doppelt ausgegeben und es soll auch niemand mit sich selbst benannt werden."

Für die Beantwortung dieser Abfrage muss die Relation Kunde mit sich selbst verknüpft werden. Dazu ist eine Kopie der Relation Kunde erforderlich. Es erfolgt dann ein Gleichheitsverbund der beiden Relationen über das jeweilige Attribut Wohnort, wobei durch eine zweite Vergleichsoperation, nämlich durch einen gleichzeitig stattfindenden „<"-Vergleich über das jeweilige Attribut KNr, Doppelnennungen und Paare identischer Kunden vermieden werden können. Schließlich findet für die Ausgabe der Ergebnisrelation noch eine Projektion auf die entsprechenden Attribute statt.

Die entsprechende SQL-Anweisung lautet

```
SELECT  Ku1.KNr, Ku1.Name, Ku2.KNr, Ku2.Name, Ku2.Wohnort
FROM    Kunde Ku1, Kunde Ku2
WHERE   Ku1.Wohnort = Ku2.Wohnort AND Ku1.KNr < Ku2.KNr;
```

Die Auswertung der SQL-Anweisung führt zu der folgenden Ergebnisrelation:

KNr	*Name*	*KNr*	*Name*	*Wohnort*
K1	Becker	K2	Fischer	Stuttgart
K5	Schulze	K6	Wagner	Karlsruhe

Beispiel 4.31

Im Beispiel 4.21 führte die Abfrage

„Liste die Kundennummer, den Namen und den Wohnort für diejenigen Kunden auf, die in der Filiale in Karlsruhe eingekauft haben."

zu einer SQL-Anweisung mit geschachtelten Subabfragen (mit IN-Operator und Vergleichsoperator).

Diese SQL-Anweisung kann äquivalent auch mit Verbund-Operationen formuliert werden:

```
SELECT  DISTINCT  KNr, Name, Wohnort
FROM    Kunde, Kauf, Filiale
WHERE   Kunde.KNr = Kauf.KNr  AND  Kauf.FNr = Filiale.FNr  AND
        Ort = 'Karlsruhe';
```

Eine entsprechende Formulierung ist auch für die Abfrage aus Beispiel 4.24

> *„Liste die Kundennummer und den Namen für diejenigen Kunden auf, die eine HIFI-Anlage gekauft haben."*

möglich, wobei die SQL-Anweisung mit geschachtelten Subabfragen (mit EXISTS-Operator und Vergleichsoperator) äquivalent wie folgt mit Verbund-Operationen formuliert werden kann:

```
SELECT  DISTINCT  KNr, Name
FROM    Kunde, Kauf, Artikel
WHERE   Kunde.KNr = Kauf.KNr  AND  Kauf.ANr = Artikel.ANr  AND
        Bezeichner = 'HIFI-Anlage';
```

Dabei ist anzumerken, dass es in den vorliegenden Fällen eine Frage des persönlichen Geschmacks ist, ob für die SQL-Abfrage-Anweisung Subabfragen verwendet werden oder Verbund-Operationen. Werden allerdings in den beiden Beispielen für die Ausgabe nicht nur Attribute der Relation Kunde verlangt, sondern bspw. auch von Filiale bzw. Artikel, so ist die Formulierung mit Subabfragen nicht mehr möglich, da bei Subabfragen nur Attribute der äußeren Relation ausgegeben werden können.

4.2.16 Neue Formulierungsformen für Verknüpfungsbedingungen

Mit den SQL-Standards aus den Jahren 1999 und 2003 wurde eine zusätzliche Möglichkeit geschaffen, in einer SQL-Abfrage-Anweisung Verknüpfungsbedingungen anzugeben. Diese können nun aus dem WHERE-Teil herausgenommen und im FROM-Teil formuliert werden.

Für die klassischen Verbund-Operationen sehen die neuen Formulierungsformen wie folgt aus (s. Beispiel 4.32 und Beispiel 4.33):

Kartesisches Produkt	**FROM**	**<Tabelle 1>** [[AS] <Tab.-Name 1 neu>] **CROSS JOIN <Tabelle 2>** [[AS] <Tab.-Name 2 neu>] [AS <Ergebnistabellen-Name 1>] [CROSS JOIN <Tabelle 3> [[AS] <Tab.-Name 3 neu>] [AS <Ergebnistabellen-Name 2>] CROSS JOIN ...]
Verbund mit Bedingungen	**FROM**	**<Tabelle 1>** [[AS] <Tab.-Name 1 neu>] [INNER] **JOIN <Tabelle 2>** [[AS] <Tab.-Name 2 neu>] ON <Verknüpfungsbedingungen 1> [AS <Ergebnistabellen-Name 1>] [[INNER] JOIN <Tabelle 3> [[AS] <Tab.-Name 3 neu>] ON <Verknüpfungsbedingungen 2> [AS <Ergebnistabellen-Name 2>] [INNER] JOIN ...]

Bei einer solchen Formulierung gilt, dass die Verbund-Operationen von links nach rechts aneinander gereiht werden. Wenn also mehrere Verbund-Operationen formuliert wurden, wird die Ergebnistabelle aus dem Verbund der beiden erstgenannten Tabellen mit der dritten Tabelle verknüpft, und so weiter.

Die normale Form des Verbunds, bei dem sich nur diejenigen Datensätze für die Ergebnisrelation qualifizieren, die die Verknüpfungsbedingung erfüllen, nennt man auch **inneren Verbund** (inner join). Wird dieser verwendet, ist die Angabe von INNER optional (stellt den Defaultwert dar).

Es sei noch darauf hingewiesen, dass
- zusammengehörige Teile durch Klammerung gekennzeichnet werden sollten und
- die neuen Formen des Verbunds auch mit den klassischen Verbund-Operationen kombiniert werden können (s. Beispiel 4.33).

Beispiel 4.32

Die SQL-Anweisung aus Beispiel 4.27

```
SELECT  *
FROM    Filiale, Artikel;
```

kann auch wie folgt formuliert werden:

```
SELECT  *
FROM    Filiale  CROSS JOIN Artikel;
```

Beispiel 4.33

Die SQL-Anweisung aus Beispiel 4.30

```
SELECT  Ku1.KNr, Ku1.Name, Ku2.KNr, Ku2.Name, Ku2.Wohnort
FROM    Kunde Ku1, Kunde Ku2
WHERE   Ku1.Wohnort = Ku2.Wohnort  AND  Ku1.KNr < Ku2.KNr;
```

kann auch wie folgt formuliert werden:

```
SELECT  Ku1.KNr, Ku1.Name, Ku2.KNr, Ku2.Name, Ku2.Wohnort
FROM    Kunde Ku1 JOIN  Kunde Ku2
        ON  Ku1.Wohnort = Ku2.Wohnort  AND  Ku1.KNr < Ku2.KNr;
```

oder auch so:

```
SELECT  Ku1.KNr, Ku1.Name, Ku2.KNr, Ku2.Name, Ku2.Wohnort
FROM    Kunde Ku1 JOIN  Kunde Ku2
        ON  Ku1.Wohnort = Ku2.Wohnort
WHERE   Ku1.KNr > Ku2.KNr;
```

Mit den neuen Formulierungsformen kann explizit ein natürlicher Verbund angegeben werden (s. Beispiel 4.34), bei dem in der Ergebnisrelation automatisch Mehrfachnennungen von

Verbund-Attributen ausgeblendet werden. Dies ist in der klassischen Form nicht möglich, dort muss die Ausblendung der Mehrfachnennungen explizit im SELECT-Teil durch eine entsprechend verkürzte Attributliste angegeben werden.

Natürlicher Verbund	• **FROM** **<Tabelle 1>** [[AS] <Tab.-Name 1 neu>] [INNER] **JOIN** **<Tabelle 2>** [[AS] <Tab.-Name 2 neu>] **USING (<Liste Attribut-Namen 1>)** [AS <Ergebnistabellen-Name 1>] [[INNER] JOIN <Tabelle 3> [[AS] <Tab.-Name 3 neu>] USING (<Liste Attribut-Namen 2>) [AS <Ergebnistabellen-Name 2>] [INNER] JOIN ...] • **FROM** **<Tabelle 1>** [[AS] <Tab.-Name 1 neu>] **NATURAL** [INNER] **JOIN** **<Tabelle 2>** [[AS] <Tab.-Name 2 neu>] [AS <Ergebnistabellen-Name 1>] [NATURAL [INNER] JOIN <Tabelle 3> [[AS] <Tab.-Name 3 neu>] [AS <Ergebnistabellen-Name 2>] NATURAL [INNER] JOIN ...]

Bei diesen Formulierungsformen gilt, dass

- bei der USING-Klausel der natürliche Verbund über die genannten gleichnamigen Attribute der beteiligten Relationen durchgeführt wird,[12]
- bei der NATURAL JOIN-Klausel der natürliche Verbund über *alle* gleichnamigen Attribute der beteiligten Relationen durchgeführt wird,
- zusammengehörige Teile durch Klammerung gekennzeichnet werden sollten.

Beispiel 4.34

Die SQL-Anweisung aus Beispiel 4.31

```
SELECT  DISTINCT Name
FROM    Kunde, Kauf, Artikel
WHERE   Kunde.KNr = Kauf.KNr AND Kauf.ANr = Artikel.ANr AND
        Bezeichner = 'HIFI-Anlage';
```

kann mit den neuen Formen auch folgendermaßen formuliert werden:

```
SELECT  DISTINCT Name
FROM    (Kunde JOIN Kauf USING KNr) JOIN Artikel USING ANr
WHERE   Bezeichner = 'HIFI-Anlage';
```

12 Hinweis: Bei einem einzelnen Attribut kann die Klammerung der Attributliste entfallen.

oder auch so:

SELECT DISTINCT Name
FROM Kunde NATURAL JOIN Kauf NATURAL JOIN Artikel
WHERE Bezeichner = 'HIFI-Anlage';

Als eine Mischung mit neuen und klassischen Formulierungsformen ist auch die folgende SQL-Abfrage-Anweisung möglich:

SELECT DISTINCT Name
FROM (Kunde NATURAL JOIN Kauf) AS KuKa, Artikel
WHERE KuKa.ANr = Artikel.ANr AND Bezeichner = 'HIFI-Anlage';

Neben dem inneren Verbund (Standardfall) gibt es noch einen **äußeren Verbund** (outer join), bei dem sich auch Datensätze für die Ergebnisrelation qualifizieren, die die Verknüpfungsbedingungen nicht erfüllen. Die Angabe dieser JOIN-Arten erfolgt mit dem SQL-Ausdruck:

[NATURAL] <LEFT | RIGHT | FULL> [OUTER] JOIN

Es gibt also drei Arten für den äußeren Verbund, wobei jeweils die Angabe von OUTER optional ist (Default-Wert). Im Einzelnen qualifizieren sich die folgenden Datensätze für die Ergebnisrelation:

- **[natural] left [outer] join:**
alle Datensätze aus dem inneren Verbund und jeder Datensatz der zuerst genannten (linken) Relation, der sich beim inneren Verbund nicht qualifiziert hat (wird jeweils mit Nullwerten für die Attribute der rechten Relation ergänzt – s. Beispiel 4.35a).

- **[natural] right [outer] join:**
alle Datensätze aus dem inneren Verbund und jeder Datensatz der zweiten (rechten) Relation, der sich beim inneren Verbund nicht qualifiziert hat (wird jeweils mit Nullwerten für die Attribute der linken Relation ergänzt – s. Beispiel 4.35b).

- **[natural] full [outer] join:**
alle Datensätze aus dem inneren Verbund und jeder Datensatz der beiden zu verknüpfenden Relationen, der sich beim inneren Verbund nicht qualifiziert hat (wird jeweils mit Nullwerten für die Attribute der anderen Relation ergänzt – s. Beispiel 4.35c).

Beispiel 4.35

Es liege die folgende Datenbank vor:

Mitarbeiter		
PersNr	*Name*	*Wohnort*
1111	Peter	Ulm
3333	Ute	Ulm
6666	Karin	Stuttgart

Unternehmen	
Firmenname	*Standort*
Soft-Consult	Ulm
Mega-Store	München

a) Die Abfrage

„Liste die Daten aller Mitarbeiter auf und ergänze diese jeweils einzeln mit den Daten derjenigen Unternehmen, die am Wohnort des Mitarbeiters angesiedelt sind.“

führt zu der SQL-Anweisung

SELECT *
FROM *Mitarbeiter LEFT JOIN Unternehmen ON Wohnort = Standort;*

dessen Auswertung die folgende Ergebnisrelation ergibt:

PersNr	*Name*	*Wohnort*	*Firmenname*	*Standort*
1111	Peter	Ulm	Soft-Consult	Ulm
3333	Ute	Ulm	Soft-Consult	Ulm
6666	Karin	Stuttgart	NULL	NULL

b) Die Abfrage

„Liste die Daten aller Unternehmen auf und ergänze diese jeweils einzeln mit den Daten derjenigen Mitarbeiter, die am Standort des Unternehmens wohnen.“

führt zu der SQL-Anweisung

SELECT *
FROM *Mitarbeiter RIGHT JOIN Unternehmen ON Wohnort = Standort;*

dessen Auswertung die folgende Ergebnisrelation ergibt:

PersNr	*Name*	*Wohnort*	*Firmenname*	*Standort*
1111	Peter	Ulm	Soft-Consult	Ulm
3333	Ute	Ulm	Soft-Consult	Ulm
NULL	NULL	NULL	Mega-Store	München

c) Die Abfrage

„Liste die Daten eines Mitarbeiters mit den Daten eines Unternehmens auf, sofern der Mitarbeiter am Standort des Unternehmens wohnt. Mitarbeiter, die an keinem der Unternehmensstandorte wohnen, oder Unternehmen, an deren Standort kein Mitarbeiter wohnt, sollen mit einem leeren Partnersatz ausgegeben werden.“

führt zu der SQL-Anweisung

SELECT *
FROM *Mitarbeiter FULL JOIN Unternehmen ON Wohnort = Standort;*

dessen Auswertung die folgende Ergebnisrelation ergibt:

PersNr	*Name*	*Wohnort*	*Firmenname*	*Standort*
1111	Peter	Ulm	Soft-Consult	Ulm
3333	Ute	Ulm	Soft-Consult	Ulm
6666	Karin	Stuttgart	NULL	NULL
NULL	NULL	NULL	Mega-Store	München

4.2.17 Übungsaufgabe 10

Ein Händler für Geschenkartikel verwaltet seine Firmenkunden, deren Aufträge und deren Zahlungen in der relationalen Datenbank Handel aus Abb. 4.4. Dazu sei angemerkt, dass bei einem Auftrag ein Kunde üblicherweise verschiedene Artikel bestellt, wobei jeder bestellte Artikel in einer Bestellposition festgehalten wird. Zu jeder Bestellposition gibt es einen individuellen Mengenrabatt.
(Hinweise:
- Die Primärschlüsselattribute sind unterstrichen.
- Die Fremdschlüsselattribute sind durch „(FS)“ gekennzeichnet und haben den gleichen Bezeichner wie das jeweils referenzierte Primärschlüsselattribut.)

Kunde			
KNr	*Firma*	*Ansprechpartner*	*Ort*
K1	Feinkost-Müller	Frau Müller	Hamburg
K2	Hotel Burghof	Herr Kunibert	Stuttgart
K3	Parfümerie Duftig	Dr. Lagerfeld	München

Auftrag			
AufNr	*KNr (FS)*	*AufDatum*	*Bearbeiter*
Auf1	K1	2006-03-22	Max
Auf2	K2	2006-04-17	Max
Auf3	K1	2006-05-05	Moritz

Bestellposition			
AufNr (FS)	*ArtNr (FS)*	*Menge*	*Rabatt*
Auf1	Art1	400	10
Auf1	Art2	600	12
Auf2	Art1	500	15
Auf2	Art2	500	15
Auf2	Art3	500	15
Auf3	Art1	300	8
Auf3	Art4	300	8

Artikel		
ArtNr	*ArtName*	*Preis*
Art1	Geschenkkarton	2,22
Art2	Kugelschreiber	3,33
Art3	Terminkalender	4,44
Art4	Taschenrechner	5,55
Art5	Aktenkoffer	44,44

Zahlung			
ZNr	*AufNr (FS)*	*Betrag*	*ZahlDatum*
Z1	Auf1	2.000,00	2006-06-30
Z2	Auf1	557,44	2006-07-31
Z3	Auf3	2.144,52	2006-08-30

Abb. 4.4 Datenbank Handel

Formulieren Sie für diese Datenbank Handel die folgenden Abfragen mittels geeigneter SQL-Anweisungen:

a) Listen Sie für alle Kunden den Firmennamen, den Ansprechpartner und den Standort auf.

b) Listen Sie die Auftragsnummer, die Kundennummer, den Zahlungsbetrag und das Zahlungsdatum für alle Zahlungen auf.

c) Listen Sie das Auftragsdatum und den Bearbeiter für alle Aufträge des Kunden 'Feinkost-Müller' auf, die vor dem 1. April 2006 eingegangen sind.

d) Listen Sie die Nummern aller Kunden zusammen mit den Namen der von ihnen bestellten Artikel auf, aufsteigend sortiert nach Kundennummer.

e) Listen Sie für alle Aufträge die Auftragsnummer und den Kundennamen auf. Ergänzen Sie dabei jeweils den Auftrag mit dem Betrag und dem Datum der zugehörigen Zahlung, sofern eine Zahlung stattgefunden haben.

f) Listen Sie die Auftragsnummer und das Auftragsdatum für alle Aufträge auf. Geben Sie dabei zu jedem Auftrag auch die Gesamtmenge der bestellten Artikel und den durchschnittlichen Rabatt aus.

g) Listen Sie alle Daten für diejenigen Artikel auf, die noch nicht bestellt wurden.

4.2.18 Übungsaufgabe 11

Ergänzen Sie die SQL-Definitionen aus der Übungsaufgabe 9 mit entsprechenden SQL-Anweisungen für die noch nicht mit SQL ausformulierten Check-Bedingungen:

a) Für die Relation *MA-Kind*:
CHECK (Anzahl *MA-NR*-Werte pro *KindNr*-Wert ≤ 2)

b) Für die Relation *Angestellter*:
CHECK (Anzahl *PersNr*-Werte mit gleichem *Chef*-Wert ≤ 20)

c) Für die Relation *Abteilung*:
CHECK (Anzahl gleicher *Leiter*-Werte ≤ 2)

4.2.19 Übungsaufgabe 12

Ein Unternehmen verwaltet seine Daten mit dem Datenbankschema aus der Übungsaufgabe 9. Formulieren Sie jeweils eine geeignete SQL-Anweisung für die folgenden Abfragen:

a) Listen Sie für alle Projekte den Namen, das Start-Datum und das Ende-Datum auf.

b) Listen Sie alle Auszubildenden mit allen Daten auf, wobei die Ausgabe alphabetisch geordnet nach dem Nachnamen erfolgen soll.

c) Listen Sie diejenigen Mitarbeiter auf, die ein Kind haben. Geben Sie dazu jeweils pro Kind-Verhältnis die Personalnummer und den Nachnamen des Mitarbeiters und den Vornamen des Kindes aus.

d) Listen Sie die Personalnummer, den Namen und das Gehalt für diejenigen Abteilungsleiter auf, deren Gehalt unter 100.000 liegt.

e) Listen Sie den Namen für diejenigen Mitarbeiter auf, die mehr verdienen als der jeweilige (direkte) Vorgesetzte.

f) Listen Sie den Namen für diejenigen Mitarbeiter auf, die schon mehr als 10 Seminare besucht haben.

g) Listen Sie den Namen für diejenigen Mitarbeiter auf, die derzeit in keinem strategischen Projekt tätig sind.

h) Listen Sie alle Projektbeteiligungen der Mitarbeiter aus der Abteilung ‘Informatik und Organisation’ auf. Geben Sie dazu jeweils den Namen und die Rolle des Mitarbeiters und den Namen des Projekts aus.

i) Ermitteln Sie den Durchschnitt und die Summe der Budgets aus den strategischen Projekten.

j) Ermitteln Sie die Summe der Budgets aus denjenigen Projekten, in denen Mitarbeiter der Abteilung ‘Informatik und Organisation’ mitwirken.

4.3 Datenmanipulation

Mit den bisher vorgestellten SQL-Anweisungen können die Strukturen der Relationen angelegt und die Inhalte der Relationen abgefragt werden. Für die Verarbeitung der Daten in der relationalen Datenbank fehlen jetzt noch die SQL-Anweisungen für die so genannte Manipulation der Daten, also SQL-Anweisungen für das Einfügen, Ändern und Löschen von Datensätzen.

4.3.1 Einfügen von Datensätzen

Mit SQL können entweder einzelne Datensätze oder eine Menge von Datensätzen in eine Relation eingefügt werden (s. Beispiel 4.36 und Beispiel 4.37). Hierfür gibt es zwei verschiedene Einfüge-Anweisungen:

Einfügen einzelner Datensätze	INSERT INTO <Tabellen-Name> [(<Attribut-Name 1>, …, <Attribut-Name n>)] VALUES (<Wert-Ausdruck 1> [, …, <Wert-Ausdruck n>]) [, (<Wert-Ausdruck 2.1> [, …, <Wert-Ausdruck 2.n>]) , …]
Einfügen einer Menge von Datensätzen	INSERT INTO <Tabellen-Name> [(<Attribut-Name 1>, …, <Attribut-Name n>)] <SELECT-Anweisung>

Für diese SQL-Einfüge-Anweisung gilt:

- Pro Anweisung können immer nur Datensätze in eine Relation eingefügt werden.
- Werden keine Attribute angegeben, so gilt als Default-Wert die komplette Attributliste der betreffenden Relation.
- Im VALUES-Teil werden die einzufügenden Datensätze einzeln angegeben. Die spezifizierten Werte werden in der angegebenen Reihenfolge den aufgelisteten Attributen zugeordnet und müssen jeweils mit dem Attribut-Datentyp kompatibel sein. Die nicht aufgelisteten Attribute werden mit einem Nullwert oder – sofern definiert - mit dem Default-Wert versehen.

- Mit der SELECT-Anweisung kann eine Menge von einzufügenden Datensätzen angegeben werden und zwar in der Form einer Abfrage über die vorhandenen Relationen.

Beispiel 4.36

In der Datenbank Verkauf aus Abb. 4.3 sollen die beiden folgenden Datensätze hinzugefügt werden:

„Füge die neuen Kunden 'Schröder' und 'Berger' mit den Kundennummern 'K11' und 'K12' ein. Für beide gilt: Der Wohnort ist unbekannt und die Bonität soll zunächst auf den Default-Wert gesetzt werden.“

Dies wird mit SQL formuliert als

```
INSERT INTO   Kunde (KNr, Name)
VALUES        ('K11', 'Schröder'), ('K12', 'Berger');
```

oder äquivalent als

```
INSERT INTO   Kunde
VALUES        ('K11', 'Schröder', NULL, 50), ('K12', 'Berger', NULL, 50);
```

Beispiel 4.37

In der Datenbank Verkauf aus Abb. 4.3 sei eine neue Relation *Person* mit einem gekauften Adressbestand hinzugekommen:

Person					
PersNr	*Anrede*	*Name*	*Straße*	*Ort*	*TelefonNr*
P1	Frau	Arnold	Waldweg 17	Spatzenhausen	01234-010101
P2	Herr	Blum	Hauptstraße 8	Buxtehude	02468-898989
...	...	...	...	...	...
P99999	Frau	Zundel	Am Friedhof	Obersulzbach	09753-555555

Es soll nun die folgende Transaktion durchgeführt werden:

„Übernehme die Datensätze der weiblichen Personen in die Relation Kunde.“

Dies kann mit folgender SQL-Anweisung erreicht werden (unter der Annahme, dass die entsprechenden Attribute kompatible Datentypen besitzen):

```
INSERT INTO   Kunde (KNr, Name, Wohnort)
SELECT        PersNr, Name, Ort
FROM          Person
WHERE         Anrede = 'Frau';
```

Beim Einfügen eines Datensatzes ist darauf zu achten, dass die **referentielle Integrität** der Datenbank nicht verletzt wird. Werte für Fremdschlüsselattribute dürfen nämlich nur dann eingefügt werden, wenn die betreffenden Werte auch bei den referenzierten Primärschlüsselattributen vorhanden sind (s. Beispiel 4.38).

Beispiel 4.38

In der Datenbank Verkauf aus Abb. 4.3 kann die Einfüge-Anweisung

INSERT INTO Kauf
VALUES ('K50', 'A20', 'F10', 3, '2006-05-22');

nur dann abgearbeitet werden, wenn es
- in der Relation *Kunde* einen Datensatz mit der KNr 'K50',
- in der Relation *Artikel* einen Datensatz mit der ANr 'A20' und
- in der Relation *Filiale* einen Datensatz mit der FNr 'F10' gibt.

4.3.2 Ändern von Datensätzen

Für das Ändern von Datensätzen gibt es eine einheitliche SQL-Anweisung, mit der sich eine Änderung sowohl bei einem einzelnen Datensatz als auch bei mehreren Datensätzen gleichzeitig durchführen lässt (s. Beispiel 4.39 bis Beispiel 4.41):

```
UPDATE   <Tabellen-Name>
SET      <Attribut-Name 1> = < Wert-Ausdruck 1>
         [, ..., <Attribut-Name n> = <Wert-Ausdruck n>]
[WHERE   <Selektionsbedingungen>]
```

Für diese SQL-Änderungs-Anweisung gilt:
- Es können immer nur die Datensätze einer Relation geändert werden.
- Die neu gesetzten Attributwerte müssen jeweils mit dem Attribut-Datentyp kompatibel sein.
- Wird kein WHERE-Teil angegeben, so werden alle Datensätze der betreffenden Relation geändert. Ansonsten werden nur diejenigen Datensätze geändert, die die Selektionsbedingungen erfüllen.
- Auch beim Ändern ist auf die referentielle Integrität der Datenbank zu achten.

Beispiel 4.39

In der Datenbank Verkauf aus Abb. 4.3 soll die folgende Änderung durchgeführt werden:

„Ändere bei dem Artikel mit der ANr 'A3' den Bezeichner auf 'Digitalfernseher' und den Preis auf 1.800."

Dies wird mit SQL formuliert als

UPDATE Artikel
SET Bezeichner = 'Digitalfernseher', Preis = 1800
WHERE ANr = 'A3';

Beispiel 4.40

In der Datenbank Verkauf aus Abb. 4.3 soll die folgende Änderung durchgeführt werden:

„Erhöhe die Preise aller Artikel um 10%.“

Dies wird mit SQL formuliert als

```
UPDATE  Artikel
SET     Preis = Preis * 1.1;
```

Beispiel 4.41

In der Datenbank Verkauf aus Abb. 4.3 soll die folgende Änderung durchgeführt werden:

„Erhöhe die Bonität derjenigen Kunden um 5 Punkte, die an einem Unternehmensstandort wohnen.“

Dies wird mit SQL formuliert als

```
UPDATE  Kunde
SET     Bonität = Bonität + 5
WHERE   Wohnort IN ( SELECT Ort
                     FROM   Filiale );
```

4.3.3 Löschen von Datensätzen

Für das Löschen von Datensätzen gibt es ebenfalls eine einheitliche SQL-Anweisung. Mit dieser lässt sich sowohl ein einzelner Datensatz als auch eine Menge von Datensätzen löschen (s. Beispiel 4.42 bis Beispiel 4.44):

```
DELETE FROM  <Tabellen-Name>
[WHERE       <Selektionsbedingungen>]
```

Für diese SQL-Änderungs-Anweisung gilt:

- Es können immer nur Datensätze in einer Relation gelöscht werden.
- Wird kein WHERE-Teil angegeben, so werden alle Datensätze der betreffenden Relation gelöscht. Ansonsten werden nur diejenigen Datensätze gelöscht, die die Selektionsbedingungen erfüllen.
- Auch beim Löschen ist auf die referentielle Integrität der Datenbank zu achten (s. Beispiel 4.42).

Beispiel 4.42

In der Datenbank Verkauf aus Abb. 4.3 soll die folgende Löschung durchgeführt werden:

„Lösche die Filiale in Karlsruhe.“

Dies wird mit SQL formuliert als

```
DELETE FROM Filiale
WHERE       Ort = 'Karlsruhe';
```

Dabei ist zu beachten, dass bei diesem Löschvorgang die referentielle Integrität der Datenbank verletzt wird: die Fremdschlüsselbeziehungen von der Relation Kauf auf den Datensatz mit der Karlsruher Filiale zeigen nach dem Löschvorgang ins Leere. Damit ist die Datenbank nicht mehr konsistent.

Beispiel 4.43

Um die Inkonsistenz in Beispiel 4.42 zu vermeiden, kann in der Datenbank Verkauf aus Abb. 4.3 vor der Filiale-Löschung die folgende Löschung durchgeführt werden:

„Lösche alle Einkäufe, die in der Filiale in Karlsruhe stattgefunden haben."

Dies wird mit SQL formuliert als

```
DELETE FROM Kauf
WHERE       FNr = ( SELECT FNr
                    FROM   Filiale
                    WHERE  Ort = 'Karlsruhe' );
```

Beispiel 4.44

In der Datenbank Verkauf aus Abb. 4.3 soll die folgende Löschung durchgeführt werden:

„Lösche alle Einkäufe."

Dies wird mit SQL formuliert als

```
DELETE FROM Kauf;
```

Dabei ist anzumerken, dass nicht die komplette Relation Kauf gelöscht wird, sondern lediglich deren Datensätze. Die Relation ist anschließend leer.

4.3.4 Übungsaufgabe 13

Formulieren Sie für die Datenbank Handel aus der Übungsaufgabe 10 die folgenden Datenmanipulationen mittels geeigneter SQL-Anweisungen:

a) Fügen Sie als neuen Kunden das Bankhaus *Silberling aus Buxtehude* ein.

b) Fügen Sie alle nicht bestellten Artikel mit der Artikelnummer und dem Artikelnamen in eine neu zu definierende Relation LADENHÜTER (LHNr, LHName) ein.

c) Die Firma *Feinkost-Müller* ist nach *Bremen* umgezogen und der Ansprechpartner ist jetzt *Frau Süß*. Aktualisieren Sie den Datenbestand entsprechend.

d) Reduzieren Sie den Preis für diejenigen Artikel um *10%*, die über *10* Euro kosten.

e) Löschen Sie alle Artikel, die nicht bestellt wurden.

f) Löschen Sie unter Beachtung der referentiellen Integrität alle Daten aus der Datenbank.

4.3.5 Übungsaufgabe 14

Für das Unternehmen, das seine Daten mit dem Datenbankschema aus der Übungsaufgabe 9 verwaltet, sind die folgenden Datenmanipulationen mittels geeigneter SQL-Anweisungen zu formulieren:

a) Fügen Sie die neue Mitarbeiterin *Karlotta Feldbusch* mit der Personalnummer *KF-001-001* in die Datenbank ein. Frau Feldbusch wohnt in *11880 Blödelhausen, Lachgasse 13*, und beginnt in der Abteilung *Marketing* mit einem Gehalt von *50.000* Euro.

b) Der langjährige Mitarbeiter *Albert Zweistein* mit der Personalnummer *AZ-0-e=mc2* soll ab sofort als neues Teammitglied bei dem bereits laufenden Projekt *Neue Energieformen* in der Rolle *Qualitätssicherung* mitwirken. Legen Sie diese neue Projektbeteiligung in der Datenbank an.
(Hinweis: Die Projektbeteiligungsnummern werden inkrementell vergeben.)

c) Erhöhen Sie für alle Mitarbeiter der Abteilung *Datenverarbeitung* das Gehalt um *5%*.

d) *Willi Sorgenmacher* mit der Personalnummer *WS-000-000* soll als Projektleiter des Projekts *Neue Energieformen* ausgetauscht werden. Neuer Projektleiter wird *Hugo Feldherr* mit der Personalnummer *HF-999-999*. Aktualisieren Sie den Datenbestand entsprechend.
(Hinweis: Projektleiter dürfen in den Projekten keine weiteren Rollen ausüben.)

e) Der Auszubildende *Max Jungfuchs* mit der Personalnummer *MJ-000-123* hat seine Ausbildung beendet und verlässt das Unternehmen. Löschen Sie ihn inklusive Adressen und Personalakte aus der Datenbank.
(Hinweis: Auszubildende besuchen keine Seminare und werden nicht in Projekten eingesetzt.)

f) Löschen Sie alle Projektbeteiligungen und alle Projektrollen für das Projekt *Altersvorsorge*.

5 Zusammenfassung und Ausblick

Relationale Datenbanken haben sich in den vergangenen 30 Jahren zu einem fundamentalen Bestandteil betrieblicher Informationssysteme entwickelt. Es ist heute möglich, ausgehend von der fachlichen Datenanalyse über den relationalen Datenbankentwurf nahtlos zur Implementierung einer **sauber strukturierten Datenbank** zu gelangen, die eine problemlose Verarbeitung der betrieblichen Daten erlaubt. Die dazu erforderliche *Vorgehensweise* und die zugehörigen *Methoden* waren das zentrale Thema der zurückliegenden Kapitel.

In Kapitel 1 erfolgte zunächst eine kurze allgemeine Einführung in die Arbeitsweise und die Vorteile **relationaler Datenbanken**, die heute standardmäßig als Grundlage betrieblicher Informationssysteme eingesetzt werden.

In Kapitel 2 wurde die *fachliche Datenanalyse* bzw. der fachliche Datenentwurf vorgestellt, in der ohne die Berücksichtigung von DV-Aspekten die relevanten Datenobjekte, deren Eigenschaften und deren Beziehungen identifiziert werden. Als Standard-Methode für die Modellierung der Datenwelt kam die **Entity-Relationship-Datenmodellierung** zum Einsatz, deren Strukturierungselemente in einer UML-nahen Notation vorgestellt wurden.

Das Kapitel 3 beschäftigte sich mit dem *DV-technischen Datenbankentwurf*, bei dem das ER-Datenmodell in ein **relationales Datenmodell** überführt wird, um zu den gewünschten Datenbank-Tabellen zu kommen. Darüber hinaus wurde auch die Technik der **Normalisierung** vorgestellt, mit deren Hilfe ganz generell Strukturierungsfehler in Datenbank-Tabellen aufgezeigt und beseitigt werden können.

Schließlich stellte das Kapitel 4 die Standard-Datenbanksprache **SQL** für die Implementierung und den Einsatz der relationalen Datenbank vor. Dabei wurden SQL-Anweisungen für die *Datendefinition* (Datenbank-Tabellen anlegen), für die *Datenmanipulation* (Datensätze einfügen, ändern und löschen) und insbesondere für die *Datenabfrage* (Datensätze suchen) behandelt.

Im Gegensatz zu den meisten Lehrbüchern im Datenbankbereich behandelt das vorliegende Buch nicht das gesamte Spektrum aller aktuellen Datenbankthemen, sondern konzentriert sich auf die zentrale und grundlegende Fragestellung, wie heute relationale Datenbanken entworfen und verarbeitet werden. Die betreffenden Datenbanken beinhalten meist *Massendaten* mit überschaubarer Komplexität, die üblicherweise in jedem Unternehmen verwaltet werden müssen (bspw. Kunden-, Vertrags-, Abteilungs-, Projekt- oder Mitarbeiter-Daten).

Über diesen Anwendungsbereich hinaus gibt es natürlich noch viele *weitere interessante Aspekte* bei relationalen Datenbanksystemen. Dazu zählen Themen wie Datenbank-

Programmierung, Arbeitsweise relationaler Datenbanksysteme, verteilte Datenbanken, Data-Warehouse-Datenbanken, Dokumenten- bzw. Content-Datenbanken, objektrelationale Datenbanken und XML-Datenbanken. Diese Themen haben zu zahlreichen Erweiterungen relationaler Datenbanksysteme geführt und stellen auch heute noch interessante Herausforderungen dar (bspw. XML-Datenbanken). Deshalb sollen abschließend die genannten Themen zumindest in Form eines kurzen Ausblicks aufgezeigt werden.

Datenbank-Programmierung

Für die Programmierung eines Anwendungssystems, dem eine relationale Datenbank zugrunde liegt, gibt es prinzipiell zwei Möglichkeiten. Man kann entweder eine prozedural erweiterte Variante von SQL verwenden, bspw. SQL PL bei DB2 oder PL/SQL bei Oracle, womit die Anwendung komplett programmiert werden kann. Dieser Ansatz ist allerdings nicht sehr verbreitet. Weit häufiger genutzt wird die zweite Möglichkeit, nämlich der Einsatz einer gängigen Programmiersprache wie Java, aus der mittels spezieller Routinen das Datenbanksystem aufgerufen wird. Dabei können die SQL-Anweisungen einerseits in Textform an das Datenbanksystem zur Laufzeit übergeben werden (bei Java mittels der CLI-Schnittstelle JDBC - Java DataBase Connectivity). Andererseits ist es aber auch möglich, die SQL-Anweisungen in die Programmiersprache einzubetten und diese von einem Precompiler vor der Laufzeit übersetzen zu lassen (Embedded SQL - bei Java mittels SQLJ).

Prinzipiell läuft der Aufruf des Datenbanksystems so ab, dass zunächst eine Verbindung zur Datenbank aufgebaut und dann die SQL-Anweisung, bspw. eine Abfrage, an das Datenbanksystem übergeben wird. Dort erfolgt anschließend die Auswertung der betreffenden Datenbankabfrage (falls erforderlich mit vorausgehender Übersetzung). Abschließend sendet das Datenbanksystem das Ergebnis der Abfrage mittels eines so genannten Cursor-Konzepts satzweise an das Java-Anwendungsprogramm zurück.

Eine ausführliche Beschreibung der Datenbank-Programmierung mit anschaulichen Beispielen findet sich in [HSS03], [Moo04], [KE06], [SKS06] und [CB05].

Arbeitsweise relationaler Datenbanksysteme

Relationale Datenbanksysteme arbeiten nach dem grundlegenden Konzept der Transaktion, d.h. eine bestimmte Folge von zusammenhängenden elementaren Datenbankoperationen wird entweder vollständig oder gar nicht ausgeführt. Mit Hilfe der Transaktion ist es auch möglich, sowohl die parallel auf die Datenbank zugreifenden Benutzer zu koordinieren als auch die Datenbank beim Auftreten eines Fehlers in einen konsistenten Zustand zu überführen.

Zur Beschleunigung der Zugriffe auf die Datenbank können für diejenigen Attribute, über die häufig zugegriffen wird, so genannte Indexe vereinbart werden. Diese funktionieren im Prinzip wie die Stichwortlisten am Ende eines Lehrbuchs, nur dass Indexe vom Datenbanksystem nicht linear, sondern meist hierarchisch in Form von (B^+- oder B*-)Bäumen organisiert werden. Darüber hinaus zerlegt das Datenbanksystem jede Abfrage in die erforderlichen einzelnen Auswertungsschritte und bringt diese im Hinblick auf eine minimale Gesamtauswertungsdauer in eine optimale Reihenfolge (bspw. durch die Ausnutzung vorhandener Indexe).

Eine ausführliche Beschreibung der Funktionsweise relationaler Datenbanksysteme mit anschaulichen Beispielen findet der Leser in [EN04], [KE06], [CB05], [SKS06] und [SHS05].

Verteilte Datenbanken

Häufig erfolgt die Verwaltung der Datenbanken nicht auf einem einzigen, zentralen Datenbankserver. Die Daten werden vielmehr auf mehrere kooperierende Datenbankserver verteilt, wobei die Daten auch mehrfach (d.h. auf mehreren Lokationen gleichzeitig) abgelegt werden können. Eine solche verteilte Datenhaltung dient insbesondere zur Erhöhung der Ausfallsicherheit und zur Steigerung der Leistungsfähigkeit.

Die Transaktionsverarbeitung und die Abfrageauswertung erfolgen bei verteilten Datenbanken weitgehend transparent für den Benutzer, d.h. der Benutzer muss für das Arbeiten mit der Datenbank im Allgemeinen nicht wissen, wo sich die Daten befinden. Das Datenbanksystem muss dazu allerdings intern mit einigen Zusatzfähigkeiten ausgestattet werden, bspw. mit dem 2-Phasen-Commit-Protokoll und mit globalen Sperren für eine sichere Transaktionsverarbeitung bzw. mit der Semi-Verbund-Technik und mit Parallelverarbeitung für eine effiziente Abfrageauswertung.

Eine ausführliche Beschreibung der Funktionsweise verteilter Datenbanken mit anschaulichen Beispielen findet der Leser in [EN04], [KE06], [CB05], [SKS06] und [SHS05].

Data-Warehouse-Datenbanken

In Data-Warehouse-Systemen werden unternehmensweit Daten aus unterschiedlichen operationalen Datenbeständen zusammengeführt und für analytische Auswertungen zur Verfügung gestellt. Dazu werden in einem so genannten ETL-Prozess (Extrahieren, Transformieren, Laden) die relevanten Daten aus den operationalen Beständen ermittelt, inhaltlich geprüft, in eine einheitliche Form gebracht und in einer speziellen Datenbank, dem Data Warehouse, abgelegt. Ein solches Data Warehouse (DWH) wird in regelmäßigen Abständen mit neuen, aktuellen Daten aus den operationalen Beständen versorgt, wobei aber die bestehenden Daten im DWH nicht überschrieben, sondern chronologisch ergänzt werden.

Für die analytischen Auswertungen kommt überwiegend das Online Analytical Processing (OLAP) zum Einsatz. Dabei verwendet man so genannte Datenwürfel, in denen die (Fakten-)Daten nach den möglichen Abfragekriterien (so genannte Dimensionen - bspw. Zeit, Region, Produkt, etc.) geordnet und vorab aggregiert werden. Damit können dann sehr schnell Abfragen über detaillierte und auch über aggregierte Daten beantwortet werden. Grundlage dieser Vorgehensweise bilden spezielle Datenmodelle (in der Regel Stern- oder Snowflake-Modell), die die Daten in geeignete Fakten-Tabellen und Dimensions-Tabellen einteilen.

Neben der OLAP-Analyse gibt es noch einen zweiten sehr populären Analyseansatz, nämlich das Data Mining. Dabei geht es im Gegensatz zu OLAP nicht um eine gezielte Suche nach ganz bestimmten Fakten (bspw. monatliche Umsatzzahlen), sondern darum, dass in den

Datenbeständen bisher nicht erkannte Zusammenhänge, Muster oder Trends aufgedeckt werden.

Ausführliche Informationen zu den Themen Data Warehouse, OLAP und Data Mining finden sich in [EN04], [KE06], [CB05], [SKS06] und [SHS05].

Dokumenten-, Multimedia- und Content-Datenbanken

In den letzten zwei Jahrzehnten wurden in datenbankbasierten Anwendungssystemen hauptsächlich einfache Dokumente wie Personalakten, Versicherungsverträge oder Rechnungen verwaltet, denen relativ einfach strukturierte Datensätze mit festen Strukturen und einfachen Datentypen wie Zeichenkette, Zahl, Datum oder Zeit zugrunde lagen. Solche so genannten Standard-Anwendungen wird es auch in Zukunft geben, allerdings entstehen darüber hinaus seit einigen Jahren immer mehr Non-Standard-Anwendungssysteme mit multimedialen Inhalten. Dies ist insbesondere im Internet und in den Intranets der Unternehmen zu beobachten, wobei man dort die zu verwaltenden Daten als Content bezeichnet (darauf wird im unten stehenden Abschnitt XML-Datenbanken noch näher eingegangen).

Für die Verwaltung der multimedialen Inhalte, die oft flexibel miteinander zu kombinieren sind, muss ein Datenbanksystem mit einer Reihe neuer Datentypen erweitert werden. Diese sind insbesondere frei formatierter Text, Verknüpfung (Link), Tabelle, Diagramm, Grafik, Foto, Bild, Geodaten, Animation, Audio und Video. Dabei muss aber nicht nur eine effiziente Form der Speicherung gefunden werden, sondern es ergeben sich auch ganz neue Formen von Abfragen. So kann bspw. eine Landkarte angefordert werden, die die kürzeste Straßenverbindung zwischen zwei Städten visualisiert. Ein anderes Beispiel ist die Suche nach Telefongesprächen, in denen ein bestimmtes Thema angesprochen wird. Solche Abfragen sind mit normalen SQL-Anweisungen nicht zu lösen.

Die Erweiterung der Datenbanksysteme um Fähigkeiten zur Verwaltung multimedialer Inhalte ist ein sehr aktuelles Thema. Nähere Ausführungen dazu findet der interessierte Leser in [EN04] und [SHS05].

Objektrelationale Datenbanken

Anwendungssysteme werden heute überwiegend mit objektorientierten Programmiersprachen entwickelt. Dies bedeutet insbesondere, dass komplex strukturierte Datenobjekte verarbeitet und in Datenbanken abgespeichert werden müssen. Dies ist in normalen relationalen Datenbanksystemen nicht ohne weiteres möglich, da dort nur relativ einfach strukturierte, flache Datensätze verwaltet werden können.

Um diesem Missverhältnis zwischen objektorientierter Programmiersprache und relationalem Datenbanksystem entgegen zu wirken, wurden die Datenbanksprache SQL und dementsprechend auch die führenden Datenbanksysteme wie DB2 und Oracle um objektorientierte Fähigkeiten erweitert. Diese umfassen insbesondere benutzerdefinierte Datentypen, verschiedenartig strukturierbare Attribute, typisierte Tabellen (inkl. Objekt-ID), echte Generalisierung/Spezialisierung (inkl. Vererbung) und Methoden. Damit können nun in den führenden relationalen Datenbanksystemen nicht nur komplex strukturierte Datenobjekte, sondern auch deren Verhalten in objektrelationalen Tabellen verwaltet werden.

Eine ausführliche Beschreibung der objektrelationalen Erweiterungen mit anschaulichen Beispielen findet sich in [Tür03] und [TS06].

XML-Datenbanken

In den letzten Jahren hat sich das Internet immer mehr zu einer zentralen Plattform für die Abwicklung von geschäftlichen Transaktionen entwickelt. Mit dieser Entwicklung verbunden ist die Notwendigkeit, immer mehr Daten in den unterschiedlichsten Formaten austauschen zu müssen. Der entsprechende Datenaustausch erfolgt heute im Allgemeinen mit Hilfe von XML[13]-Dokumenten, die im Prinzip hierarchisch strukturierte Datensätze darstellen, die nicht nur die reinen Daten beinhalten, sondern auch Angaben zur Bedeutung der Daten (vergleichbar mit den Schemainformationen bei relationalen Datenbanken).

In diesem Zusammenhang hat sich nun die Erkenntnis durchgesetzt, dass die XML-Dokumente in Datenbanken abgespeichert bzw. aus Datenbankinhalten erzeugt werden sollten. Um dies tun zu können, sind mittlerweile Datenbanksysteme wie Oracle oder DB2 um den Datentyp xml erweitert worden, mit dessen Hilfe die XML-Dokumente in zerlegter Form in der relationalen Datenbank verwaltet werden können. Dabei bietet die Verwaltung durch das Datenbanksystem nicht nur eine automatisierte Zerlegung eines XML-Dokuments in seine einzelnen Bestandteile, sondern insbesondere auch spezielle Suchmöglichkeiten für XML-Dokumenteninhalte, da die Datenbanksprache SQL um ausgewählte Konstrukte der XML-Abfragesprache XQuery erweitert wurde.

Ausführliche Beschreibungen zu XML-Datenbanken mit anschaulichen Beispielen findet der Leser in [EN04], [KE06], [CB05], [SKS06] und [Lau05].

---

[13] XML steht für eXtended Markup Language und stellt die Standard-Sprache für die Beschreibung von Internet-Seiten dar.

Anhang

Anhang 1: Strukturierungselemente der Entity-Relationship-Datenmodellierung

Im Folgenden sind die Strukturierungselemente der Entity-Relationship-Datenmodellierung als Kurzübersicht in der UML-nahen Notation zusammengefasst.

Entitätstyp:

Entitätstyp	
Attribut 1:	Wertebereich [+ sonstige Bedingungen]
………	
Attribut n:	Wertebereich [+ sonstige Bedingungen]

WEAK Entitätstyp	
Attribut 1:	Wertebereich [+ sonstige Bedingungen]
………	
Attribut n:	Wertebereich [+ sonstige Bedingungen]

Wertebereich:

- ZAHL, ZEICHEN, DATUM, ZEIT, WAHRHEIT
- Aufzählung von (möglichen oder alternativen) Werten

sonstige Bedingungen:

- EINDEUTIG, STANDARD = <Wert>, CHECK (<Bedingung>), [<min>..<max>]

Beziehungstyp:

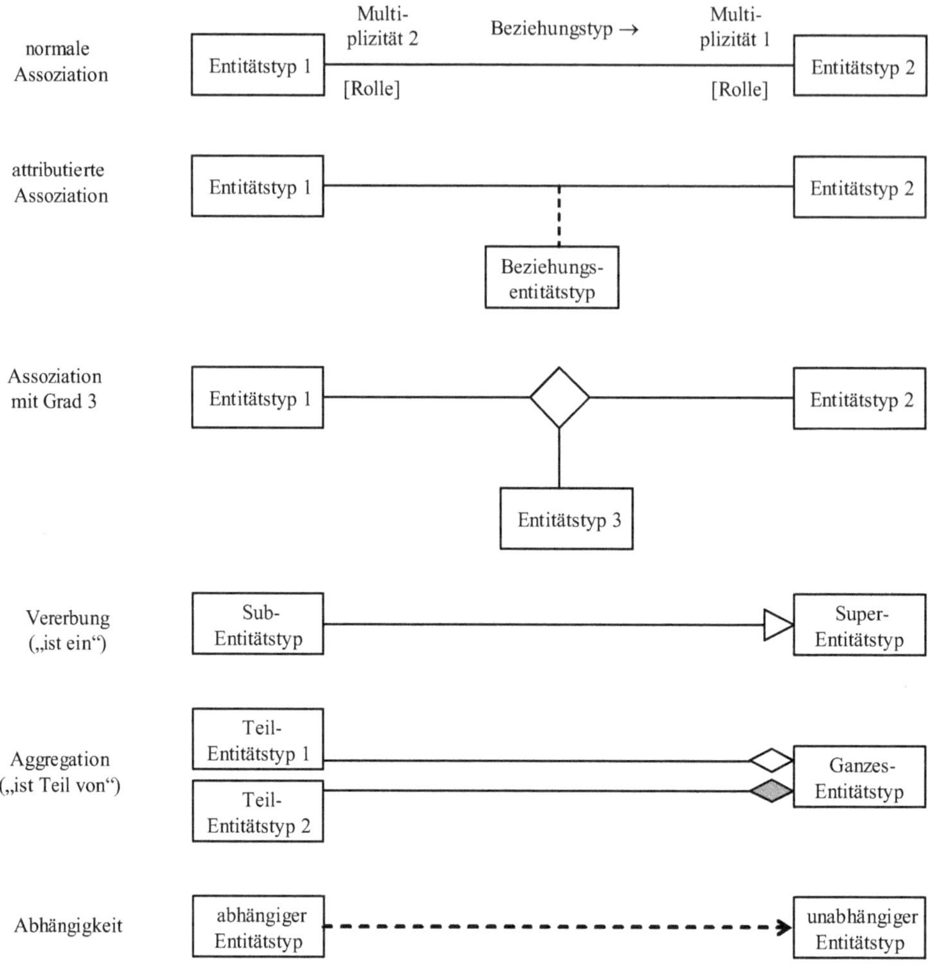

Anhang 2: Strukturierungselemente der relationalen Datenmodellierung

Im Folgenden sind die Strukturierungselemente der relationalen Datenmodellierung als Kurzübersicht zusammengefasst.

Relation:

Relation	
Attribut 1:	Wertebereich [+ sonstige Bedingungen]
………	
Attribut n:	Wertebereich [+ sonstige Bedingungen]

Wertebereich:
- INTEGER, DECIMAL, CHAR, VARCHAR, DATE, TIME, BOOLEAN
- Aufzählung von (möglichen oder alternativen) Werten

sonstige Bedingungen:
- PS
- FS referenziert <Relation> (<PS der Relation>)
- NOT NULL, UNIQUE, DEFAULT = <Wert>, CHECK (<Bedingung>)

Fremdschlüssel-Referenz:

Nullwert bei Fremdschlüssel erlaubt:

Nullwert bei Fremdschlüssel nicht erlaubt:

Anhang 3: Abbildung ER-Datenmodell ins normalisierte Relationenmodell

Im Folgenden werden anhand einer Kurzübersicht die Strukturierungselemente der ER-Datenmodellierung in die Strukturierungselemente der relationalen Datenmodellierung überführt.

Entitätstyp

ER-Datenmodell	*Normalisiertes Relationenmodell*
Entitätstyp, Weak-Entitätstyp, Sub-Entitätstyp, Beziehungsentitätstyp (gemeinsam mit zugehörigem Beziehungstyp)	Relation (bei Weak-Entitätstyp eigener PS erforderlich)
atomares, einwertiges Attribut	Attribut (atomar, einwertig)
zusammengesetztes (strukturiertes) Attribut	Teilattribute einzeln atomar (evtl. jeweils mit Gesamtattributname als Präfix)
mehrwertiges Attribut	• auslagern in eigene Relation (mit PS des ursprünglichen Entitätstyps als FS) • Notlösung: Attribut mehrmals einzeln atomar (mit lfd. Nr. bis Obergrenze)
Wertebereiche ZAHL, ZEICHEN, DATUM, ZEIT, WAHRHEIT	(SQL-)Datentypen INTEGER/DECIMAL, CHAR/VARCHAR, DATE, TIME, BOOLEAN
Aufzählung als Wertebereich	Basis-Datentyp mit Zusatzbedingung: CHECK (VALUE IN (...))
Primärschlüssel	Primärschlüssel
Integritätsbedingungen EINDEUTIG, STANDARD, CHECK, [1..<max>]	(SQL-)Integritätsbedingungen UNIQUE, DEFAULT, CHECK, NOT NULL

Beziehungstyp

ER-Datenmodell	*Normalisiertes Relationenmodell*
Beziehungstyp mit Grad > 2	Relation
Assoziation (binär) mit "viele zu viele"-Multiplizität	Relation (mit PS der am BT beteiligten ET als FS und PS)
Assoziation mit "1 zu viele"-Multiplizität	Fremdschlüssel in Relation auf „viele"-Seite (FS mit „Not Null", falls auf „1"-Seite Multiplizität „1..1")
Assoziation mit "1 zu 1"-Multiplizität	Fremdschlüssel in eine der beiden Relationen - gegenüber Seite mit Multiplizität „1..1", falls vorhanden (FS mit „Not Null", falls Seite mit Multiplizität „1..1" vorhanden)
Abhängigkeit mit Weak-Entitätstyp	• wie bei Assoziation • bei „1 zu 1"-Multiplizität: Attribute des Weak-ET können in Relation für ET integriert werden, von dem Weak-ET abhängig ist (evtl. mit Weak-ET-Name als Präfix)
Normale Aggregation	*(wie bei Assoziation)*
Starke Aggregation	PS der Aggregat-Relation als FS mit „Not Null" in Komponente-Relation
Generalisierung	PS des Super-ET als FS und PS in Relation für Sub-ET (ansonsten Relation für Sub-ET ohne Attribute des Super-ET; *bei Bedarf*: total/partiell + (nicht) disjunkt mittels Prüfroutine (Stored Procedure) sichern) • Notlösung: falls Sub-ET ohne eigene Attribute (nur eigener BT), keine eigene Relation für Sub-ET (BT des Sub-ET als BT des Super-ET behandeln)

Anhang 4: Normalformen für relationale Datenbanken

Im Folgenden werden die verschiedenen Stufen der Normalisierung als Kurzübersicht zusammengefasst:

Erste Normalform (1NF) Eine Relation heißt normalisiert bzw. ist in der ersten Normalform (1NF), wenn die Relation lediglich atomare, einwertige Attribute aufweist.
Zweite Normalform (2NF) Eine Relation ist in der zweiten Normalform (2NF), wenn sich die Relation in der ersten Normalform befindet und jedes Nichtschlüsselattribut von jedem Schlüsselkandidaten voll funktional abhängig ist.
Dritte Normalform (3NF) Eine Relation ist in der dritten Normalform (3NF), wenn sich die Relation in der zweiten Normalform befindet und kein Nichtschlüsselattribut von anderen Nichtschlüsselattributen funktional abhängig ist.
Boyce-Codd-Normalform (BCNF) Eine Relation ist in der Boyce-Codd-Normalform (BCNF), wenn sich die Relation in der dritten Normalform befindet und die Relation keine Teilschlüssel-Abhängigkeiten aufweist.
Vierte Normalform (4NF) Eine Relation ist in der vierten Normalform (4NF), wenn sich die Relation in der Boyce-Codd-Normalform befindet und die Relation keine mehrwertigen Abhängigkeiten aufweist.

Anhang 5: Sprachelemente der Datenbanksprache SQL

SQL-Konstrukte für die Datendefinition

<table>
<tr><td>Schema anlegen</td><td>CREATE SCHEMA <Schema-Name></td></tr>
<tr><td>Schema löschen</td><td>DROP SCHEMA <Schema-Name> CASCADE | RESTRICT

(Hinweis: CASCADE und RESTRICT sind in existierenden Datenbanksystemen meist optional)</td></tr>
<tr><td>Tabelle anlegen</td><td>CREATE TABLE <Tabellen-Name>
(<Attribut-Name 1> <Datentyp 1>
[<Integritätsbedingungen Attr.1>],
<Attribut-Name 2> <Datentyp 2>
[<Integritätsbedingungen Attr.2>],
....
<Attribut-Name n> <Datentyp n>
[<Integritätsbedingungen Attr.n>],
[<Tabellen-Integritätsbedingungen>]</td></tr>
<tr><td>Tabelle löschen</td><td>DROP TABLE <Tabellen-Name> CASCADE | RESTRICT

(Hinweis: CASCADE und RESTRICT sind in existierenden Datenbanksystemen meist optional - RESTRICT ist der Default-Wert)</td></tr>
<tr><td>Tabelle ändern:
Attr.hinzufügen

Attr. löschen</td><td>ALTER TABLE <Tabellen-Name>
ADD [COLUMN] <Attribut-Name> <Datentyp>
[<Integritätsbedingungen>] |
DROP [COLUMN] <Attribut-Name> CASCADE | RESTRICT</td></tr>
<tr><td>Sicht über Tabellen anlegen</td><td>CREATE VIEW <View-Name> [(Attr.Name 1, ..., Attr.Name n)]
AS <SELECT-Anweisung></td></tr>
<tr><td>Sicht löschen</td><td>DROP VIEW <View-Name> CASCADE | RESTRICT</td></tr>
<tr><td>Index anlegen</td><td>CREATE [UNIQUE] INDEX <Index-Name>
ON <Tabellen-Name> (<Attribut-Name 1> [ASC | DESC], ...,
<Attribut-Name n> [ASC | DESC])

(Hinweis: Anweisung ist nicht Teil des SQL-Standards, ist aber in allen existierenden Datenbanksystemen vorhanden)</td></tr>
<tr><td>Index löschen</td><td>DROP INDEX <Index-Name>

(Hinweis: Anweisung ist nicht Teil des SQL-Standards, ist aber in allen existierenden Datenbanksystemen vorhanden)</td></tr>
</table>

Basis- Datentypen	• INT | INTEGER: *ganze Zahl zwischen* -2^{31} *und* $2^{31}-1$ • SMALLINT: *ganze Zahl zwischen* -2^{15} *und* $2^{15}-1$ • DEC | DECIMAL | DECIMAL(p, [q]): *Dezimalzahl (mit insgesamt p Stellen, davon q Dezimalstellen)* • NUM | NUMERIC | NUMERIC(p, [q]): *(wie DECIMAL)* • FLOAT | FLOAT(p): *Zahl in (4 Byte-)Fließkomma-Darstellung mit Vorzeichen* • REAL | DOUBLE PRECISION: *reelle Zahl (double precision ist genauer)* • CHAR(n): *alphanumerische Zeichenkette mit fester Länge n* • VARCHAR(n): *alphanumerische Zeichenkette mit variabler Länge (maximal n)* • CLOB(m [K|M|G]): *Text mit max. m Zeichen (angebbar in Kilo-, Mega-,Giga-Byte)* • BOOLEAN: *Wahrheitswerte true, false, unknown* • DATE: *Datum - als Zeichenkette in der Form JJJJ-MM-TT* • TIME: *(Uhr-)Zeit - als Zeichenkette in der Form HH:MM:SS* • TIMESTAMP: *Zeitstempel - als Zeichenkette in der Form JJJJ-MM-TT HH:MM:SS*
Integritäts- bedingungen für Attribute (am Ende der Attribut- definition)	• UNIQUE • NOT NULL • DEFAULT <Default-Wert> • CHECK (<<Attribut-Name> | VALUE> <Prüfbedingung 1> [AND|OR ... <<Attribut-Name> | VALUE> <Prüfbedingung n>]) • PRIMARY KEY • FOREIGN KEY REFERENCES <Tabellen-Name> (<Attribut-Name>) [ON DELETE CASCADE | SET NULL | SET DEFAULT | RESTRICT | NO ACTION] [ON UPDATE CASCADE | SET NULL | SET DEFAULT | RESTRICT | NO ACTION] *(Hinweis: Der Default-Wert ist jeweils NO ACTION.)*
<Prüfbedingung>	• <Vergleichsoperator> <Wert-Ausdruck> • [NOT] IN (<Werte-Aufzählung> | <SELECT-Anweisung>) • [NOT] BETWEEN <Untergrenze> AND <Obergrenze> • [NOT] LIKE <Textmuster> [ESCAPE <Sonderzeichen>]
<Vergleichs- operator>	= | < | <= | > | >= | <>

<Wert-Ausdruck>	<konkreter Wert> | <arithm. Ausdruck> | <skalare SELECT-Anweisung>
Integritätsbedingungen für Tabellen (am Ende der Tabellendefinition)	• <Attribut-Name> WITH OPTIONS <Integritätsbedingung Attribut> • UNIQUE <Liste Attribut-Namen> • CHECK (<Selektionsbedingung 1> [AND|OR ... AND|OR <Selektionsbedingung n>]) • PRIMARY KEY <Liste Attribut-Namen> • FOREIGN KEY <Liste Attribut-Namen> REFERENCES <Tabellen-Name> (<Liste Attribut-Namen>) [ON DELETE CASCADE | SET NULL | SET DEFAULT | RESTRICT | NO ACTION] [ON UPDATE CASCADE | SET NULL | SET DEFAULT | RESTRICT | NO ACTION] *(Hinweis: Der Default-Wert ist jeweils NO ACTION.)*

SQL-Konstrukte für die Datenabfrage

<table>
<tr><td>Datensätze suchen</td><td>SELECT [DISTINCT] * |
<Attribut 1> [AS <neuer Attr.-Name 1>]
[, …, <Attribut n> [AS <neuer Attr.-Name n>]]
FROM <Tabelle 1> [[AS] <neuer Tab.-Name 1>]
[, …, <Tabelle m> [[AS] <neuer Tab.-Name m>]]
[WHERE <Verknüpfungs- und Selektionsbedingungen>]
[GROUP BY <Liste Attribut-Namen>
[HAVING <Auswahl-Bedingung>]]
[ORDER BY <Attribut-Name 1> [ASC | DESC]
[, …, <Attribut-Name p> [ASC | DESC]]]</td></tr>
<tr><td><Attribut></td><td><Attribut-Name> | <arithm. Ausdruck> | <konkreter Wert> |
<skalare Subabfrage></td></tr>
<tr><td><Tabelle></td><td><Tabellen-Name> | <Subabfrage></td></tr>
<tr><td>Selektions-bedingungen</td><td>• <<Attribut-Name> | <arithm. Ausdruck>>
<Vergleichsoperator> <Wert-Ausdruck>
• <<Attribut-Name> | <arithm. Ausdruck>>
[NOT] IN (<Werte-Aufzählung> | <Subabfrage>)
• <<Attribut-Name> | <arithm. Ausdruck>>
[NOT] BETWEEN <Untergrenze> AND <Obergrenze>
• <<Attribut-Name> | <arithm. Ausdruck>>
[NOT] LIKE <Textmuster> [ESCAPE <Sonderzeichen>]
mit möglichen Platzhaltern im Textmuster:
% : Prozentzeichen für 0, 1 oder mehrere Zeichen
_ : Unterstrich für 1 Zeichen
• [NOT] EXISTS (<Subabfrage>)</td></tr>
<tr><td>Aggregations-funktionen</td><td>• COUNT (*)
• COUNT ([DISTINCT] <Attribut-Name>)
• SUM ([DISTINCT] <Attribut-Name>)
• AVG ([DISTINCT] <Attribut-Name>)
• MIN (<Attribut-Name>)
• MAX (<Attribut-Name>)</td></tr>
<tr><td>Verknüpfungs-bedingungen</td><td><Attribut-Name 1> <Vergleichsoperator> <Attribut-Name 2></td></tr>
</table>

neu: Kartesisches Produkt	FROM <Tabelle 1> [[AS] <Tab.-Name 1 neu>] CROSS JOIN <Tabelle 2> [[AS] <Tab.-Name 2 neu>] [AS <Ergebnistabellen-Name 1>] [CROSS JOIN <Tabelle 3> [[AS] <Tab.-Name 3 neu>] [AS <Ergebnistabellen-Name 2>] CROSS JOIN …]
neu: Verbund mit Bedingungen	FROM <Tabelle 1> [[AS] <Tab.-Name 1 neu>] [INNER] JOIN <Tabelle 2> [[AS] <Tab.-Name 2 neu>] ON <Verknüpfungsbedingungen 1> [AS <Ergebnistabellen-Name 1>] [[INNER] JOIN <Tabelle 3> [[AS] <Tab.-Name 3 neu>] ON <Verknüpfungsbedingungen 2> [AS <Ergebnistabellen-Name 2>] [INNER] JOIN …]
neu: Natürlicher Verbund	• FROM <Tabelle 1> [[AS] <Tab.-Name 1 neu>] [INNER] JOIN <Tabelle 2> [[AS] <Tab.-Name 2 neu>] USING (<Liste Attribut-Namen 1>) [AS <Ergebnistabellen-Name 1>] [[INNER] JOIN <Tabelle 3> [[AS] <Tab.-Name 3 neu>] USING (<Liste Attribut-Namen 2>) [AS <Ergebnistabellen-Name 2>] [INNER] JOIN …] • FROM <Tabelle 1> [[AS] <Tab.-Name 1 neu>] NATURAL [INNER] JOIN <Tabelle 2> [[AS] <Tab.-Name 2 neu>] [AS <Ergebnistabellen-Name 1>] [NATURAL [INNER] JOIN <Tabelle 3> [[AS] <Tab.-Name 3 neu>] [AS <Ergebnistabellen-Name 2>] NATURAL [INNER] JOIN …]
neu: Join-Arten	[NATURAL] [INNER | <LEFT | RIGHT | FULL> [OUTER]] JOIN

SQL-Konstrukte für die Datenmanipulation

Einfügen einzelner Datensätze	INSERT INTO <Tabellen-Name> [(<Attribut-Name 1>, …, <Attribut-Name n>)] VALUES (<Wert-Ausdruck 1> [, …, <Wert-Ausdruck n>]) [, (<Wert-Ausdruck 2-1> [, …, <Wert-Ausdruck 2-n>]) , ...]
Einfügen Menge von Datensätzen	INSERT INTO <Tabellen-Name> [(<Attribut-Name 1>, …, <Attribut-Name n>)] <SELECT-Anweisung>
Ändern von Datensätzen	UPDATE <Tabellen-Name> SET <Attribut-Name 1> = < Wert-Ausdruck 1> [, …, <Attribut-Name n> = < Wert-Ausdruck n >] [WHERE <Selektionsbedingungen>]
Löschen von Datensätzen	DELETE FROM <Tabellen-Name> [WHERE <Selektionsbedingungen>]

Anhang 6: Musterlösung Übungsaufgabe 1

Projekt			
Projektnummer:	ZEICHEN (5)	EINDEUTIG	[1..1]
Projektname:	ZEICHEN (30)		[1..1]
Projektleiter:			[1..*]
Name:			[1..1]
Vorname:	ZEICHEN (20)		[1..1]
Nachname:	ZEICHEN (20)		[1..1]
Abteilung:	ZEICHEN (30)		[0..1]
Rolle:	{PL | TPL}	STANDARD = PL	[1..1]
Budget:	ZAHL (9,2)	CHECK (< 5.000.000,00)	[0..1]
Dauer:			[1..1]
Start:	DATUM		[1..1]
Ende:	DATUM		[0..1]
Strategisch:	WAHRHEIT		[0..1]
CHECK (Start < Ende)			
CHECK (Anzahl (Projektnummer) = Anzahl (Projektleiter mit Rolle = PL))			

Anhang 7: Musterlösung Übungsaufgabe 2

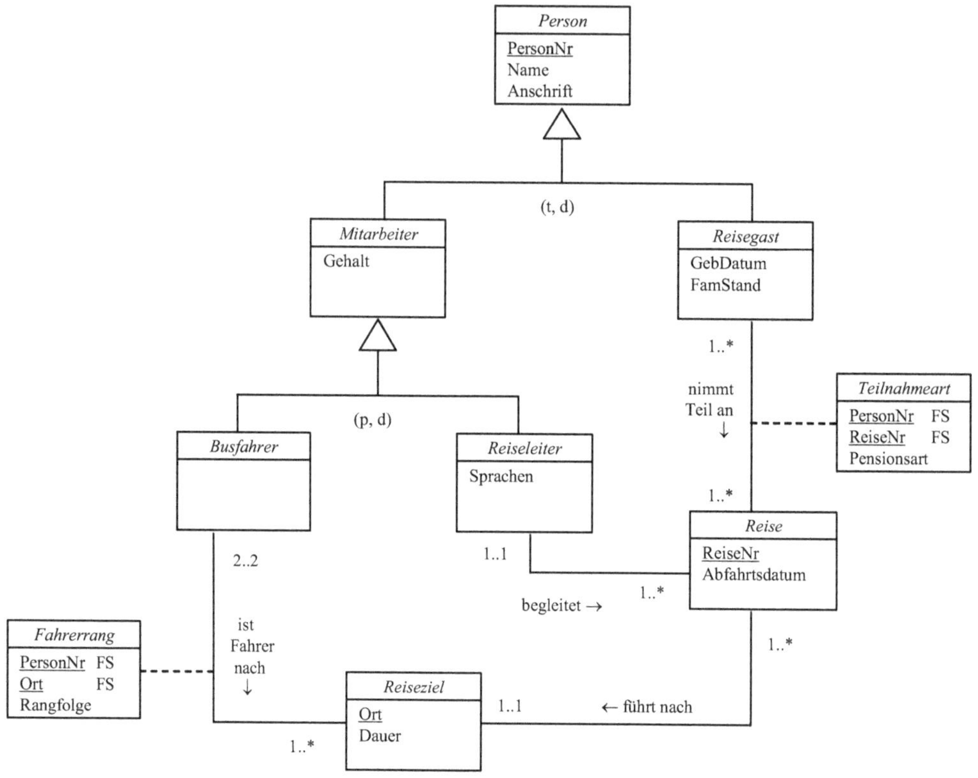

Person

PersonNr:	ZAHL	EINDEUTIG	CHECK (> 0)	[1..1]
Name:	ZEICHEN (30)			[1..1]
Anschrift:	ZEICHEN (80)			[1..1]

Mitarbeiter

Gehalt:	ZAHL (8,2)	CHECK (> 0)	[1..1]

Reiseleiter

Sprachen:	ZEICHEN (15)	[1..*]

Reisegast

GebDatum:	DATUM	[1..1]
FamStand:	{ledig | verheiratet | geschieden | verwitwet}	[0..1]

Reise

ReiseNr:	ZAHL	EINDEUTIG	CHECK (> 0)	[1..1]
Abfahrtsdatum:	DATUM			[1..1]

Teilnahmeart

PersonNr:	ZAHL	FS	[1..1]
ReiseNr:	ZAHL	FS	[1..1]
Pensionsart:	{ÜF | ÜH | ÜV}		[1..1]

EINDEUTIG (PersonNr, ReiseNr)

Reiseziel

Ort:	ZEICHEN (40)	EINDEUTIG	[1..1]
Dauer:	ZAHL	CHECK (> 0)	[1..1]

Fahrerrang

PersonNr:	ZAHL	FS	[1..1]
Ort:	ZEICHEN (40)	FS	[1..1]
Rangfolge:	{1 | 2}		[1..1]

EINDEUTIG (PersonNr, Ort)

Anhang 8: Musterlösung Übungsaufgabe 3

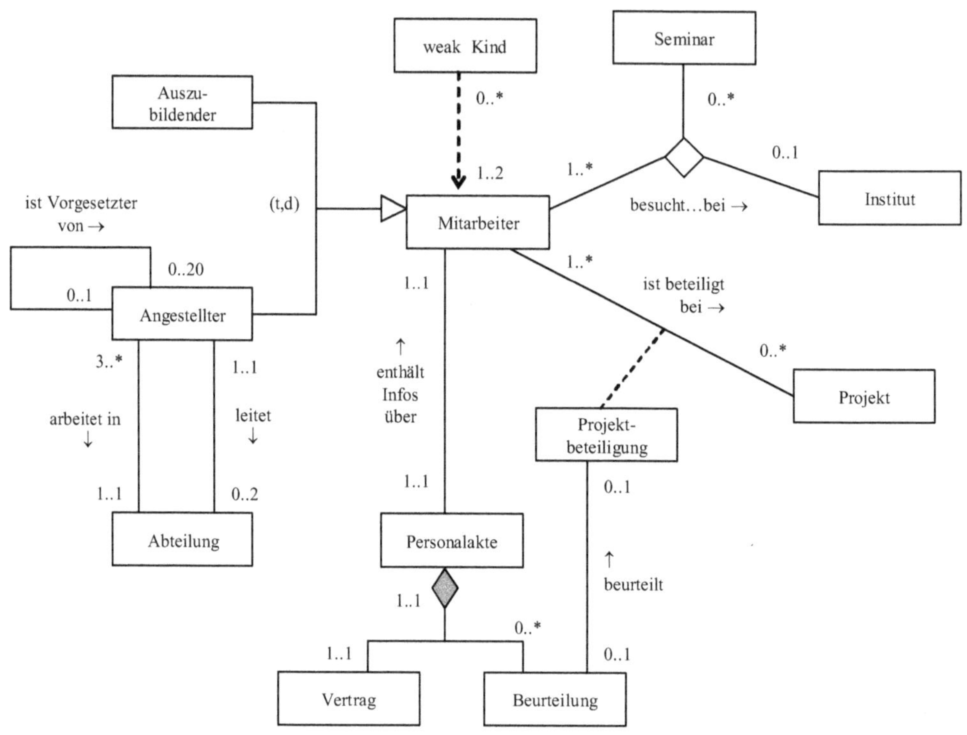

Mitarbeiter

<u>Personalnummer</u>:	ZEICHEN (10)	EINDEUTIG	[1..1]
Name:			[1..1]
Vorname:	ZEICHEN (20)		[1..1]
Nachname:	ZEICHEN (20)		[1..1]
Anschrift:			[1..*]
Straße:	ZEICHEN (30)		[1..1]
PLZ:	ZAHL (5)	CHECK (>0)	[1..1]
Ort:	ZEICHEN (30)		[1..1]

Weak Kind

Vorname:	ZEICHEN (20)		[1..1]
Geburtsdatum:	DATUM		[1..1]

Auszubildender			
Beruf:	ZEICHEN (20)		[1..1]

Angestellter			
Gehalt:	ZAHL (8,2)	CHECK (>0)	[1..1]

Abteilung			
Kürzel:	ZEICHEN (5)	EINDEUTIG	[1..1]
Name:	ZEICHEN (25)		[1..1]

Seminar			
Seminarnummer:	ZEICHEN (10)	EINDEUTIG	[1..1]
Titel:	ZEICHEN (30)		[1..1]
Beschreibung:	ZEICHEN (1000)		[1..1]

Institut			
Name:	ZEICHEN (30)	EINDEUTIG	[1..1]
Anschrift:			[1..1]
Straße:	ZEICHEN (30)		[1..1]
PLZ:	ZAHL (5)	CHECK (>0)	[1..1]
Ort:	ZEICHEN (30)		[1..1]

Projekt			
Projektname:	ZEICHEN (30)	EINDEUTIG	[1..1]
Start:	DATUM		[1..1]
Ende:	DATUM		[0..1]
Budget:	ZAHL (9,2)	CHECK ((> 0) und (< 5.000.000))	[0..1]
Strategisch:	WAHRHEIT	STANDARD = falsch	[1..1]

Projektbeteiligung			
Personalnummer:	ZEICHEN (10)	FS	[1..1]
Projektname:	ZEICHEN (30)	FS	[1..1]
Rolle:	ZEICHEN (20)		[1..*]

EINDEUTIG (Personalnummer, Projektname)

Personalakte			
Aktennummer:	ZEICHEN (10)	EINDEUTIG	[1..1]

Vertrag			
Vertragsnummer:	ZEICHEN (10)	EINDEUTIG	[1..1]
Vertragstyp:	{Arbeit | Ausbildung}	STANDARD = Arbeit	[1..1]
Abschluss:	DATUM		[1..1]
Text:	ZEICHEN (500.000)		[1..1]

Beurteilung

Beurteilungsnummer:	ZEICHEN (10)	EINDEUTIG	[1..1]
Datum:	DATUM		[1..1]
Fachkompetenz:	ZEICHEN (10.000)		[1..1]
Sozialkompetenz:	ZEICHEN (10.000)		[1..1]

Anhang 9: Musterlösung Übungsaufgabe 4

a) Musterlösung mit klassischen Rautenbeziehungen und 1:n-Komplexitäten

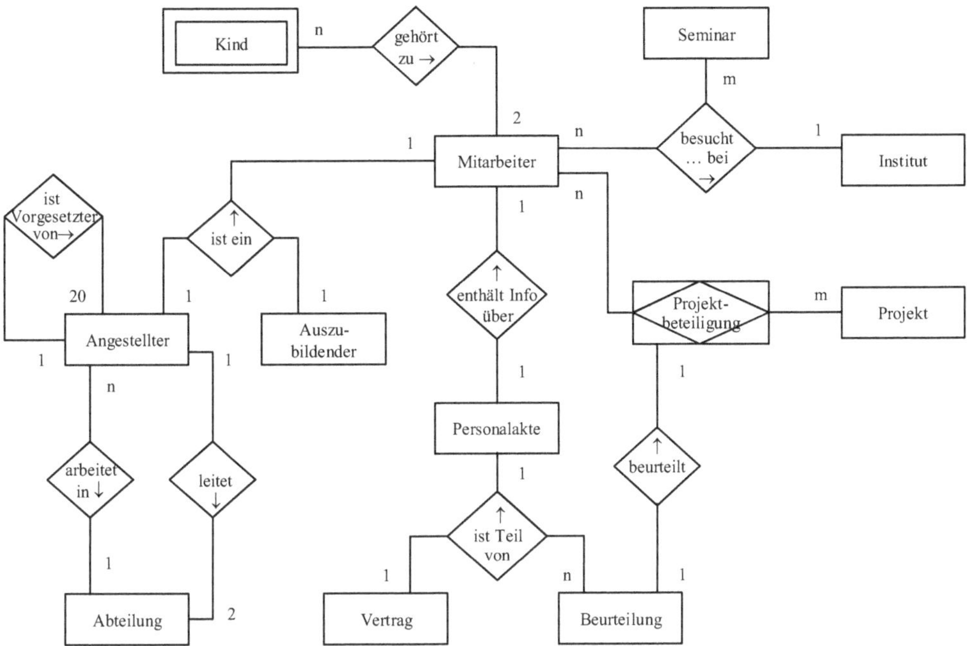

b) Musterlösung mit klassischen Rautenbeziehungen und (min,max)-Komplexitäten

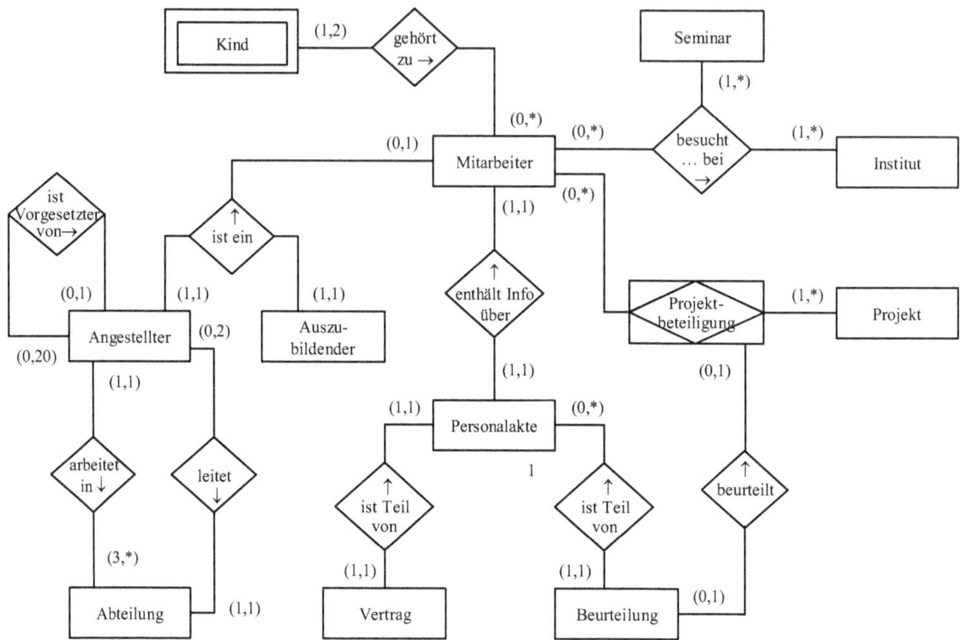

c) Musterlösung mit Pfeil-Notation

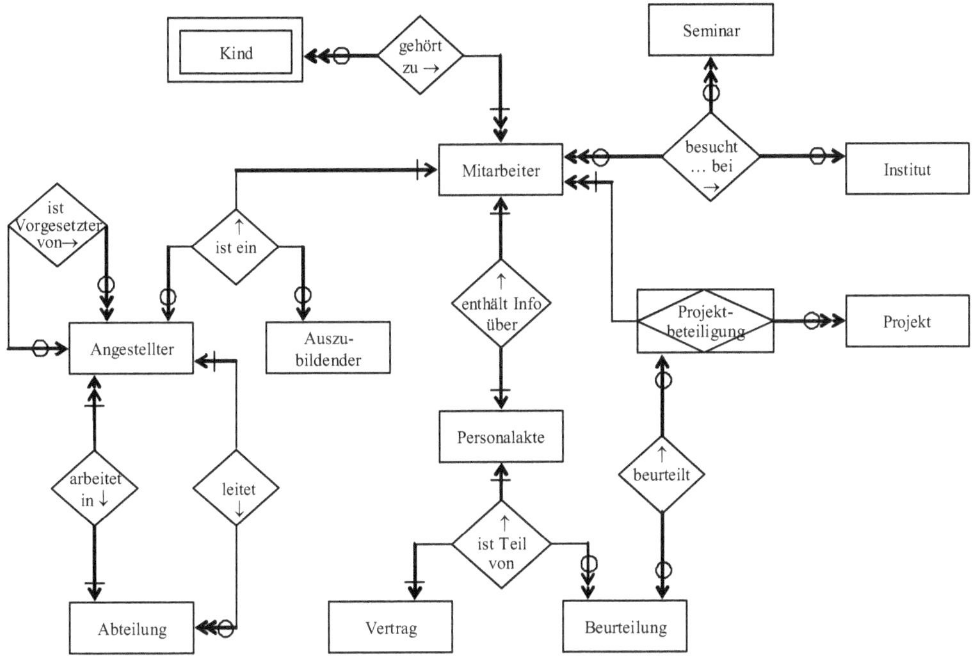

Anhang 10: Musterlösung Übungsaufgabe 5

a) Relationendiagramm:

Bei der Abbildung des ER-Datenmodells in ein relationales Datenmodell entsteht aus jedem Entitätstyp eine Relation. Dabei gibt es allerdings zwei Sonderfälle:

- Aus dem Sub-Entitätstyp *Busfahrer* entsteht keine Relation, da dieser Entitätstyp keine eigenen Attribute besitzt.
- Der Sub-Entitätstyp *Reiseleiter* besitzt ein mehrwertiges Attribut Sprachen, das in eine eigene Relation ausgelagert werden muss (ergänzt mit Primärschlüsselattribut *PersonNr* als Attribut *Reiseleiter*). Damit besitzt der Sub-Entitätstyp kein eigenes Attribut mehr und führt daher zu keiner eigenen Relation.

Aus den beiden Beziehungsentitätstypen *Teilnahmeart* und *Fahrerrang* entstehen zwei weitere Relationen, nämlich *Teilnahme* und *Fahrereinteilung*. Dabei wurden die Primärschlüsselattribute umbenannt, um diese etwas sprechender zu gestalten.

Das resultierende Relationenmodell sieht also wie folgt aus:

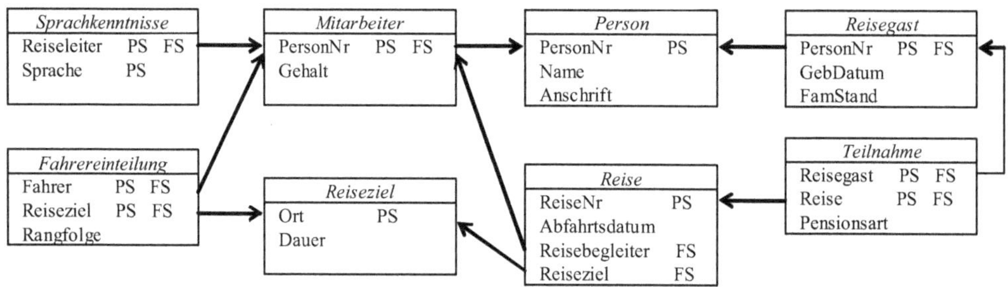

Da es für jedes Reiseziel genau zwei Busfahrer gibt, kann man diesen ersten Entwurf noch dadurch vereinfachen (Einsparung einer Relation, nämlich *Fahrereinteilung*), dass für jeden Fahrer in die Relation *Reiseziel* ein Fremdschlüsselattribut aufgenommen wird, das die *PersonNr* in der Relation *Mitarbeiter* referenziert.

Damit sieht das Relationenmodell wie folgt aus:

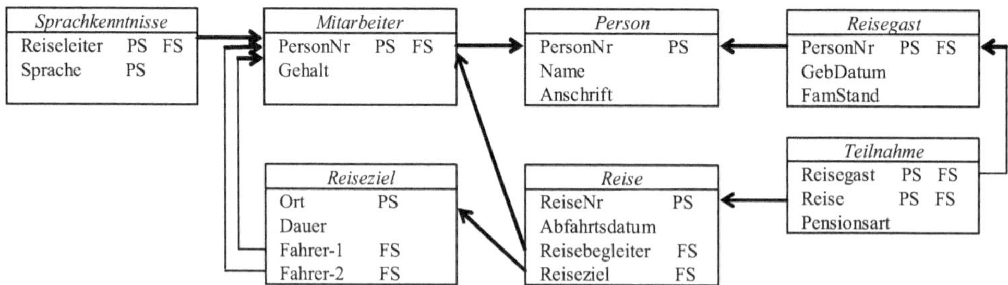

b) Beschreibung der Relationen:

Person

PersonNr:	INTEGER	PS	CHECK (> 0)
Name:	VARCHAR (30)	NOT NULL	
Anschrift:	VARCHAR (80)	NOT NULL	

Mitarbeiter

PersonNr:	INTEGER	PS	FS referenziert Person (PersonNr)
Gehalt:	DECIMAL (8,2)	NOT NULL	CHECK (> 0)

Sprachkenntnisse

Reiseleiter:	INTEGER	PS	FS referenziert Mitarbeiter (PersonNr)
Sprache:	VARCHAR (20)	PS	

Reiseziel

Ort:	VARCHAR (40)	PS	
Dauer:	INTEGER	NOT NULL	CHECK (> 0)
Fahrer-1:	INTEGER	NOT NULL	FS referenziert Mitarbeiter (PersonNr)
Fahrer-2:	INTEGER	NOT NULL	FS referenziert Mitarbeiter (PersonNr)

Reise

ReiseNr:	INTEGER	PS	CHECK (> 0)
Abfahrtsdatum:	DATE	NOT NULL	
Reisebegleiter:	INTEGER	NOT NULL	FS referenziert Reiseleiter (PersonNr)
Ort:	INTEGER	NOT NULL	FS referenziert Reiseziel (Ort)

Reisegast

PersonNr:	INTEGER	PS	FS referenziert Person (PersonNr)
GebDatum:	DATE	NOT NULL	
FamStand:	VARCHAR (11)	CHECK ((= ledig) oder (= verheiratet) oder (= geschieden) oder (= verwitwet))	

Teilnahme

Reisegast:	INTEGER	PS	FS referenziert Reisegast (PersonNr)
Reise:	INTEGER	PS	FS referenziert Reise (ReiseNr)
Pensionsart:	CHAR (2)	NOT NULL	CHECK ((= ÜF) oder (= ÜH) oder (= ÜV))

Anhang 11: Musterlösung Übungsaufgabe 6

a) Relationendiagramm:

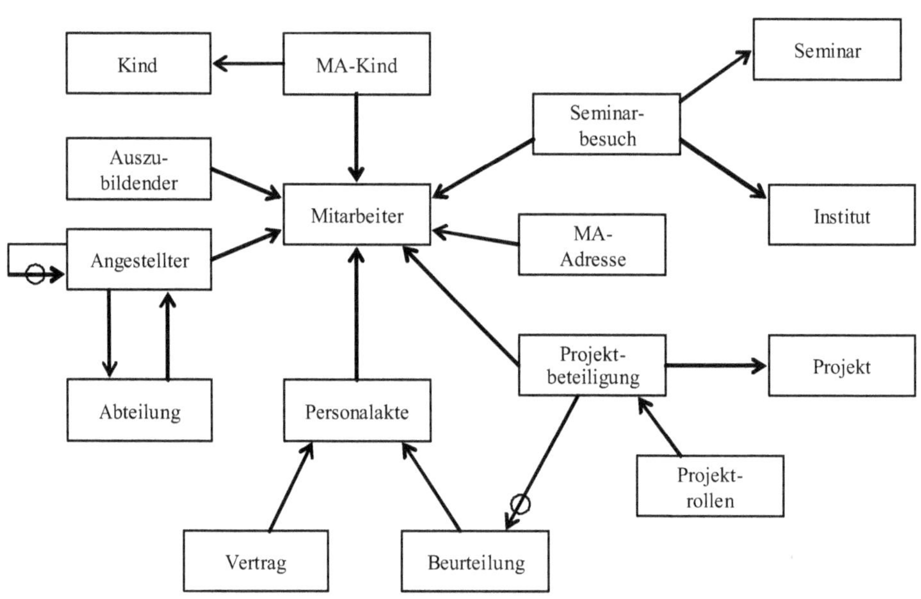

b) Beschreibung der Relationen:

Mitarbeiter

PersNr:	CHAR (10)	PS	
Vorname:	VARCHAR (20)	NOT NULL	
Nachname:	VARCHAR (20)	NOT NULL	

MA-Adresse

MA-Nr:	CHAR (10)	PS	FS referenziert Mitarbeiter (PersNr)
Straße:	VARCHAR (30)	PS	
PLZ:	DECIMAL (5)	PS	CHECK (>0)
Ort:	VARCHAR (30)	PS	

Kind

KindNr:	INTEGER	PS	CHECK (> 0)
Vorname:	VARCHAR (20)	NOT NULL	
GebDatum:	DATE	NOT NULL	

MA-Kind
MA-Nr: CHAR (10) PS FS referenziert Mitarbeiter (PersNr)
KindNr: INTEGER PS FS referenziert Kind (KindNr)
CHECK (Anzahl Datensätze mit demselben KindNr-Wert $\leq$ 2)

Auszubildender
PersNr: CHAR (10) PS FS referenziert Mitarbeiter (PersNr)
Beruf: VARCHAR (20) NOT NULL

Angestellter
PersNr: CHAR (10) PS FS referenziert Mitarbeiter (PersNr)
Gehalt: DECIMAL (8,2) NOT NULL CHECK (>0)
Chef: CHAR (10) FS referenziert Angestellter (PersNr)
Abteilung: CHAR (5) FS referenziert Abteilung (Kürzel) NOT NULL
CHECK (Anzahl Datensätze mit demselben Chef-Wert $\leq$ 20)

Abteilung
Kürzel: CHAR (5) PS
Name: VARCHAR (25) NOT NULL
Leiter: CHAR (10) FS referenziert Angestellter (PersNr) NOT NULL
CHECK (Anzahl Datensätze mit demselben Leiter-Wert $\leq$ 2)

Seminar
SemNr: CHAR (10) PS
Titel: VARCHAR (30) NOT NULL
Beschreibung: VARCHAR (1000) NOT NULL

Institut
Name: VARCHAR (30) PS
Straße: VARCHAR (30) NOT NULL
PLZ: DECIMAL (5) NOT NULL CHECK (>0)
Ort: VARCHAR (30) NOT NULL

Seminarbesuch
MA-Nr: CHAR (10) PS FS referenziert Mitarbeiter (PersNr)
SemNr: CHAR (10) PS FS referenziert Seminar (SemNr)
InstName: VARCHAR (30) FS referenziert Institut (Name) NOT NULL

Personalakte
AktenNr: CHAR (10) PS
MA-Nr: CHAR (10) FS referenziert Mitarbeiter (PersNr) NOT NULL

Vertrag

VertragsNr:	CHAR (10)	PS	
Vertragstyp:	VARCHAR (10)	DEFAULT = Arbeit	NOT NULL
		CHECK ((= Arbeit) oder (= Ausbildung))	
Abschluss:	DATE	NOT NULL	
Text:	VARCHAR (500.000)	NOT NULL	
PersAkte:	CHAR (10)	FS referenziert Personalakte (AktenNr)	
		NOT NULL	

Beurteilung

BeurteilNr:	CHAR (10)	PS
Datum:	DATE	NOT NULL
Fachkompetenz:	VARCHAR (10.000)	NOT NULL
Sozialkompetenz:	VARCHAR (10.000)	NOT NULL
PersAkte:	CHAR (10)	FS referenziert Personalakte (AktenNr)
		NOT NULL

Projekt

Projektname:	VARCHAR (30)	PS	
Start:	DATE	NOT NULL	
Ende:	DATE		
Budget:	DECIMAL (9,2)	CHECK ((> 0) und (< 5.000.000))	
Strategisch:	BOOLEAN	DEFAULT = falsch	NOT NULL

Projektbeteiligung

ProjBeteilNr:	INTEGER	PS CHECK (>0)	
MA-Nr:	CHAR (10)	FS referenziert Mitarbeiter (PersNr)	NOT NULL
ProjName:	VARCHAR (30)	FS referenziert Projekt (Projektname)	NOT NULL
Beurteilung:	CHAR (10)	FS referenziert Beurteilung (BeurteilNr)	

Projektrollen

ProjBeteil:	INTEGER	PS
		FS referenziert Projektbeteiligung (ProjBeteilNr)
Rolle:	VARCHAR (20)	PS

Anhang 12: Musterlösung Übungsaufgabe 7

a) Erste Normalform (1NF)

Aus den beiden Attributabhängigkeiten

PNr →→ Anschrift

PNr →→ Seminar

und auch aus den Ausprägungen der nicht normalisiertes Relation *Mitarbeiter* ist zu erkennen, dass es sich bei den Attributen *Anschrift* und *Seminar* um mehrwertige Attribute handelt, die jeweils in eine eigene Relation auszulagern und mit *PNr* (Primärschlüssel der Ausgangsrelation) als Fremdschlüssel zu ergänzen sind.

In der neuen Relation *MA-Anschrift* besteht der Primärschlüssel aus allen vorhandenen Attributen, da keines der Anschrift-Attribute mit PNr zusammen identifizierend ist. In der neuen Relation *Seminar* hingegen genügt die Kombination PNr+SNr als Primärschlüssel, da ein Mitarbeiter jedes Seminar höchstens ein Mal besucht.

Nicht zuletzt müssen auch noch die strukturierten Attribute *Name, Institut* und *IAnschrift* in die Einzelattribute aufgelöst werden.

Somit ergeben sich aus der unnormalisierten Relation Mitarbeiter drei neue 1NF-Relationen *Mitarbeiter, MA-Adresse* und *Seminar* mit den folgenden Ausprägungen:

Mitarbeiter		
PNr	*VName*	*NName*
P11	Max	Struwel
P55	Moritz	Struwel
P99	Daniel	Düse

MA-Anschrift			
PNr	*Straße*	*PLZ*	*Ort*
P11	Viehweg	1234	Kieshausen
P11	Ortsgasse	4321	Sandheim
P55	Nebenstr.	2468	Lumpenstadt
P99	Hauptstr.	3579	Helferstadt
P99	Ideenweg	1010	Entenhausen

Seminar							
PNr	*SNr*	*Titel*	*Beschreib*	*IName*	*IStraße*	*IPLZ*	*IOrt*
P11	171	Datenbanken	Es ist ein ...	E-Lern	Lernweg	1111	Lernhausen
P11	471	Konflikte	Immer als ...	Easy-L	Gripsstr.	2222	Gripsbach
P11	841	Buchhaltung	Konten in ...	E-Lern	Lernweg	1111	Lernhausen
P55	471	Konflikte	Immer als ...	Easy-L	Gripsstr.	2222	Gripsbach
P55	171	Datenbanken	Es ist ein ...	Schlaule	Bahnsteig	5555	Schlauheim
P55	911	Logistik	Route A ...	Einstein	Steinstr.	9999	Steinheim
P99	100	Patente	§ 1 sagt ...	Einstein	Steinstr.	9999	Steinheim
P99	200	Geldanlage	Gewinn ab ...	Schlaule	Bahnsteig	5555	Schlauheim

b) Zweite Normalform (2NF)

In der 1NF-Relation *Mitarbeiter* gibt es nur einen Schlüssel, nämlich den Primärschlüssel. Da dieser aus nur einem Attribut besteht, kann es keine Abhängigkeiten von Teilschlüsseln geben. Die 1NF-Relation Mitarbeiter ist also bereits in der zweiten Normalform.

Die Relation *MA-Anschrift* besitzt keine Nichtschlüsselattribute und kann daher nicht gegen die zweite Normalform verstoßen. Die 1NF-Relation MA-Anschrift ist also ebenfalls bereits in der zweiten Normalform.

Auch in der 1NF-Relation *Seminar* gibt es nur einen Schlüssel, nämlich den Primärschlüssel. Dabei ist allerdings zu beachten, dass Nichtschlüsselattribute existieren, die nur von einem Teil des Primärschlüssels abhängig sind:

SNr → Titel, Beschreib

Daher sind die Attribute *Titel* und *Beschreib* in eine neue Relation auszulagern und mit *SNr* als Primärschlüssel zu ergänzen.

Somit ergeben sich aus den drei 1NF-Relationen aus dem a)-Teil nun vier 2NF-Relationen mit den folgenden Ausprägungen:

Mitarbeiter		
PNr	*VName*	*NName*
P11	Max	Struwel
P55	Moritz	Struwel
P99	Daniel	Düse

MA-Anschrift			
PNr	*Straße*	*PLZ*	*Ort*
P11	Viehweg	1234	Kieshausen
P11	Ortsgasse	4321	Sandheim
P55	Nebenstr.	2468	Lumpenstadt
P99	Hauptstr.	3579	Helferstadt
P99	Ideenweg	1010	Entenhausen

Seminarbesuch					
PNr	*SNr*	*IName*	*IStraße*	*IPLZ*	*IOrt*
P11	171	E-Lern	Lernweg	1111	Lernhausen
P11	471	Easy-L	Gripsstr.	2222	Gripsbach
P11	841	E-Lern	Lernweg	1111	Lernhausen
P55	471	Easy-L	Gripsstr.	2222	Gripsbach
P55	171	Schlaule	Bahnsteig	5555	Schlauheim
P55	911	Einstein	Steinstr.	9999	Steinheim
P99	100	Einstein	Steinstr.	9999	Steinheim
P99	200	Schlaule	Bahnsteig	5555	Schlauheim

Seminar		
SNr	*Titel*	*Beschreib*
171	Datenbanken	Es ist ein ...
471	Konflikte	Immer als ...
841	Buchhaltung	Konten in ...
911	Logistik	Route A ...
100	Patente	§ 1 sagt ...
200	Geldanlage	Gewinn ab ...

c) Dritte Normalform (3NF)

Die beiden Relationen *Mitarbeiter* und *Seminar* besitzen jeweils zwei Nichtschlüsselattribute, zwischen denen aber jeweils keine Abhängigkeiten existieren. Diese 2NF-Relationen können also nicht gegen die dritte Normalform verstoßen und stellen somit bereits 3NF-Relationen dar.

Die Relation *MA-Anschrift* besitzt keine Nichtschlüsselattribute und kann daher ebenfalls nicht gegen die dritte Normalform verstoßen. Die 2NF-Relation ist also ebenfalls bereits eine 3NF-Relation.

Die Relation *Seminarbesuch* besitzt Nichtschlüsselattribute, zwischen denen es Abhängigkeiten gibt:

IName $\rightarrow$ IStraße, IPLZ, IOrt

Dies verstößt gegen die dritte Normalform. Daher sind die Attribute *IStraße, IPLZ* und *IOrt* in eine neue Relation auszulagern und mit *IName* als Primärschlüssel zu ergänzen.

Somit ergeben sich aus den vier 2NF-Relationen aus dem b)-Teil nun fünf 3NF-Relationen mit den folgenden Ausprägungen:

Mitarbeiter		
PNr	*VName*	*NName*
P11	Max	Struwel
P55	Moritz	Struwel
P99	Daniel	Düse

MA-Anschrift			
PNr	*Straße*	*PLZ*	*Ort*
P11	Viehweg	1234	Kieshausen
P11	Ortsgasse	4321	Sandheim
P55	Nebenstr.	2468	Lumpenstadt
P99	Hauptstr.	3579	Helferstadt
P99	Ideenweg	1010	Entenhausen

Seminarbesuch		
PNr	*SNr*	*IName*
P11	171	E-Lern
P11	471	Easy-L
P11	841	E-Lern
P55	471	Easy-L
P55	171	Schlaule
P55	911	Einstein
P99	100	Einstein
P99	200	Schlaule

Institut			
IName	*IStraße*	*IPLZ*	*IOrt*
E-Lern	Lernweg	1111	Lernhausen
Easy-L	Gripsstr.	2222	Gripsbach
Schlaule	Bahnsteig	5555	Schlauheim
Einstein	Steinstr.	9999	Steinheim

Seminar		
SNr	*Titel*	*Beschreib*
171	Datenbanken	Es ist ein ...
471	Konflikte	Immer als ...
841	Buchhaltung	Konten in ...
911	Logistik	Route A ...
100	Patente	§ 1 sagt ...
200	Geldanlage	Gewinn ab ...

d) Boyce-Codd-Normalform (BCNF)

In allen fünf Relationen gibt es jeweils nur einen Schlüssel, nämlich den Primärschlüssel. In diesem Fall kann es keine Abhängigkeiten eines Schlüsselattributs von einem Teilschlüssel geben (sonst wäre der Primärschlüssel nicht minimal und damit falsch gewählt). Die fünf 3NF-Relationen stellen also alle BCNF-Relationen dar und müssen daher nicht verändert werden.

e) Vierte Normalform (4NF)

Da bei der Überführung in die erste Normalform alle mehrwertigen Attribute in eigene Relationen ausgelagert wurden, kann es keine mehrwertigen Abhängigkeiten geben. Die fünf BCNF-Relationen stellen also alle 4NF-Relationen dar und müssen daher nicht verändert werden.

Hinweis: Es ist zu beachten, dass sich durch diese Normalisierung die gleichen Relationen ergeben wie in der Übungsaufgabe 6.

Anhang 13: Musterlösung Übungsaufgabe 8

a) Erste Normalform (1NF)

Aus den drei Attributabhängigkeiten

KFZ-Nr →→ Vermietung

KFZ-Nr →→ Unfall

Kennzeichen, Miet-Nr →→ Fahrer

ist zu erkennen, dass es sich bei den Attributen *Vermietung, Unfall* und *Fahrer* um mehrwertige Attribute handelt, die jeweils quasi eine Relation in einer Relation darstellen. Solche mehrwertigen Attribute sind in eine eigene Relation auszulagern und mit dem Primärschlüssel der übergeordneten Relation als Fremdschlüssel zu ergänzen.

Darüber hinaus muss das strukturierte Attribute *Schaden* in die Einzelattribute Schadensart und Schadenshöhe aufgelöst werden.

Somit ergeben sich aus der unnormalisierten Ausgangsrelation Fahrzeug vier neue 1NF-Relationen:

Fahrzeug:
- *KFZ-Nr (PS)*
- *Fahrzeugtyp*
- *Kennzeichen*
- *Neupreis*

Vermietung:
- *KFZ-Nr (PS)*
- *Miet-Nr (PS)*
- *Beginn*
- *Dauer*
- *Kosten*

Unfall:
- *KFZ-Nr (PS)*
- *Unfall-Nr (PS)*
- *Datum*
- *Schadensart*
- *Schadenshöhe*

Fahrer:
- *KFZ-Nr (PS)*
- *Miet-Nr (PS)*
- *Führerschein-Nr (PS)*
- *Name*
- *Anschrift*

b) Zweite Normalform (2NF)

Die 1NF-Relationen *Fahrzeug, Vermietung* und *Unfall* weisen keine Teilschlüsselabhängigkeiten auf und erfüllen damit die Bedingungen der zweiten Normalform. Bei der 1NF-Relation *Fahrer* gibt es allerdings Nichtschlüsselattribute, die nur von einem Teil des Primärschlüssels abhängig sind:

Führerschein-Nr → Name, Anschrift

Daher sind die Attribute *Name* und *Anschrift* in eine neue Relation auszulagern und mit *Führerschein-Nr* als Primärschlüssel zu ergänzen.

Somit ergeben sich aus den vier 1NF-Relationen aus dem a)-Teil nun fünf 2NF-Relationen:

Fahrzeug:
- *KFZ-Nr (PS)*
- *Fahrzeugtyp*
- *Kennzeichen*
- *Neupreis*

Unfall:
- *KFZ-Nr (PS)*
- *Unfall-Nr (PS)*
- *Datum*
- *Schadensart*
- *Schadenshöhe*

Vermietung:
- *KFZ-Nr (PS)*
- *Miet-Nr (PS)*
- *Beginn*
- *Dauer*
- *Kosten*

Fahrer:
- *KFZ-Nr (PS)*
- *Miet-Nr (PS)*
- *Führerschein-Nr (PS)*

Kunde:
- *Führerschein-Nr (PS)*
- *Name*
- *Anschrift*

c) Dritte Normalform (3NF)

Die vier 2NF-Relationen *Vermietung, Fahrer, Kunde* und *Unfall* weisen keine transitiven Abhängigkeiten auf und stellen somit bereits 3NF-Relationen dar. In der 2NF-Relation *Fahrzeug* existieren allerdings Nichtschlüsselattribute, zwischen denen es Abhängigkeiten gibt:

Fahrzeugtyp $\rightarrow$ Neupreis

Dies verstößt gegen die dritte Normalform. Daher ist das Attribut *Neupreis* in eine neue Relation auszulagern und mit *Fahrzeugtyp* als Primärschlüssel zu ergänzen.

Somit ergeben sich aus den fünf 2NF-Relationen aus dem b)-Teil nun sechs 3NF-Relationen:

Fahrzeug:
- *KFZ-Nr (PS)*
- *Fahrzeugtyp*
- *Kennzeichen*

Kaufpreis:
- *Fahrzeugtyp (PS)*
- *Neupreis*

Unfall:
- *KFZ-Nr (PS)*
- *Unfall-Nr (PS)*
- *Datum*
- *Schadensart*
- *Schadenshöhe*

Vermietung:
- *KFZ-Nr (PS)*
- *Miet-Nr (PS)*
- *Beginn*
- *Dauer*
- *Kosten*

Fahrer:
- *KFZ-Nr (PS)*
- *Miet-Nr (PS)*
- *Führerschein-Nr (PS)*

Kunde:
- *Führerschein-Nr (PS)*
- *Name*
- *Anschrift*

d) Boyce-Codd-Normalform (BCNF)

Die fünf 3NF-Relationen *Vermietung, Fahrer, Kunde, Kaufpreis* und *Unfall* besitzen jeweils nur einen Schlüssel, nämlich den Primärschlüssel, und können daher die Bedingungen der BCNF nicht verletzen. Die genannten Relationen stellen also alle BCNF-Relationen dar.

In der 3NF-Relation *Fahrzeug* gibt es zwar zwei Schlüssel, nämlich *KFZ-Nr* und *Kennzeichen*, diese sind allerdings atomar, sodass es keine Abhängigkeiten eines Schlüsselattributs von einem Teilschlüssel geben kann. Die 3NF-Relation *Fahrzeug* stellt also ebenfalls eine BCNF-Relation dar.

e) Vierte Normalform (4NF)

Da bei der Überführung in die erste Normalform alle mehrwertigen Attribute in eigene Relationen ausgelagert wurden, kann es keine mehrwertigen Abhängigkeiten geben. Die sechs BCNF-Relationen stellen also alle 4NF-Relationen dar und müssen daher nicht weiter verändert werden.

Anhang 14: Musterlösung Übungsaufgabe 9

```
CREATE TABLE Mitarbeiter
  (  PersNr      CHAR (10)        PRIMARY KEY,
     Vorname     VARCHAR (20)     NOT NULL,
     Nachname    VARCHAR (20)     NOT NULL  );

CREATE TABLE MA-Adresse
  (  MA-Nr       CHAR (10)      FOREIGN KEY REFERENCES Mitarbeiter (PersNr),
     Straße      VARCHAR (30),
     PLZ         DECIMAL (5)      CHECK (VALUE > 0),
     Ort         VARCHAR (30),
     PRIMARY KEY (MA-Nr, Straße, PLZ, Ort)   );

CREATE TABLE Kind
  (  KindNr      INTEGER          PRIMARY KEY       CHECK (VALUE > 0),
     Vorname     VARCHAR (20)     NOT NULL,
     GebDatum    DATE             NOT NULL  );

CREATE TABLE MA-Kind
  (  MA-Nr       CHAR (10)      FOREIGN KEY REFERENCES Mitarbeiter (PersNr),
     KindNr      INTEGER          FOREIGN KEY REFERENCES Kind (KindNr),
     PRIMARY KEY (MA-Nr, KindNr)
     [bei Bedarf Prüf-Bedingung mit SQL-Datenabfrage ausformulieren:
     , CHECK (Anzahl MA-NR-Werte pro KindNr-Wert ≤ 2) ]          );

CREATE TABLE Auszubildender
  (  PersNr      CHAR (10)        PRIMARY KEY
                                FOREIGN KEY REFERENCES Mitarbeiter (PersNr),
     Beruf       VARCHAR (20)     NOT NULL  );

CREATE TABLE Angestellter
  (  PersNr      CHAR (10)        PRIMARY KEY
                                FOREIGN KEY REFERENCES Mitarbeiter (PersNr),
     Gehalt      DECIMAL (8,2)    NOT NULL          CHECK (VALUE > 0),
     Chef        CHAR (10)      FOREIGN KEY REFERENCES Angestellter (PersNr),
     Abteilung   CHAR (5)       FOREIGN KEY REFERENCES Abteilung (Kürzel)
                                  NOT NULL
     [bei Bedarf Prüf-Bedingung mit SQL-Datenabfrage ausformulieren:
     , CHECK (Anzahl PersNr-Werte mit gleichem Chef-Wert ≤ 20) ]          );
```

```
CREATE TABLE Abteilung
   ( Kürzel      CHAR (5)            PRIMARY KEY,
     Name        VARCHAR (25)        NOT NULL,
     Leiter      CHAR (10)       FOREIGN KEY REFERENCES Angestellter (PersNr)
                                     NOT NULL
     [bei Bedarf Prüf-Bedingung mit SQL-Datenabfrage ausformulieren:
     , CHECK (Anzahl gleicher Leiter-Werte ≤ 2) ]          );

CREATE TABLE Seminar
   ( SemNr         CHAR (10)         PRIMARY KEY,
     Titel         VARCHAR (30)      NOT NULL,
     Beschreibung  CLOB (1 K)        NOT NULL  );

CREATE TABLE Institut
   ( Name        VARCHAR (30)        PRIMARY KEY,
     Straße      VARCHAR (30)        NOT NULL,
     PLZ         DECIMAL (5)         NOT NULL            CHECK (VALUE > 0),
     Ort         VARCHAR (30)        NOT NULL    );

CREATE TABLE Seminarbesuch
   ( MA-Nr       CHAR (10)        FOREIGN KEY REFERENCES Mitarbeiter (PersNr),
     SemNr       CHAR (10)         FOREIGN KEY REFERENCES Seminar (SemNr),
     InstName    VARCHAR (30)        FOREIGN KEY REFERENCES Institut (Name)
                                     NOT NULL,
     PRIMARY KEY (MA-Nr, SemNr)   );

CREATE TABLE Personalakte
   ( AktenNr     CHAR (10)           PRIMARY KEY,
     MA-Nr       CHAR (10)        FOREIGN KEY REFERENCES Mitarbeiter (PersNr)
                                     NOT NULL  );

CREATE TABLE Vertrag
   ( VertragsNr  CHAR (10)           PRIMARY KEY,
     Vertragstyp VARCHAR (10)        DEFAULT 'Arbeit'       NOT NULL
                                     CHECK (VALUE IN ('Arbeit', 'Ausbildung')),
     Abschluss   DATE                NOT NULL,
     Text        CLOB (500 K)        NOT NULL,
     PersAkte    CHAR (10)    FOREIGN KEY REFERENCES Personalakte (AktenNr)
                                     NOT NULL  );
```

```
CREATE TABLE Beurteilung
   (  BeurteilNr       CHAR (10)      PRIMARY KEY,
      Datum            DATE           NOT NULL,
      Fachkompetenz    CLOB (10 K)    NOT NULL,
      Sozialkompetenz  CLOB (10 K)    NOT NULL,
      PersAkte         CHAR (10)      NOT NULL
                          FOREIGN KEY REFERENCES Personalakte (AktenNr) );

CREATE TABLE Projekt
   (  Projektname  VARCHAR (30)    PRIMARY KEY,
      Start        DATE            NOT NULL,
      Ende         DATE,
      Budget       DECIMAL (9,2)   CHECK (VALUE BETWEEN 0 AND 5.000.000),
      Strategisch  BOOLEAN         DEFAULT 'false'      NOT NULL    );

CREATE TABLE Projektbeteiligung
   (  ProjBeteilNr INTEGER         PRIMARY KEY      CHECK (VALUE > 0),
      MA-Nr        CHAR (10)     FOREIGN KEY REFERENCES Mitarbeiter (PersNr)
                                   NOT NULL,
      ProjName     VARCHAR (30)    NOT NULL
                               FOREIGN KEY REFERENCES Projekt (Projektname),
      Beurteilung  CHAR (10)       FOREIGN KEY REFERENCES
                                             Beurteilung (BeurteilNr)    );

CREATE TABLE Projektrollen
   (  ProjBeteil   INTEGER         FOREIGN KEY REFERENCES
                                             Projektbeteiligung (ProjBeteilNr),
      Rolle        VARCHAR (20),
      PRIMARY KEY (ProjBeteil, Rolle)    );
```

Anhang 15: Musterlösung Übungsaufgabe 10

a)
```
SELECT  Firma, Ansprechpartner, Ort
FROM    Kunde;
```

b)
```
SELECT  Auftrag.AufNr, KNr, Betrag, ZahlDatum
FROM    Auftrag, Zahlung
WHERE   Auftrag.AufNr = Zahlung.AufNr;
```
oder:
```
SELECT  AufNr, KNr, Betrag, ZahlDatum
FROM    Auftrag JOIN Zahlung USING AufNr;
```
oder:
```
SELECT  AufNr, KNr, Betrag, ZahlDatum
FROM    Auftrag NATURAL JOIN Zahlung;
```

c)
```
SELECT  AufDatum, Bearbeiter
FROM    Auftrag, Kunde
WHERE   Auftrag.KNr = Kunde.KNr AND Firma = 'Feinkost-Müller'
        AND AufDatum < '2006-04-01';
```
oder:
```
SELECT  AufDatum, Bearbeiter
FROM    Auftrag
WHERE   AufDatum < '2006-04-01' AND
        KNr IN ( SELECT  KNr
                 FROM    Kunde
                 WHERE   Firma = 'Feinkost-Müller' );
```

d)
```
SELECT  KNr, ArtName
FROM    Auftrag, Bestellposition, Artikel
WHERE   Auftrag.AufNr = Bestellposition.AufNr
        AND Bestellposition.ArtNr = Artikel.ArtNr
ORDER BY KNr;
```

e)
```
SELECT  AufNr, Firma, Betrag, ZahlDatum
FROM    Kunde NATURAL JOIN Auftrag NATURAL LEFT JOIN Zahlung;
```

f)
```
SELECT  Auftrag.AufNr, AufDatum, SUM (Menge), AVG (Rabatt)
FROM    Bestellposition, Auftrag
WHERE   Bestelldaten.AufNr = Auftrag.AufNr
GROUP BY Auftrag.AufNr, AufDatum;
```

{Hinweis: Auftragsdatum führt zu keiner eigenen Gruppierung, da jede Auftragsnummer in einer Gruppe dasselbe Auftragsdatum hat, im SELECT-Teil dürfen aber nur Gruppierungsattribute allein stehend verwendet werden}

g)
```
SELECT  *
FROM    Artikel
WHERE   ArtNr  NOT IN  (  SELECT  ArtNr
                          FROM    Bestellposition  );
```

oder:

```
SELECT  *
FROM    Artikel
WHERE   NOT EXISTS  (  SELECT  *
                       FROM    Bestellposition
                       WHERE   Artikel.ArtNr = Bestelldaten.ArtNr  );
```

Anhang 16: Musterlösung Übungsaufgabe 11

a)
```
CHECK ( NOT EXISTS ( SELECT     KindNr
                     FROM       MA-Kind
                     GROUP BY   KindNr  HAVING  COUNT (*) > 2 ) );
```

oder:

```
CHECK ( 2 >= ( SELECT   MAX (AnzahlEltern)
               FROM     ( SELECT     COUNT (*)  AS  AnzahlEltern
                          FROM       MA-Kind
                          GROUP BY   KindNr ) ) );
```

b)
```
CHECK ( NOT EXISTS ( SELECT     Chef
                     FROM       Angestellter
                     GROUP BY   Chef  HAVING  COUNT (*) > 20 ) );
```

c)
```
CHECK ( NOT EXISTS ( SELECT     Leiter
                     FROM       Abteilung
                     GROUP BY   Leiter  HAVING  COUNT (*) > 2 ) );
```

Anhang 17: Musterlösung Übungsaufgabe 12

a)
```
SELECT    Projektname, Start, Ende
FROM      Projekt;
```

b)
```
SELECT    A.PersNr, Vorname, Nachname, Beruf
FROM      Auszubildender AS A, Mitarbeiter AS M
WHERE     A.PersNr = M.PersNr
ORDER BY  Nachname;
```

c)
```
SELECT    PersNr, Nachname, K.Vorname
FROM      Kind AS K, MA-Kind AS MK, Mitarbeiter
WHERE     MA-Nr = PersNr  AND  MK.KindNr = K.KindNr;
```

d)
```
SELECT    DISTINCT M.PersNr, Vorname, Nachname, Gehalt
FROM      Abteilung, Angestellter AS Ang, Mitarbeiter AS M
WHERE     Leiter = Ang.PersNr  AND  Ang.PersNr = M.PersNr
          AND  Gehalt < 100.000
```

e)
```
SELECT    Vorname, Nachname
FROM      Angestellter AS AAng, Angestellter AS AChef, Mitarbeiter AS M
WHERE     AAng.PersNr = M.PersNr  AND  AAng.Chef = AChef.PersNr
          AND  AAng.Gehalt > AChef.Gehalt;
```

f)
```
SELECT    Vorname, Nachname
FROM      Seminarbesuch, Mitarbeiter
WHERE     MA-Nr = PersNr
GROUP BY  MA-Nr  HAVING  COUNT (*) > 10;
```

g)
```
SELECT    Vorname, Nachname
FROM      Mitarbeiter
WHERE     PersNr   NOT IN   (   SELECT    MA-Nr
                                FROM      Projektbeteiligung, Projekt
                                WHERE     ProjName = Projektname  AND
                                          Strategisch = ‘true'  );
```

h)
```
SELECT    Vorname, Nachname, Rolle, ProjName
FROM      Abteilung, Angestellter AS Ang, Mitarbeiter AS M, Projektbeteiligung,
          Projektrollen
WHERE     Name = ‘Informatik und Organisation'  AND
          Kürzel = Abteilung  AND
          Ang.PersNr = M.PersNr  AND
          M.PersNr = MA-Nr  AND
          ProjBeteilNr = ProjBeteil;
```

i)
```
SELECT    AVG (Budget) AS Durchschnitt, SUM (Budget) AS Summe
FROM      Projekt
WHERE     Strategisch = ‘true';
```

j)
```
SELECT   SUM (Budget)
FROM     (  SELECT    Budget
            FROM      Abteilung, Angestellter AS Ang, Mitarbeiter AS M,
                      Projektbeteiligung, Projekt
            WHERE     Name = 'Informatik und Organisation'  AND
                      Kürzel = Abteilung  AND
                      Ang.PersNr = M.PersNr  AND
                      M.PersNr = MA-Nr  AND
                      ProjName = Projektname
            GROUP BY  Projektname, Budget   );
```

Anhang 18: Musterlösung Übungsaufgabe 13

a)
```
INSERT INTO  Kunde (KNr, Firma, Ort)
VALUES       (K4, 'Bankhaus Silberling', 'Buxtehude');
```

b)
```
CREATE TABLE  Ladenhüter
   (  LHNr     VARCHAR (8)     PRIMARY KEY,
      LHName   VARCHAR (30)  );

INSERT INTO  Ladenhüter
SELECT       ArtNr, ArtName
FROM         Artikel
WHERE        ArtNr  NOT IN  (  SELECT  ArtNr
                               FROM    Bestellposition  );
```

c)
```
UPDATE  Kunde
SET     Ansprechpartner = 'Frau Süß', Ort = 'Bremen'
WHERE   Firma = 'Feinkost-Müller';
```

d)
```
UPDATE  Artikel
SET     Preis = Preis * 0,9
WHERE   Preis > 10;
```

e)
```
DELETE FROM  Artikel
WHERE        ArtNr  NOT IN  (  SELECT  ArtNr
                               FROM    Bestellposition  );
```

f)
```
DELETE FROM  Zahlung;
DELETE FROM  Bestellposition;
DELETE FROM  Artikel;
DELETE FROM  Auftrag;
DELETE FROM  Kunde;
```

Anhang 19: Musterlösung Übungsaufgabe 14

a)
```
INSERT INTO   Mitarbeiter
VALUES        ('KF-001-001', 'Karlotta', 'Feldbusch');

INSERT INTO   MA-Adresse
VALUES        ('KF-001-001', 'Lachgasse 13', 11880, 'Blödelhausen');

INSERT INTO   Angestellter (PersNr, Gehalt, Abteilung)
VALUES        ('KF-001-001', 50.000, 'Marketing');
```

b)
```
INSERT INTO   Projektbeteiligung (ProjBeteilNr, MA-Nr, ProjName)
VALUES        ( ( SELECT  max (ProjBeteilNr)
                  FROM    Projektbeteiligung ) + 1,
                'AZ-0-e=mc2', 'Neue Energieformen' );

INSERT INTO   Projektrollen
VALUES        ( ( SELECT  ProjBeteilNr
                  FROM    Projektbeteiligung
                  WHERE   MA-Nr = 'AZ-0-e=mc2' AND
                          ProjName = 'Neue Energieformen' ),
                'Qualitätssicherung' );
```

oder:

```
INSERT INTO   Projektbeteiligung (ProjBeteilNr, MA-Nr, ProjName)
SELECT        max (ProjBeteilNr) + 1, 'AZ-0-e=mc2', 'Neue Energieformen'
FROM          Projektbeteiligung ;

INSERT INTO   Projektrollen
SELECT        ProjBeteilNr, 'Qualitätssicherung'
FROM          Projektbeteiligung
WHERE         MA-Nr = 'AZ-0-e=mc2'  AND  ProjName = 'Neue Energieformen';
```

c)
```
UPDATE   Angestellter
SET      Gehalt = Gehalt * 1,05
WHERE    Abteilung IN ( SELECT  Kürzel
                        FROM    Abteilung
                        WHERE   Name = 'Datenverarbeitung' );
```

d)
```
UPDATE   Projektbeteiligung
SET      MA-Nr = 'MF-999-999'
WHERE    ProjBeteilNr = ( SELECT  ProjBeteilNr
                          FROM    Projektbeteiligung
                          WHERE   MA-Nr = 'WS-000-000'
                                  AND  ProjName = 'Neue Energieformen' ) ;
```

e)
```
DELETE FROM  Auszubildender
WHERE        PersNr = 'MJ-000-123';

DELETE FROM  MA-Adresse
WHERE        MA-Nr = 'MJ-000-123';

DELETE FROM  Vertrag
WHERE        PersAkte = ( SELECT  AktenNr
                          FROM    Personalakte
                          WHERE   MA-Nr = 'MJ-000-123' );

DELETE FROM  Beurteilung
WHERE        PersAkte = ( SELECT  AktenNr
                          FROM    Personalakte
                          WHERE   MA-Nr = 'MJ-000-123' );

DELETE FROM  Personalakte
WHERE        MA-Nr = 'MJ-000-123';

DELETE FROM  Mitarbeiter
WHERE        MA-Nr = 'MJ-000-123';
```

f)
```
DELETE FROM  Projektrollen
WHERE        ProjBeteil  IN  ( SELECT  ProjBeteilNr
                               FROM    Projektbeteiligungen
                               WHERE   ProjName = 'Altersvorsorge' );

DELETE FROM  Projektbeteiligungen
WHERE        ProjName = 'Altersvorsorge';
```

Glossar

Abhängigkeit(sbeziehungstyp)

Spezieller Beziehungstyp, den es zwischen einem Weak-Entitätstyp und dem Entitätstyp gibt, zu dem der Weak-Entitätstyp gehört. Dabei hängt die Existenz eines Informationsobjekts des Weak-Entitätstyps von der Existenz eines Informationsobjekts des zugehörigen Entitätstyps ab.

Aggregation(sbeziehungstyp)

Spezieller Beziehungstyp zur Beschreibung einer Verbindung zwischen einem Ganzen und dessen Bestandteilen. Man spricht auch von einem „ist Teil von“-Beziehungstyp.

Aggregationsfunktion

SQL-Funktion für eine spezielle Auswertung von Attributwerten. In SQL gibt es die fünf Aggregationsfunktionen COUNT, SUM, MAX, MIN, AVG.

Anomalie

Unerwünschter Nebeneffekt beim Einfügen, Ändern oder Löschen von Datensätzen, der zu Unregelmäßigkeiten im Datenbestand führt.

Assoziation

Allgemeiner Beziehungstyp, der eine strukturierte Beschreibung einer Beziehung zwischen bestimmten Entitätstypen darstellt.

Atomar

Ein Attribut heißt atomar, wenn es nicht weiter untergliedert ist (nicht strukturiert).

Attribut

Ein Attribut beschreibt bei der ER-Datenmodellierung eine Eigenschaft eines Entitätstyps oder eines Beziehungstyps. Bei einer Tabelle (Relation) beschreibt ein Attribut eine Spalte (ein Datenfeld).

Benutzersicht

Eine Benutzersicht, die auch View genannt wird, stellt einen speziellen Ausschnitt der relationalen Datenbank als Sicht für einen bestimmten Benutzer bereit.

Beziehungsentität(styp)

Ein Beziehungsentitätstyp stellt einen (Hilfs-)Entitätstyp dar und ergänzt einen Beziehungstyp, der als Entitätstyp interpretiert werden muss. Dies ist erforderlich, wenn ein Beziehungstyp eigene Attribute besitzt oder ein anderer Beziehungstyp auf den betreffenden Beziehungstyp Bezug nimmt. Der Beziehungsentitätstyp erhält in diesem Fall die Attribute bzw. die Verbindungen des betreffenden Beziehungstyps.

Beziehungsrelation

Relation, die aus einem n:m-Beziehungstyp entstanden ist und daher zwei andere Relationen verbindet.

Beziehung(styp)

Ein Beziehungstyp stellt eine Verbindung (Beziehung) her zwischen Entitätstypen. In den meisten Fällen handelt es sich um binäre Beziehungstypen, bei denen zwei Entitätstypen verbunden werden.

Datenbank

Strukturierter Datenbestand, meist in Form von tabellarischen Datensätzen.

Datenmodell

Beschreibung der Struktur (Zusammenhänge innerhalb) eines Datenbestands, meist in Form eines Entity-Relationship-Datenmodells.

Datenunabhängigkeit

Die Datenunabhängigkeit bezeichnet die Unabhängigkeit des Anwendungssystems von der Datenbank. Dies bedeutet, dass bei Änderungen an der Struktur oder an der Speicherform einer Datenbank das Anwenderprogramm nicht angepasst werden müssen.

Disjunkt

Eine Generalisierung/Spezialisierung heißt disjunkt, wenn die Informationsobjekte des Super-Entitätstyps bei höchstens einem Sub-Entitätstyp als Instanz auftreten.

Entität(styp)

Ein Entitätstyp fasst gleichartige Informationsobjekte zu einem gemeinsamen Typ zusammen. Die Gleichartigkeit ergibt sich durch gleichartige Attribute und gleichartige Beziehungstypen.

Equi-Join

Die Verknüpfung zweier Relationen über den „="-Operator nennt man Gleichheitsverbund oder Equi-Join. Dabei werden die Datensätze der beiden beteiligten Relationen dahingehend geprüft, ob bei den Attributen, über die verknüpft wird, gleiche Werte vorhanden sind.

ER-Datenmodell

Datenmodell, bei dem die Struktur und die Zusammenhänge innerhalb des Datenbestands aus fachlicher Sicht mit Hilfe von Entitätstypen und Beziehungstypen (Relationships) beschrieben werden.

ER-Diagramm

Ein ER-Diagramm stellt ein ER-Datenmodell in grafischer Form dar.

Fremdschlüssel

Bei der ER-Datenmodellierung werden zur Spezifikation der Entitätstypen, die am Beziehungstyp beteiligt sind, die Primärschlüssel dieser Entitätstypen als Attribute des Beziehungstyps aufgenommen. Da diese Primärschlüssel von anderen (fremden) Konstrukten quasi ausgeliehen werden, nennt man diese Attribute beim Beziehungstyp Fremdschlüsselattribute oder auch kurz Fremdschlüssel.

Das Konzept des Fremdschlüssels gibt es auch im Relationenmodell. Ein Fremdschlüssel besteht dort aus einem oder mehreren Attributen und bezieht sich auf den Primärschlüssel einer anderen Relation, wobei die Wertebereiche übereinstimmen müssen.

Funktionale Abhängigkeit

Zwischen den Attributen einer relationalen Datenbank kann es Abhängigkeiten in der Form geben, dass ein Attribut A (bzw. eine Attributkombination A1, ..., An) ein anderes Attribut B in der Weise bestimmt, dass alle Datensätze, die den gleichen Wert für A aufweisen, auch immer den gleichen Wert für B aufweisen. Man sagt dann „A bestimmt B“ oder „B ist (funktional) abhängig von A“.

Generalisierung

Die Generalisierung stellt einen spezieller Beziehungstyp der ER-Datenmodellierung dar, durch den bestimmte Entitätstypen zu einem allgemeineren Entitätstyp zusammengefasst werden können. Man nennt diesen Beziehungstyp auch „ist ein“-Beziehungstyp (engl.: „is-a“).

Grad

Bei der ER-Datenmodellierung nennt man die Anzahl der an einem Beziehungstyp beteiligten Entitätstypen den Grad des Beziehungstyps.

Index

Für die Attribute einer Relation kann ein Index definiert werden, damit mit den betreffenden Attributwerten schnell auf die zugehörigen Datensätze zugegriffen werden kann. Ein Index stellt eine Art Inhalts- oder Stichwortverzeichnis dar, in dem man die Speicheradressen eines Datensatzes mit einem bestimmten Attributwert nachschlagen kann.

Informationsobjekt

Einen einzelnen Vertreter (Instanz) eines Entitätstyps nennt man Entität oder Informationsobjekt.

Inkonsistenz

Unstimmigkeit oder Fehler im Datenbestand.

Instanz

Eine Instanz stellt einen einzelnen Vertreter eines Typs oder einer Klasse dar. Ein Informationsobjekt ist bspw. die Instanz eines Entitätstyps, und ein Objekt ist die Instanz einer Klasse.

Integritätsbedingung

Mit der Definition von bspw. Wertebereichen oder Primärschlüsseln legt man Bedingungen fest, deren Einhaltung den ordnungsgemäßen Zustand bzw. die Integrität einer Datenbank garantieren. Solche Bedingungen nennt man Integritätsbedingungen.

Join

Den Operator zur Verknüpfung zweier Relationen zu einer neuen Relation nennt man Verbund oder Join.

Kardinalität

Wenn bei der ER-Datenmodellierung zwei Entitätstypen miteinander in Beziehung stehen, muss angegeben werden, wie viele konkrete Beziehungen ein Informationsobjekt des einen Typs mit den Informationsobjekten des anderen Typs haben kann bzw. haben muss. Diese Angabe nennt man Multiplizität. Teilweise werden synonym auch die Begriffe Kardinalität oder Komplexität verwendet.

Kartesisches Produkt

Wenn bei einer Verknüpfung (Verbund) zweier Relationen ohne Einschränkung jeder Datensatz der einen Relation mit jedem Datensatz der anderen Relation kombiniert wird, dann nennt man eine solche Verknüpfung kartesisches Produkt.

Klasse

Eine Klasse fasst gleichartige Objekte (Objekte des gleichen Typs) zusammen.

Komplexität

Wenn bei der ER-Datenmodellierung zwei Entitätstypen miteinander in Beziehung stehen, muss angegeben werden, wie viele konkrete Beziehungen ein Informationsobjekt des einen Typs mit den Informationsobjekten des anderen Typs haben kann bzw. haben muss. Diese Angabe nennt man Multiplizität. Teilweise werden synonym auch die Begriffe Kardinalität oder Komplexität verwendet.

Komposition

Existieren bei der ER-Datenmodellierung im Falle einer Aggregation („ist Teil von"-Beziehungstyp) die Teile (Komponente-Informationsobjekte) nur in Verbindung mit dem Ganzen (Ganzes-Informationsobjekt), so wird die Aggregation auch als Komposition bezeichnet.

Mehrwertig

Manche Attribute können mehrere Werte gleichzeitig annehmen (z.B. das Attribut „Sprachkenntnisse"). Solche Attribute heißen mehrwertig.

Mehrwertige Abhängigkeit

Wenn es in einer nicht normalisierten Relation mehrere unabhängige mehrwertige Attribute gibt und die Relation nur als normalisierte Relation (mit Attributen, die atomar und einwertig sind) verwaltet werden kann, dann muss die nicht normalisierte Relation so umgestaltet werden, dass bei jedem Datensatz der nicht normalisierten Relation jeder Wert eines mehrwertigen Attributs mit jedem Wert der anderen mehrwertigen Attribute kombiniert werden muss. Diese Art der Abhängigkeit bei Attributen nennt mehrwertige Abhängigkeit.

Monolithisch

Anwendungssysteme, die nicht in Komponenten gegliedert sind (bspw. zur Aufteilung in Oberfläche, Fachlogik und Datenbankzugriffe), nennt man monolithisch.

Multiplizität

Wenn bei der ER-Datenmodellierung zwei Entitätstypen miteinander in Beziehung stehen, muss angegeben werden, wie viele konkrete Beziehungen ein Informationsobjekt des einen Typs mit den Informationsobjekten des anderen Typs haben kann bzw. haben muss. Diese Angabe nennt man Multiplizität.

Natürlicher Verbund (natural join)

Wird ein Verbund (Join) zweier Relationen mit dem „="-Operator über gleichnamige Attribute durchgeführt, entstehen in der Ergebnistabelle zwei identische Spalten, von denen eine gestrichen werden kann. Einen solchen speziellen Gleichheitsverbund nennt man natürlicher Verbund oder Natural Join.

Non-Standard-Datenbank

Datenbank, die nicht in konventioneller Weise zur Verwaltung relativ einfach strukturierte Massendaten eingesetzt wird, sondern in einem Non-Standard-Bereich wie etwa Data Warehouse oder Multimedia mit komplex strukturierten Datensätzen.

Normalform

Anhand von Normalformen lässt sich in einem Relationenmodell überprüfen, ob die Relationen die richtigen Attribute aufweisen. Dies erfolgt in der Praxis üblicherweise in drei Schritten, nämlich durch die Überprüfung der ersten, der zweiten und der dritten Normalform. Mit Hilfe dieser Normalformen können Einfüge-, Änderungs- und Lösch-Anomalien in relationalen Datenbanken erkannt und beseitigt werden.

Normalisierung

Ist eine bestimmte Normalform nicht erfüllt, d.h. stehen Attribute einer Relation nicht an der richtigen Stelle, wird die Struktur der Relation in der Form geändert, dass die betreffenden Attribute in eine andere, meist neue Relation ausgelagert werden. Diesen Prozess nennt man Normalisierung.

Objekt(typ)

Im Datenbankbereich fasst ein Objekttyp gleichartige Informationsobjekte (Instanzen) zu einem gemeinsamen Typ zusammen. Die Gleichartigkeit ergibt sich durch gleichartige Attribute und gleichartige Beziehungstypen.

Partiell

Eine Generalisierung/Spezialisierung heißt partiell, wenn die Informationsobjekte des Super-Entitätstyps nicht alle als Instanz bei mindestens einem Sub-Entitätstyp auftreten.

Primärschlüssel

Jeder Entitätstyp muss ein Attribut (oder eine Attributkombination) besitzen, über dessen Wert jedes Informationsobjekt des Entitätstyps eindeutig identifiziert werden kann. Dieses Attribut (bzw. diese Attributkombination) heißt Primärschlüssel, welcher folglich für jedes Informationsobjekt einen fixen eindeutigen Wert besitzt. Einen entsprechenden Primärschlüssel haben auch Beziehungstypen und Relationen.

Projektion

Eine Projektion dient dazu, um bestimmte Spalten einer Tabelle (Attribute einer Relation) auszuwählen, wobei die nicht gewählten Spalten ausgeblendet werden.

Redundanz

Unter Redundanz versteht man die Mehrfachspeicherung von Daten.

Referentielle Integrität

Durch die Definition eines Fremdschlüssels in einer Relation entsteht ein Bezug bzw. eine Referenz zu einer anderen Relation. Diese Referenz muss der folgenden Bedingung, der so genannten Referentiellen Integrität oder kurz RI, genügen:
Entweder existiert der Fremdschlüsselwert als Primärschlüsselwert in der referenzierten Relation oder der Fremdschlüssel besitzt den Nullwert.

Relation

Eine Relation (oder Tabelle) ist das grundlegende Strukturierungselement in einer relationalen Datenbank und stellt einen Datenpool für gleich strukturierte Datensätze dar. Diese Datensätze enthalten Informationen über gleichartige Informationsobjekte. Insofern bildet die Relation im Relationenmodell das Gegenstück zum Entitätstyp im ER-Datenmodell.

Relationendiagramm

Die grafische Darstellung des Relationenmodells erfolgt in Form eines Relationendiagramms.

Relationenmodell

Datenmodell, bei dem die Struktur und die Zusammenhänge innerhalb des Datenbestands aus DV-technischer Sicht mit Hilfe von Relationen (Tabellen) beschrieben werden.

Relationship

Relationship ist die englischsprachige Originalbezeichnung für einen Beziehungstyp. Dieser stellt eine Verbindung (Beziehung) zwischen Entitätstypen her.

Schlüsselkandidat

Jede Attributkombination, die als Primärschlüssel gewählt werden kann, heißt Schlüsselkandidat.

Selektion

Eine Selektion dient dazu, um bestimmte Zeilen einer Tabelle (Datensätze einer Relation) auszuwählen, wobei die nicht gewählten Zeilen ausgeblendet werden.

Schema

Das Arbeitsergebnis einer Modellierung nennt man Modell oder Schema. Schemainformationen stellen Strukturbeschreibungen dar, die auch Metadaten heißen und in einer eigenen systeminternen Datenbank, dem sogenannten Systemkatalog (Data Dictionary), verwaltet werden (im Hintergrund, unbemerkt vom Benutzer). Alle Definitionen für eine relationale Datenbank ergeben bspw. das so genannte relationale Schema.

Spezialisierung

Ist bei der Generalisierung („ist ein"-Beziehungstyp) die umgekehrte Leserichtung gemeint, spricht man von Spezialisierung. Eine Spezialisierung ist immer dann erforderlich, wenn bei einem Entitätstyp für einen Teil der zugehörigen Informationsobjekte spezielle Attribute und/oder Beziehungstypen gelten.

Tabelle

Der Begriff Tabelle ist gleichbedeutend mit Relation, dem grundlegenden Strukturierungselement in einer relationalen Datenbank. Eine Tabelle besteht aus Spalten, in denen die Attribute stehen, und aus Zeilen, in denen die Datensätze stehen.

Total

Eine Generalisierung/Spezialisierung heißt total, wenn die Informationsobjekte des Super-Entitätstyps alle als Instanz bei mindestens einem Sub-Entitätstyp auftreten.

Transaktion

Relationale Datenbanksysteme arbeiten nach dem grundlegenden Konzept der Transaktion, d.h. eine bestimmte Folge von zusammenhängenden elementaren Datenbankoperationen wird entweder vollständig oder gar nicht ausgeführt.

Transitive Abhängigkeit

Wenn ein Attribut C von einem Nichtschlüsselattribut B abhängig ist ($B \rightarrow C$) und B von einem Attribut A abhängig ist ($A \rightarrow B$), dann ist C transitiv abhängig von A ($A \rightarrow B \rightarrow C$).

Verbund

Den Operator zur Verknüpfung zweier Relationen zu einer neuen Relation nennt man Verbund. Bei einem Verbund werden die Datensätze der beteiligten Relationen einzeln verglichen und zu neuen Datensätzen kombiniert, sofern bestimmte Vergleichsbedingungen erfüllt sind.

Vererbung

Bei der Generalisierung kommt das Konzept der Vererbung zum Einsatz. Dabei werden alle Attribute und Beziehungstypen eines Eltern-Entitätstyps an einen Kind-Entitätstyp vererbt und sind dann dort automatisch enthalten.

View

Eine View (Benutzersicht) stellt eine Relation dar, die die Bereitstellung von speziellen Sichten auf die relationale Datenbank ermöglicht. Eine View kann aus den Basisrelationen des logischen Schemas und aus anderen Views hergeleitet werden. Der Inhalt einer View wird nicht permanent in der Datenbank gespeichert.

Weak-Entitätstyp

Einen Entitätstyp, der von einem anderen Entitätstyp abhängig ist (nur mit diesem zusammen auftritt) und keinen eigenen Primärschlüssel besitzt, nennt man Weak-Entitätstyp.

Internet-Links für den Download relationaler Datenbanksysteme

Die drei führenden Datenbankhersteller Oracle, IBM und Microsoft bieten kostenlose Versionen Ihrer relationalen Datenbanksysteme, so genannte Express-Versionen, zum Download an.

Diese Express-Versionen sind im Internet unter den folgenden Links zu finden:

- **Oracle Database 10*g* Express Edition von Oracle**
  http://www.oracle.com/technology/software/products/database/xe/index.html
- **DB2 Express-C von IBM**
  http://www-306.ibm.com/software/data/db2/express/
- **SQL Server 2005 Express Edition von Microsoft**
  http://www.microsoft.com/germany/technet/downloads/sql/default.mspx

Neben den kommerziellen Systemen gibt es im Datenbankbereich auch einige populäre Systeme aus dem Open Source-Bereich. Dabei ist insbesondere der folgende Link zu nennen:

- **MySQL von MySQL AB**
  http://dev.mysql.com/downloads/mysql/5.0.html

Literaturverzeichnis

[AS75] ANSI/SPARC, American National Standards Institute Study Group on Data Base Management Systems: *Interim Report 75-02-08 FDT* (Bulletin of ACM-SIGMOD), 7(2), 1975

[CB05] Connolly, T., Begg, C.: *Database Systems*; 4. Auflage, Addison-Wesley-Verlag, Harlow / England, 2005

[Che76] Chen P.: *The Entity Relationship Model – Towards a Unified View of Data*; Transactions on Database Systems, 1(1), S. 9-36, 1976

[Cod70] Codd, E.F.: *A Relational Model of Data for Large Shared Data Banks*; Communications of the ACM, 13(6), S. 377-387, 1970

[EN04] Elmasri, R., Navathe, S.B.: *Fundamentals of Database Systems*; 4. Auflage, Addison-Wesley-Verlag, Boston, 2004

[Her03] Hernandez, M.J.: *Database Design for Mere Mortals*; 2. Auflage, Addison-Wesley, Boston, 2003

[HSS03] Heuer, A., Saake, G., Sattler, K.-U.: *Datenbanken kompakt*; 2. Auflage, mitp-Verlag, Bonn, 2003

[KE06] Kemper, A., Eickler, A.: Datenbanksysteme; 6. Auflage, Oldenbourg-Verlag, München, 2006

[Lau05] Lausen, G.: *Datenbanken*; Elsevier-Verlag, München, 2005

[MS02] Melton, J., Simon, A.R.: *SQL:1999 Understanding Relational Language Components*; Morgan Kaufmann - Verlag, San Francisco, 2002

[Moo04] Moos, A.: *Datenbank-Engineering*; 3. Auflage, Vieweg-Verlag, Wiesbaden, 2004

[SHS05] Saake, G., Heuer, A., Sattler, K.U.: Datenbanken: Implementierungstechniken; 2. Auflage, mitp-Verlag, Bonn, 2005

[SKS06] Silberschatz, A., Korth, H., Sudarshan, S.: *Database System Concepts*; 5. Auflage, McGraw-Hill-Verlag, Singapur, 2006

[SW05] Simsion, G.C., Witt, G.C.: *Data Modeling Essentials*; 3. Auflage, Morgan Kaufmann – Verlag, San Francisco, 2005

[TS06] Türker, C., Saake, G.: *Objektrelationale Datenbanken*; dpunkt.verlag, Heidelberg, 2006

[Tür03] Türker, C.: *SQL:1999 & SQL:2003*; dpunkt.verlag, Heidelberg, 2003

[Vos00] Vossen, G.: *Datenmodelle, Datenbanksprachen und Datenbankmanagement-Systeme*; 4. Auflage, Oldenbourg-Verlag, München, 2000

Index

www.ingramcontent.com/pod-product-compliance
Lightning Source LLC
LaVergne TN
LVHW080115070326
832902LV00015B/2607
* 9 7 8 3 4 8 6 5 8 3 6 9 4 *